国际中文教育教学资源发展报告
（2023）

中外语言交流合作中心　组编

总　策　划：马箭飞　宋永波

专家委员会：（按姓氏音序排列）

     崔永华　丁安琪　郭风岚　郭　熙　李　泉　梁　霞
     宋继华　吴　坚　叶　军　郑艳群　周小兵　朱志平

主　　　编：梁　宇　邵亦鹏

副 主 编：徐　娟　李诺恩　李敬欢　王祖嫘　金　旋　刘晶晶

作　　　者：（按姓氏音序排列）

曹　钢	曹瑞红	曹晓艳	车文兵	陈　宏	陈天阳
陈　闻	成思家	笪舒婷	方紫帆	高琬昕	和蓝静
呼丽娟	李富华	李佳悦	李敬欢	李诺恩	李　睿
李姝姝	李晓露	连维琛	梁　毅	梁　宇	刘晶晶
罗　佳	马瑞祾	曲福治	饶高琦	史翠玲	王龙雨
王　淼	王　威	王　雨	韦九报	魏昕冉	吴成年
夏卓琼	肖　洋	徐　娟	徐胜男	央　青	杨兆勇
于泓珊	于钟洋	余　烁	曾小燕	张俏然	张树学
张晓茹	章石芳	赵　雨	周大双		

国际中文教育
教学资源发展报告
2023

INTERNATIONAL
CHINESE LANGUAGE
TEACHING RESOURCES DEVELOPMENT REPORT

中外语言交流合作中心　组编

北京语言大学出版社
BEIJING LANGUAGE AND CULTURE
UNIVERSITY PRESS

© 2023 北京语言大学出版社，社图号 23268

图书在版编目（CIP）数据

国际中文教育教学资源发展报告 . 2023 ／ 中外语言交流合作中心组编；梁宇，邵亦鹏主编 . -- 北京：北京语言大学出版社，2023.12
　　ISBN 978-7-5619-6483-5

Ⅰ. ①国… Ⅱ. ①中… ②梁… ③邵… Ⅲ. ①汉语－对外汉语教学－教学研究－研究报告 Ⅳ. ① H195.3

中国国家版本馆 CIP 数据核字（2024）第 001649 号

国际中文教育教学资源发展报告（2023）
GUOJI ZHONGWEN JIAOYU JIAOXUE ZIYUAN FAZHAN BAOGAO（2023）

责任编辑：周　鹂	英文编辑：徐　梦
责任印制：周　燚	封面设计：春天书装
排版制作：北京创艺涵文化发展有限公司	

出版发行：北京语言大学出版社
社　　址：北京市海淀区学院路 15 号，100083
网　　址：www.blcup.com
电子信箱：service@blcup.com
电　　话：编辑部　8610-82303670
　　　　　　国内发行　8610-82303650/3591/3648
　　　　　　海外发行　8610-82303365/3080/3668
　　　　　　北语书店　8610-82303653
　　　　　　网购咨询　8610-82303908
印　　刷：天津画中画印刷有限公司

版　次：2023 年 12 月第 1 版	印　次：2023 年 12 月第 1 次印刷
开　本：787 毫米 ×1092 毫米　1/16	印　张：22.5
字　数：388 千字	
定　价：108 元	

PRINTED IN CHINA
凡有印装质量问题，本社负责调换。售后QQ号 1367565611，电话 010-82303590

前　言

党的二十大报告提出，要"增强中华文明传播力影响力"，"坚守中华文化立场"，"讲好中国故事、传播好中国声音，展现可信、可爱、可敬的中国形象"，"推动中华文化更好走向世界"。国际中文教育是国家和民族的事业，能够在展示文化精髓、讲好中国故事、提升中华文明传播力影响力、构建人类命运共同体等方面发挥独特而重要的作用。

教学资源在国际中文教育中占据着重要的基础性地位，具有提供中文教学内容、传播优秀中华文化、促进中外文明交流互鉴的重要功能。作为中文母语国，我们有责任、有义务加强国际中文教育教学资源建设，积极响应并主动实践联合国教科文组织《世界文化多样性宣言》，为丰富世界语言生活做出贡献。为此，中外语言交流合作中心策划了"国际中文教育教学资源发展报告"重大委托项目，旨在基于客观事实和数据，全面分析全球中文教学资源的年度发展状况与特点，展望未来发展方向。该报告不仅关注纸质教学资源的研发和应用情况，也密切追踪新技术、新媒体环境下数字教学资源的发展动态。希望这部报告能够帮助海内外中文教育管理者、研究者、从业者、学习者全面了解国际中文教学资源的发展现状，为教育管理部门提供决策参考，为资源研发机构提供创新思路，同时也为中文教育机构、教师和学习者提供资源信息。

2021年底，《国际中文教育教学资源发展报告（2021）》正式出版，成为国际中文教育领域的首部发展报告，得到了学界、业界的广泛关注和高度评价。随后，报告逐年推出，本书即为该系列的第三部。系列报告在撰写过程中，得到了有关专家和相关单位的悉心指导与积极配合，项目组付出了艰辛努力并展示出了良好的专业素养，北京语言大学出版社也给予了大力支持，在此一并表示诚挚的谢意。我们真诚希望系列报告能够发挥桥梁作用，助力我们与学界、业界各方建立广泛而深入的合作，共同推动国际中文教育教学资源建设取得更大成绩。

中外语言交流合作中心
2023年9月30日

编写说明

为总结国际中文教育教学资源建设经验，促进资源建设协同发展与融合创新，中外语言交流合作中心设立"国际中文教育教学资源发展报告"重大委托项目（23YHZD01），本书即为该项目主要研究成果。

一、编写目标

本书主要展示2022年度国际中文教育教学资源发展状况，梳理资源建设成果，并在此基础上展望未来发展方向，力图为主管部门制订资源建设规划提供决策参考，为学术界提供全面翔实的教学资源数据，为研发机构提供创新思路，为教学机构、教师和学习者提供资源选用信息。

二、编写设计

（一）概念界定

教学资源有广义和狭义之分，广义的教学资源包括一切用于教与学的材料，狭义的教学资源主要指教科书和教辅材料。本书所称"教学资源"主要为"显性教学资源"，包括教材、教辅、读物、工具书、教育标准等纸质教学资源，以及数字教材、网络课程、数字平台、应用软件等数字教学资源。本书不涉及教师教学中传授的知识技能、方法策略等"隐性教学资源"。

（二）时间跨度

本项目的调研时间为2022年末至2023年初，书中主要反映2022年度（2022年1月—12月）国际中文教育教学资源建设情况，个别专题也少量涉及2021年或2023年初的发展动态。

（三）编写框架

按照"标准引领、教材本位、数字融合、案例透视、国际视野"的编写理念，本书设计了七个部分的内容：总报告、标准篇、纸质篇、数字篇、国别篇、专题篇和参考篇。"总报告"探讨了当前国际中文教学资源建设的拓展功能及其实现路径。"标准篇"解读了最新发布的《国际中文教师专业能力标准》中"教学资源选择与利用"相关指标，以及菲律宾和乌干达中学中文教学大纲的编制和应用情况。"纸质篇"考察了2022年度国际中文教材的出版动态，面向国内外中文教师，对《新实用汉语课本》《中文听说读写》《走遍中国》三部广泛使用的国际中文教材进行了质性调查，分析了23部中国概况课教材的内容编写情况。"数字篇"首先概览了国际中文教育数字资源的发展现状，然后从用户视角对国内外中文慕课和中文学习APP进行了可视化评价，随后分析了知识图谱、国际中文智慧教学系统、中文智慧教室在国际中文教学中的应用现状及前景。"国别篇"将5大洲8个国家作为中文教育发展的典型案例，撰写了中文教学资源国别报告。"专题篇"特别关注了2022年度阿拉伯语区中文教学资源助力中阿友好合作、"中文+职业技能"教学资源体系构建，以及华文教学资源信息化发展等热点主题。"参考篇"介绍了法语联盟、塞万提斯学院的教学资源建设经验，目的是拓展国际视野，提供借鉴，以提升中文教学资源建设水平。本书"附录"提供了2022年度国际中文教育教学资源发展大事记。

三、编写特点

本书在撰写中贯彻了"六个注重"和"四个兼顾"：注重报告的整体性和全局性，注重数据的权威性和时效性，注重信息的前沿性和动态性，注重案例的典型性和代表性，注重分析的科学性和客观性，注重结论的可靠性和建设性；兼顾整体与专题，兼顾历时与共时，兼顾全球与国别，兼顾现状与趋势。通过对全球中文教学资源的普查、盘点，力求全面、系统、客观地展现中文教学资源的发展状况，并展望未来发展方向。

四、研究方法

本书主要采用数据库研究法、有声思维法、田野调查法和语料库分析法。项目组基于大数据理念，利用网络信息爬虫技术，采集国内外中文教学资源信息约 6000 条，并经过人工筛选整理，为项目研究提供了可靠数据。项目组在"纸质篇"撰写过程中，邀请了国内外 24 位资深国际中文教师，采用有声思维法完成了 3 部典型国际中文教材的评价和质性访谈，进而利用 NVivo 14.0 对 40 余万字的文本逐级进行编码分析。"国别篇"分别对 8 个国家的重点地区、学校进行实地或网络调研，了解当地中文教学资源编写和使用状况。部分报告利用 AntConc 3.5.9 语料库分析软件，对相关文件、访谈材料进行高频词、显著搭配等统计分析。此外，项目组还运用文献研究法对教学资源政策、标准进行历时梳理，也对具有典型性和代表性的教学资源建设项目进行了案例分析。

五、数据来源

本书数据主要来自网络数据调查和访谈调查、史料和文献信息、主要国家教育管理部门和权威机构官方网站、中外语言交流合作中心提供的材料等。纸质教学资源的数据主要来自以下渠道：一是中外主要出版社、图书进出口公司年度出版书目；二是标准书目网、中外主要出版社官网；三是联机计算机图书馆中心（OCLC）成员馆馆藏信息（涵盖世界 5596 个图书馆馆藏信息）；四是海外书店（包括网上书店）。纸质教学资源的统计单位以书号为准，一个书号为一"种"，一种教材可以印刷若干册，几种教材可以组成一套或一个系列。数字教学资源的统计渠道主要包括：各大出版社网站、中文学习网站、安卓和苹果应用商店、社交媒体平台等。本书尽量对相关数据进行详细标注，但因资源数据庞杂且动态性强，难以精确覆盖中文教学资源的方方面面，因此仅通过统计范围内的数据呈现中文教学资源发展的基本面貌和宏观趋势。

六、致谢

本书是重大委托项目合作攻关的成果，是集体智慧和共同努力的结晶。项目组成员共 50 余人，来自国内外 27 所高校和科研机构。我们非常感谢项目组所有成员的专业态度、团队精神和辛勤付出！

我们特别感谢中外语言交流合作中心的充分信任和全力支持！中心各级领导的策划与推动、教学与资源处的专业指导和工作人员的组织与协调，使本项目得以顺利完成。我们也非常感谢为本书审定、把关的各位专家，还要感谢出版社的领导和责任编辑，他们的学术素养、专业精神和宝贵建议，对提升本书质量发挥了至关重要的作用。

在一年时间里，我们经历了策划选题、组织团队、实证调查、整理数据、撰写报告、反复修改等一项项繁重而紧凑的工作任务，其中难免存在不足之处，恳请读者批评、指正。

项目组

2023 年 9 月 30 日

目 录

001 / 第一部分 总报告

003 / 国际中文教学资源建设的拓展功能及其实现路径

015 / 第二部分 标准篇

017 / 第一节 《国际中文教师专业能力标准》"教学资源选择与利用"指标解读
026 / 第二节 《菲律宾中学中文课程大纲》的研制与应用
035 / 第三节 《乌干达中学高等阶段中文教学大纲》的研制与应用

047 / 第三部分 纸质篇

049 / 第一节 国际中文教材出版动态（2022）
061 / 第二节 《新实用汉语课本》：从 2.0 迈向 3.0
076 / 第三节 《中文听说读写》：为何受欢迎？
092 / 第四节 《走遍中国》：来自英国中文教师的评价
106 / 第五节 23 部中国概况课教材内容编写分析

123 / 第四部分 数字篇

125 / 第一节 国际中文教育数字资源发展概览（2022）
132 / 第二节 基于用户评论的中文慕课可视化评价
144 / 第三节 基于典型案例的中文学习 APP 用户评论分析
156 / 第四节 知识图谱在国际中文教育中的应用
168 / 第五节 国际中文智慧教学系统学情反馈
183 / 第六节 中文智慧教室创新教学模式构建

201 / 第五部分　国别篇

- 203 / 第一节　奥地利中文教学资源发展状况
- 212 / 第二节　巴基斯坦中文教学资源发展状况
- 221 / 第三节　白俄罗斯中文教学资源发展状况
- 233 / 第四节　厄瓜多尔中文教学资源发展状况
- 244 / 第五节　加拿大中文教学资源发展状况
- 252 / 第六节　柬埔寨中文教学资源发展状况
- 262 / 第七节　罗马尼亚中文教学资源发展状况
- 272 / 第八节　南非中文教学资源发展状况

281 / 第六部分　专题篇

- 283 / 第一节　阿拉伯语区中文教学资源建设助力中阿友好合作
- 293 / 第二节　"中文＋职业技能"教学资源体系构建
- 307 / 第三节　华文教学资源信息化发展新格局

317 / 第七部分　参考篇

- 319 / 第一节　法语联盟教学资源发展与启示
- 333 / 第二节　塞万提斯学院教学资源发展与启示

346 / 附录　2022年度国际中文教育教学资源发展大事记

第一部分 总报告

主持人：梁宇，北京语言大学

国际中文教学资源建设的拓展功能及其实现路径

2022年10月，中国共产党第二十次全国代表大会胜利召开，标志着党团结带领全国人民迈向了全面建成社会主义现代化强国、实现第二个百年奋斗目标的新征程。在此背景下，国际中文教学资源建设全面进入了"谋高质量发展、迎数智化转型"的历史新阶段。如何提高教学资源质量，增强海外教学适用性，提升国际中文教育智能化水平，从而承担起加强中外人文交流，推进国际传播能力建设，助力教育强国、语言强国、文化强国建设的重任，需要我们重新审视国际中文教学资源建设的功能和价值，进而准确把握教学资源建设的使命和目标，最终找到促进教学资源高质量发展的科学路径。

一、国际中文教学资源建设的拓展功能

国际中文教学资源具有教授中文与中华文化的基础功能。它承载着中国语言文字和中华文化的教学内容，在实现教学目标、体现教学设计、规划教学过程、构建教学模式以及影响教学效果等方面发挥着重要作用，是外国学习者学习中文、了解中华文化，进而理解中国的重要窗口。近年来，随着中国国际地位的逐步提升，以及对外交往和国际合作的不断加深，海外中文学习需求显著增长，国际中文教学资源建设在服务国家重大需求、促进事业提质增效、助推"三大体系"（学科体系、学术体系、话语体系）构建等方面的拓展功能日益彰显。

（一）服务国家重大需求

国际中文教学资源作为对外展示和传播中华语言文化的重要平台，有助于在不

同文明之间架起文化交流的桥梁，在"一带一路"建设中服务国家和社会的发展，也有助于在海外同宗同源的文化传承中发挥纽带作用。

1. 配合国家外交大局

1958年，为新中国东欧交换生中国语文专修班编写的《汉语教科书》正式出版，成为国际中文教学资源服务国家外交大局的开端之举。近年来，中国外交以推动构建人类命运共同体为主线，全面拓展深化全球伙伴关系。截至2022年底，我国已与181个国家建立外交关系，同110多个国家和地区组织建立伙伴关系。[①] 国际中文教学资源建设作为教育领域合作与交流的重要内容之一，也成为中外伙伴关系提质升级的历史见证和有力支撑。

为配合我国与阿拉伯国家外交关系升级、支持中文纳入阿拉伯国家国民教育体系而构建的"阿拉伯语区中文教学资源服务体系"，正是这方面的典型案例。自2019年起，中阿双方紧密合作，建立了覆盖阿拉伯国家从幼儿园到小学、中学各学段的中文教材体系，打造了集成优质数字资源的一体化教学平台，推动《手拉手》《你真棒》《跨越丝路》《你好中文》《智慧学中文》等教学资源进入阿拉伯国家百余所学校的中文课堂。

此外，我国已与众多国家在中文教学资源建设领域开展了广泛而多样的合作交流，包括合作研发、合作出版、经验分享等多种形式，同时也向众多国家和地区进行教学资源援助，帮助这些国家和地区开发教学资源、开展中文教育。当前，全球范围内多主体、多渠道、多形式的教学资源建设合作为促进中外人文交流、深化中外和谐伙伴关系做出了积极努力。

2. 联动"一带一路"共建

截至2022年12月，我国已与150个国家、32个国际组织签署了200余份共建"一带一路"合作文件。[②] 随着"一带一路"建设的持续推进，我国企业加快了"走出去"步伐，海外国家对兼具中文能力和职业技能的复合型本土人才的需求不断提升，国际中文教育的经济价值逐步显现，其中"中文＋职业技能"教学资源是体现中文教育经济价值的重要媒介，可为"一带一路"共建国家中文人才培养提供支持。

[①] 中国副外长：中国建交国总数增至181个，伙伴关系网络覆盖全球 [EB/OL].（2022-09-29）[2023-01-05]. https://sputniknews.cn/20220929/1044348328.html.
[②] 数说共建"一带一路"2022 [EB/OL].（2022-12-31）[2023-01-05]. https://www.yidaiyilu.gov.cn/p/299772.html.

近年来,"中文+职业技能"教学资源成为国际中文教学资源建设新的增长点。据统计,2021—2022年新增96种"中文+职业技能"教材,截至2022年底,全球"中文+职业技能"[1]教材已达660种,其中,"工业汉语""新丝路"等系列教材脱颖而出。

为进一步加强该领域优质教材的供给,2022年,中外语言交流合作中心与有色金属工业人才中心合作,根据产能合作国经济发展需要及"走出去"企业生产需求,规划了首批"中文+职业技能"教学资源建设选题,汇聚国内47所"走出去"试点校、国家或省级"双高"[2]建设校,共同打造了57个"中文+职业技能"教学资源建设项目,覆盖12个专业大类49个专业方向,基本确立了"中文+职业技能"教学资源建设的内容框架。此外,《国际中文教育中文水平等级标准》教学资源建设项目先后于2021年和2022年分别确立42个和36个"中文+职业技能"教学资源建设项目,近两年,该领域累计确立了135个建设项目。扎实推进这些项目成果的出版转化及落地应用,将有助于满足"一带一路"倡议下"走出去"中国企业的人才培养需求,有力地支持"一带一路"建设的顺利实施。

3. 推动中华语言文化海外传承

华文教学资源是国际中文教学资源的重要组成部分,是海外中华语言文化传承的重要载体。加强华文教学资源建设,可有效推动海外中华语言文化传承与传播,有助于实现"中华民族'魂''根''梦'的薪火相传"[3]。

近年来,华文教学资源建设取得了长足进展,呈现出以下特点:一是强化华文教学标准化引领。例如,依托"华文教师证书"对海外华文教师进行培训和职业能力认证,并配套出版《海外华文教师培训教程》(匡小荣、文雁、曾毅平主编,2009年);又如,推广华裔青少年华文水平测试(HSC),并陆续推出"华文水平测试丛书"(暨南大学华文考试院主编,2022年)。配套教学资源的研发与出版凸显了"考教结合"理念,促进了标准化考试和教师资格认证的落地与应用。二是促进传统华文教材更新换代。小学版《中文》和《华文》(原《汉语》)均于2020年底启动了第三次修订,预计2024年正式出版,初中版和高中版《中文》也已陆续编写出版。三是推动华文教材本土化编写。澳大利亚高中版《中文》、柬埔寨初中版《华文》、欧

---

① 此处统计采用的是"中文+职业技能"的广义概念,即包括"中文+专业/职业/技术/职业教育"。
② "双高"指中国特色高水平高职学校和专业建设,也称"高职双一流"。
③ 郭熙,林瑀欢. 明确"国际中文教育"的内涵和外延[N]. 中国社会科学报,2021-03-16(A03).

洲小学版《中文》、《菲律宾华语课本》、《美洲华语》等本土华文教材相继出版。四是提升华文教育信息化水平。华文教学资源的信息化建设呈现出研发主体民间化、市场化、当地化，资源内容多样化、交互化，资源技术智能化等趋势。据统计，截至2022年底，已有30余家国内外机构涉足华文数字教学平台建设及运营，如"新东方比邻中文""哈兔中文""云上华文""爱中文"等。

（二）促进事业提质增效

2022年12月，孙春兰副总理在国际中文教育大会上强调"扎实推动国际中文教育高质量发展"[①]。提质增效是国际中文教育高质量发展的核心要义。国际中文教学资源建设通过标准体系完善、资源配置供给、数智融合创新，不断推动国际中文教育事业向着高质量、高效益的方向发展。

1. 加强教学规范

标准在"大资源"范畴中占有重要位置，它可以为全球中文教育保持稳定性和规范性、实现可持续发展提供重要保障，也可以为开展规范化中文教学、研制高质量教学资源提供依据。2021年3月发布的《中华人民共和国国民经济和社会发展第十四个五年规划和2035年远景目标纲要》明确提出，要构建"国际中文教育标准体系"，这足以表明标准体系建设对国际中文教育的高质量发展具有重要意义。

2022年，国际中文教育标准研制工作扎实推进。《国际中文教师专业能力标准》经世界汉语教学学会团体标准委员会审定通过，作为团体标准正式发布；菲律宾研发颁布了《菲律宾中学中文课程大纲》；乌干达继《中学初等阶段中文教学大纲》之后，审批通过了《中学高等阶段中文教学大纲》，使中文课程标准贯通了乌干达中学全学段。截至2022年底，我国已研制发布了不同类型的国际中文教育标准41部，海外已有35个国家和地区颁布了112部中文教育标准。（图1-1）在标准应用方面，围绕《国际中文教育中文水平等级标准》和《国际中文教育用中国文化与国情教学参考框架》的学术研讨、科研项目、教学实践项目、教学资源建设项目有序进行。可以想见，随着国际中文教育标准体系的不断完善，一大批标准应用型资源建设项目的陆续完成及成果的逐步推出，全球中文教学质量将得到充分保证和稳步提升。

---

① 扎实推动国际中文教育高质量发展 [N]. 人民日报，2022-12-09（04）.

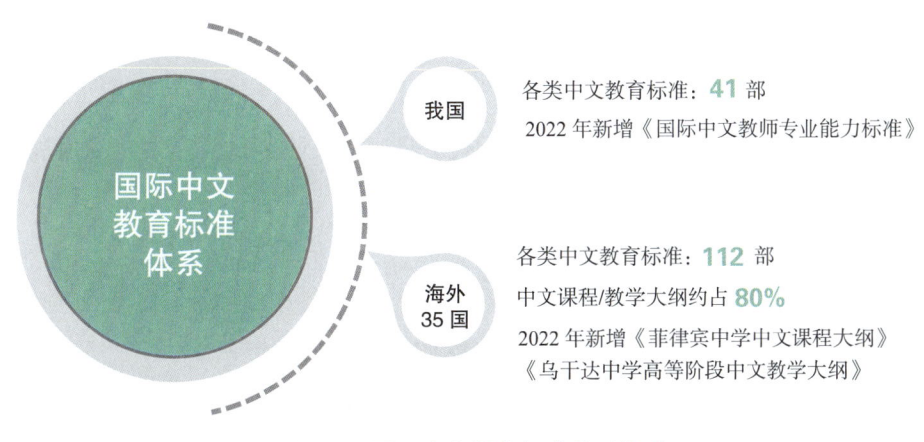

图 1-1　国际中文教育标准体系构成

2. 观测教学发展

随着教学需求日趋多样化和复杂化，国际中文教学资源建设呈现出全球化、多元化、动态化等特征，因而也成为反映全球中文教学发展变化的晴雨表。对其进行考察分析，可以动态监测全球中文教学发展趋势，把握中文教育的前沿热点。

据统计[①]，2022 年全球新增国际中文教材 723 种，比 2021 年（666 种）增加 57 种，全球国际中文教材总量达 20919 种。其发展状况呈现出以下几个显著特点：一是海外出版力量逐渐增强。2022 年海外出版机构推出的国际中文教材占全球教材出版总量的 65.42%。二是英语仍然是国际中文教材的主要注释语言，但同时，俄语注释版教材的数量快速增长。2022 年俄语注释版中文教材以 114 种位列各语言注释版本排名的第二位，仅次于英语注释版中文教材，这从侧面反映出俄语区中文教学正在快速发展。三是儿童和青少年中文教材品种最多。2022 年累计出版 250 种面向幼儿及中小学的中文教材，其中 71.20%（178 种）出自国外出版机构，这说明海外儿童和青少年中文教学的需求较为明显，海外出版机构的相关资源供给更为直接。四是零起点至初级中文教材仍占主流。2022 年共出版 396 种，占全球教材出版总量的 54.77%，这表明全球中文教学仍处于普及推广阶段。五是综合类（166 种）和专项技能类中文教材（222 种）居多。相较之下，文化类（41 种）和教师培养类（12 种）教材仍存在一定缺口，体现出当前国际中文教学"语言为主，文化为辅"的基本面貌。六是纸数同步出版比例大幅提高。2022 年新增的国际中文教材中，57.40%

---

① 详见本书第三部分"纸质篇"第一节。

（415 种）配备了数字化教学资源，而在 2021 年，这一比例仅为 37.54%，这在一定程度上说明国际中文数字化教学正在逐步普及。上述六大特点不仅展示了国际中文教学资源发展的现状和趋势，也从侧面反映出全球中文教学的需求变化和发展方向。（图 1-2）

A 由全球 167 家出版机构出版

B 根据注释语种分布，英语注释版最多，共 278 种

C 根据教学对象分类，幼儿及中小学教材最多，共 250 种

国际中文教材总量达 20919 种

2022年新增国际中文教材 723 种，比 2021年增加 57 种

D 根据语言水平分类，零起点至初级教材最多，共 396 种

E 根据教材类型分类，专项技能教材最多，共 222 种

F 415 种教材提供数字化配套资源

图 1-2　国际中文教材发展概况

3. 体现数字化水平

数字教学资源是国际中文教学资源建设的重点领域，其建设水平充分体现了国际中文教育数字化发展的程度和水平。数字教学资源以产品的形态呈现，具有广泛的应用价值，是国际中文教育与数字技术融合进程的重要标志。数字教学资源在教学应用场景中发挥着多重功能，从促进教学内容的立体化和个性化到丰富教学手段和方法，从提升学习者的学习体验到支持教学创新和研究，从拓展教学辅助的广度和深度到提高教学效率和效果，从实现师生跨时空教学互动到促进教师经验交流和资源共享，数字教学资源可以为国际中文教育的数字化发展提供全方位支持。

当前，国际中文教育各类数字教材和数字课程的研发、推广、应用日趋成熟，用户的评论反馈倾向于积极正面，数字教材与课程的集成创新成为当下攻关的重点领域。在国际中文数字教学平台及应用程序的建设中，既有以中文联盟、全球中文学习平台为代表的政府举措，也有以国际中文智慧教学系统[①]、HelloChinese 为代表

---

① 网址：https://class.blcu.edu.cn/。

的民间行动，这两股力量共同推动着国际中文数字教学平台的不断探索和发展。近年来，虚拟仿真实验作为一种新型的数字教学资源在国际中文教育领域也有所尝试，例如，国家虚拟仿真实验教学课程共享平台[①]汇聚了"汉语视听说·新时代中国故事""国际展会场景下留学生商贸汉语应用""汉语国际教育非语言交际"等国际中文教育虚拟仿真实验课程，可为学习者提供沉浸式、交互式的学习体验。国际中文数字资源典型产品见图1-3：

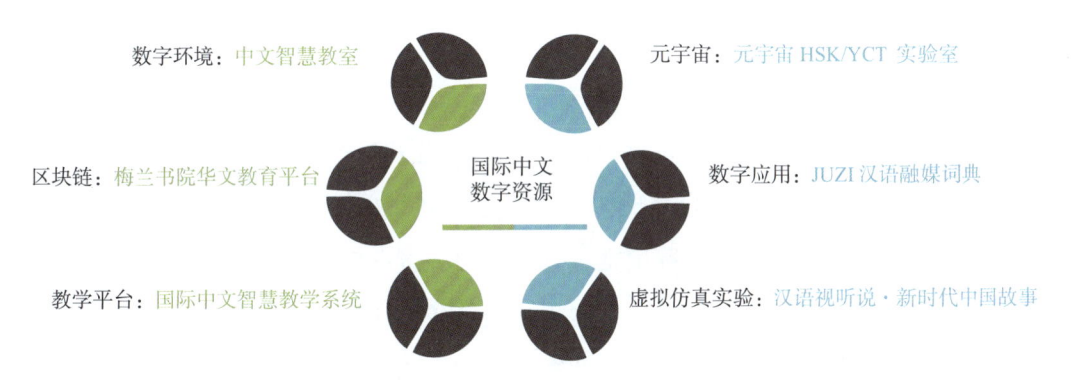

图 1-3 国际中文数字资源典型产品

（三）助推"三大体系"构建

构建更加开放、包容、规范的现代国际中文教育"三大体系"是实现国际中文教育高质量发展、推动中华语言文化更好走向世界的重要保障。[②]教学资源建设在国际中文教育"三大体系"构建中发挥着基础性作用，对优化学科知识体系、深化基础理论研究、提升对外话语阐释能力产生了深远影响。

1. 支持学科建设

国际中文教学资源建设伴随着国际中文教育学科发展的步伐一路走来，不仅直接体现了学科发展水平，也不断推动着学科的变革与创新。近70年的国际中文教学资源建设实践表明，教学资源在结构和体系上的扩充优化，在理念和教法上的鼎新精进，在内容和形式上的创新求异，一是促进了国际中文教育在学科内容上的更新与完善，丰富了教学内容，拓展了教学领域，满足了不同专业和课程设置的需要；

---

① 网址：https://www.ilab-x.com/。
② 李宝贵，魏禹擎，李慧. 国际中文教育"三大体系"构建：内涵意蕴、现实境遇与实践逻辑[J]. 华文教学与研究，2023（2）：51-59.

二是为教学模式和教学方法创新提供了实践场域，引入了多元化的教学手段，激发了教学活力；三是为国际中文教育的学科理论研究提供了丰富生动的教学案例，为研究者深入探讨教学现象和相关问题提供了实证基础。

2. 夯实学术体系

教学资源建设与国际中文教育学术体系构建互为依托，学术体系为教学资源建设提供了理论指导和方法支持，教学资源建设在国际中文教育知识体系、理论体系和学术平台的建设中发挥了积极作用。

首先，教学资源中包含的知识系统（包括语言知识、文化知识、专业知识等）和技能系统（如语言能力、文化意识等），重点体现出"教什么、怎样教、怎样学"的实践逻辑，为国际中文教育知识体系的构建与创新提供了实际范例和基本依托。其次，教学资源建设可以对国际中文教育理论研究进行实践和验证，例如，中文作为第二语言的习得理论、教学理论、文化理论等研究成果在教学资源编写和开发中得到了实践和应用，而实践又对原有的理论框架和构成要素进行了补充或修正；与此同时，教学资源建设本身也是理论产出的不竭源泉，教学资源的编写理论、评价理论、本土化理论、数字化理论、产业化理论等都是国际中文教育理论体系的重要组成部分。最后，近年来，国际中文教学资源研究受到了广泛关注，成果丰硕，各种形式的学术讲座、研讨论坛、科研项目、论文著作、咨政报告等都为充实国际中文教育学术体系增添了活力。

3. 优化话语表达

党的二十大报告着重强调了加快构建中国话语和中国叙事体系的重大战略部署，提出要"讲好中国故事、传播好中国声音，展现可信、可爱、可敬的中国形象，推动中华文化更好走向世界"。国际中文教学资源是展现当代中国形象的重要载体，对国际传播能力建设具有重要意义。

近年来，国际中文教学资源建设着力优化叙事结构和表达方式，对讲好中国故事、传播中国经验、发出中国声音进行了积极探索。例如，2022年出版的"理解当代中国"系列教材将中国国情与语言学习相融合，旨在帮助国际学生读懂中国，理解中国；同年出版的"外国人讲中国故事"系列丛书从"他者"视角进行选材和编写，尝试了"传统故事，现代表达；中国故事，世界表达"这一新颖的叙事结构。

二、国际中文教学资源建设拓展功能的实现路径

国际中文教学资源建设虽然在规模、形态、服务力和影响力等方面取得了长足进步，但面对国际中文教育当地化、职业化、低龄化和智能化的发展趋势，仍存在滞后性、同质性、碎片化和低效能等现实问题。为此，亟须从以下几个方面实现突破，以全面提升其拓展功能。

（一）推进区域国别中文教学资源建设

加强区域国别中文教学资源建设，精准服务新时代中国特色大国外交，意义重大且深远，任务艰巨而紧迫。它需要我们进一步提高思想站位，深化教学资源研发各领域国际合作，配合中文纳入海外国民教育体系的国家和地区，以及"一带一路"共建国家和地区开展教学资源建设，支持其中文课程的设立和实施。此外，要促进教学内容的当地化，处理好不同社会文化、不同教育环境、不同课程标准之间的接榫，精准对接当地教学场景和教学主体的实际需求，以确保在教学容量、话题选取、语言内容、教学难点等方面实现高质量的当地化。

（二）探索"中文＋职业技能"教学资源建设机制

为进一步夯实"中文＋职业技能"教学资源建设成果，一方面要积极探索以典型工作任务为核心、中文水平和职业技能同步提升的教学资源编写模式；另一方面要加强现有"中文＋职业技能"教学资源建设项目的管理与集成，提供包括资源建设指南、编者培训手册、技术要求、审核标准、应用建议在内的"中文＋职业技能"教学资源建设整体解决方案，完善覆盖资源"生成、汇聚、审核、管理、应用"全流程的建设机制，切实提高该领域教学资源建设效益，助力"一带一路"建设。

（三）健全国际中文教育标准体系

进一步强化标准体系建设，还应在标准的协同、应用、拓展等方面下足功夫。标准的协同，一方面指国际中文教育标准体系内部各种各类标准之间的协调配合和相互照应，以便使国际中文教育标准体系更具整体性、系统性和内部协调性；另一方面指国际中文教育标准与海外当地教育标准形成对接和融通，从而有助于我国教育标准在海外的传播与推广。标准的应用，主要指国际中文教育标准的落地、实施

和运用。其意义不亚于标准的研制，它不仅实实在在地影响着国际中文教育的质量和水平，也将对中文教育标准的国际化和本土化发挥积极的推动作用。标准的拓展，不仅指要协助更多国家研制或修订该国或该地区的中文课程大纲，还涉及标准类型要从教学标准向更大范畴的教育标准扩展，除各类教学、课程、考试标准以外，还要关注教育系统中其他关键要素的标准化问题，如国际中文教育项目评价标准、办学质量标准、智库建设标准等的制定与推广。通过上述措施，国际中文教育标准体系将进一步健全和完善，从而全面保障各地中文教育活动的稳定运行，增强国际中文教育的韧性和活力。

（四）完善国际中文精品教学资源体系

在精品化方面，应将正确的研发导向、鲜明的创编特色、精心的内容编排，以及易教易学、效果显著等视为精品的标准，将打造精品作为国际中文教学资源建设不懈追求的目标，立足教学，持续创新。同时，由于教学资源具有商品性和时效性，资源建设需要注重效益，应强化资源建设全流程各环节之间的协同机制，寻求在有限条件下资源质量、效率、成本的最优化实现。

在体系化方面，应推进顶层规划和有组织建设，加强海外中文基础教育领域、"中文＋专业/职业/技术"教育领域、华文教育领域的教学资源建设，加大中高级中文教学资源、中国当代国情教学资源、中文教师培养培训教学资源、中文读物资源及中文工具书资源的研发力度，以健全完善的结构体系促进全球中文教学资源的高品质、均衡化发展。

（五）促进数智技术与国际中文教学资源深度融合

在技术迭代、数智融合的发展态势下，国际中文数字教学资源建设需要关注以下六个方面的问题。

第一，重视智能技术催生下的教学资源新形态，例如，国际中文教育知识图谱资源可以通过领域知识的结构化呈现，实现教师的精准化教授以及学生的个性化学习，助力规模化的因材施教。第二，关注教学资源生成方式的新变化，例如，ChatGPT通过与用户的持续、多轮对话，能自动生成教案、课文、例句、习题、图片等定制化资源。第三，通过数据驱动实现教学资源的智能推荐，例如，通过大数据挖掘技术获取教学平台上留存的评价文本、观看人次、观看时长等客观数据，采用机器学习分析，根据学习者个人需求和兴趣偏好，向学习者定向投放优质学习资源。第四，推动智慧学习空间建设及教学模式创新，例如，以"中文智慧教室"为代表的混合学习空间，探索了异地双师同步合作的教学模式；再如，利用元宇宙技术构建虚实融合、时空共在、境身合一的智慧学习空间，支持多元化的中文教学模式。第五，加强国际中文教师的数字素养培育，通过向教师提供更多精细分类、优质可及的数字课程，提供高品质的数字化教学培训，切实提升教师在数字教学环境中的应对能力，有效强化数字教学资源的应用效果。第六，促进人工智能技术的平台化、产品化和市场化，推动国际中文教育的产业化发展，通过加强产学研合作，开发更多智慧化中文教学资源和平台，为中文教育提供更多的技术支持和教学工具。总之，国际中文数字教学资源建设应在新技术与国际中文教育双向奔赴、彼此赋能的过程中实现更大突破，发挥更大作用。

（六）提升国际中文教学资源科研能力

为进一步丰富国际中文教育学术体系和理论体系，我们需要重点关注教学资源实践与应用方面的原创性研究。其一，只有认清教育的本质和国际中文教育的学科特点，立足于教学实践场域和课堂一线，才能产出符合中文作为第二语言教学规律、凸显中文学习特点的原创型教学资源建设成果。其二，要积极吸收中文作为第二语言教学的研究成果，将其付诸教学资源编写实践，以促进学术研究成果向教学资源建设成果的创造性转化。其三，要注重考察教学资源的实际使用效果及其影响因素，关注教学资源在实际使用过程中与教学主体的互动和知识技能的转化，重视教学主体对教学资源的评价和反馈。

（七）强化国际中文教学资源话语建设

在话语受众方面，要从学习者的兴趣点和关注点出发，了解不同受众群体的特点和偏好，"采用贴近不同区域、不同国家、不同群体受众的精准传播方式，推进中国故事和中国声音的全球化表达、区域化表达、分众化表达，增强国际传播的亲和力和实效性"[1]。在话语内容方面，要加大中华文化与当代国情教学资源的话语投入，向学习者传递中华文化的精髓和中国精神，让学习者更好地理解中国的发展道路、

---

[1] 习近平主持中共中央政治局第三十次集体学习并讲话 [EB/OL].（2021-06-01）[2023-01-05]. https://www.gov.cn/xinwen/2021-06/01/content_5614684.htm.

价值观和社会制度，进一步增强对中国的理解和认同；同时，要注重与世界话语体系的融通，强调共同价值和理念，做到求同存异、中外融通、话语共情。在话语风格方面，要充分利用图示、图片、视频等直观形式，要善于讲故事、举例子，要"在乐于接受和易于理解上下功夫，让更多国外受众听得懂、听得进、听得明白，不断提升对外传播效果"[①]。在话语平台方面，要加强教学资源与数智技术的融合应用，突破纸媒单一形态，打造数字化、网络化、智能化的多渠道、立体式传播平台。

三、结语

随着中国式现代化伟大进程的持续推进，国际中文教学资源建设在语言教学和文化传播功能的基础上，其服务国家重大需求、促进事业高质量发展、助推"三大体系"建设的功能价值得以彰显并不断拓展。对此，国际中文教学资源建设应进一步提升语言服务能力，为服务国家重大需求，构建更加开放包容、更加优质可及的国际中文教育新格局做出更大努力。

作者：梁宇，北京语言大学

---

① 习近平主持中共中央政治局第十二次集体学习并发表重要讲话 [EB/OL].（2019-01-25）[2023-01-05]. https://www.gov.cn/xinwen/2019-01/25/content_5361197.htm.

第二部分 标准篇

主持人：王祖嫘，北京外国语大学

第一节 《国际中文教师专业能力标准》"教学资源选择与利用"指标解读

2022年8月26日，世界汉语教学学会以团体标准的形式发布《国际中文教师专业能力标准》（T/ISCLT 001—2022）（以下简称"2022版《教师标准》"）。该版标准是继2007年和2012年孔子学院总部/国家汉办发布《国际汉语教师标准》（以下分别简称"2007版《教师标准》"和"2012版《教师标准》"）之后，基于国际中文教育发展变化和全球中文学习需求，由中外语言交流合作中心与13个国家的27所高校、社会团体和企事业单位联合制定的。2022版《教师标准》旨在为国际中文教师培养、培训、能力评价与认定、专业发展提供依据，其基本内容明确了国际中文教师应具备的专业能力。国际中文教师专业能力包括专业理念、专业知识、专业技能、专业实践和专业发展5个一级指标和16个二级指标。2022版《教师标准》首次明确提出"教学资源选择与利用"的能力是国际中文教师"专业实践"能力的重要组成部分，并将其提升至与"课堂教学计划""课堂组织与管理""学习评估与反馈"同等重要的高度，集中反映了2022版《教师标准》对国际中文教师与教学资源互动关系的新思考、新审视与新要求。

一、研制背景

（一）"大资源"发展趋势对国际中文教师教学资源选用能力提出新要求

国际中文教学资源建设呈现出"大资源"发展的趋势。在资源种类方面，国际中文教学资源分类更加细化，面向不同教学对象、不同语言水平、不同教学目的、不同教学环境的教学资源日益丰富；在资源形态方面，数字教学资源数量可观，形态多样，通过新技术赋能促进了国际中文教学资源的创新；在资源互动关系方面，纸数同步、叠加、融合，共同支持着国际中文教育的发展。国际中文教育"大资源"发展趋势对国际中文教师的专业性提出了更高的要求，如何从"海量、多样、快速更新、分布零散"的教学资源中选择能够满足学习者需求、适用于教学环境、符合教学目标的教学资源，已成为一项专业性极强的工作。

（二）以学习者为中心的教学理念对教师教学资源使用能力提出新要求

没有一种教学资源可以满足所有学习者的需求，教师必须决定"使用什么资源""何时使用资源"以及"如何使用资源"，但所有教学决策都应以学习者为中心。其原因有以下两点：一是中文学习者个体因素差异显著。国际中文教育面向全球中文学习者，学习者国籍、种族、文化背景、年龄、中文水平、学习动机各不相同，进而呈现出多样化的中文学习需求。二是教学环境差异显著。目前已有85个国家将中文教育纳入国民教育体系，全球几乎所有国家都已开展中文教学。各国教育理念、外语教学传统、中文教学标准、教学条件都有显著差异。因此，为满足学习者需求，教师需依据施教环境和学习者特点，对国际中文教学资源进行二次加工。教师必须熟悉国际中文教学资源的特征，并基于中文学习者需求，对国际中文教学资源进行选择、改编、删减、增补、调序、重组，从而提高教学效率，这就对国际中文教师的教学资源使用能力提出了新要求。

（三）国际中文教育高质量发展对教师教学资源开发能力提出新要求

国际中文教育内涵式高质量发展对国际中文教学资源建设提出了两个基本要求：一是应最大程度地满足全球中文学习者对中文学习资源的需求，保证教学资源"从无到有"；二是建设高质量的国际中文教学资源体系，促进教学资源"从有到优"。实现以上两个目标与教师教学资源的开发能力密切相关。首先，在市场无法驱动教学资源开发、教学资源获取渠道不畅、专门用途中文学习需求激增的情况下，教师就成为教学资源的开发者，教师所开发的个性化教学资源甚至充当了"教学大纲"，教师的教学资源开发能力直接决定着教学效果。其次，优质教学资源必然是"从教师中来，为教师所用"，教师的开发能力决定了国际中文教学资源未来发展的本土化程度、特色化水平以及可持续发展的潜能。

二、基本内容

2022版《教师标准》在三大基本理念指导下，明确了国际中文教师"教学资源选择与利用"能力的具体要求，并在其规范性附录《国际中文教师专业能力分级认定规范》（以下简称《认定规范》）中对该能力进行了层次划分。

（一）理论支撑

2022版《教师标准》以"师德为先、素养为基、学习者为本、具备跨文化交际能力、终身学习"为基本理念，其中"素养为基、学习者为本、终身学习"三大基本理念对教师"教学资源选择与利用"能力指标的构建具有重要的指导意义。首先，"教学资源选择与利用"能力是国际中文教师的基本素养，需要在教学实践中发展。教师实践性知识为国际中文教师"教学资源选择与利用"能力的形成和发展提供了理论支撑。其次，"学习者为本"的核心要义是最大程度地满足学习者的学习需求。国际中文教师为中文学习者提供符合其学习目的和特点的国际中文教学资源是满足学习者中文学习需求的先决条件。最后，教师"教学资源选择与利用"能力的提升是教师终身学习的重要内容。国际中文教学资源发展日新月异，中文学习者需求日趋细化，教师教学能力内涵不断丰富，教师"教学资源选择与利用"能力理应随着教学实践的增多而相应提升。

（二）具体描述

在2022版《教师标准》中，"教学资源选择与利用"作为二级指标，从属于一级指标"专业实践"，包括以下三项具体描述（表2-1-1）。

表2-1-1 "国际中文教师专业能力指标体系"对"教学资源选择与利用"的具体描述

一级指标	二级指标	具体描述
专业实践	教学资源选择与利用	1. 根据中文教学实际需要，选择合适的教学资源。 2. 根据学习者中文水平和需求，灵活使用和改编教材。 3. 在现有资源无法满足教学需求时，能够开发新的中文教学资源。

2022版《教师标准》的"教学资源选择与利用"指标要求国际中文教师能够根据教学实际需要、学习者的中文水平和需求及教学资源的实际状况，具备选择合适的教学资源、灵活使用和改编教材以及开发新的中文教学资源三方面的能力。教学

实际需要、学习者的中文水平和需求、教学资源状况是国际中文教师进行教学资源选择与利用时需要考虑的三个主要因素。

（三）层次划分

《认定规范》面向初级、中级、高级三个能力等级的教师提出了更具针对性的能力侧重要求，各等级专业能力要求依次递进，高级别涵盖低级别的能力要求。初级教师指合格的新手教师，中级教师指实践经验丰富的成熟型教师，高级教师指具备教学指导能力和研究能力的专家型教师。在《认定规范》中，"教学资源选择与利用"作为二级指标隶属于一级指标"教学计划"之下，位于"专业实践"模块。对该指标各层级的具体描述见表2-1-2：

表 2-1-2 《认定规范》对"教学资源选择与利用"指标的具体描述

等级及对应指标	具体描述
初级 A.2.1.4.1.2	a) 能够根据教学目标、教学内容和学习者特点，选择合适的教材、教辅材料、教具、中文教学平台以及现代化教学手段。 b) 能够根据学习者中文水平和需求，灵活使用和改编教材。 c) 能够在现有资源无法满足教学需求时，开发新的中文教学资源。 d) 能够运用恰当的融媒体教学资源和教学辅助工具实现教学目标。
中级 A.2.2.4.1.2	a) 能够根据教学目标、教学内容和学习者特点，灵活、熟练地使用各类中文教学资源。 b) 能够评价教学材料的适用性，并对教学效果进行评估。
高级 A.2.3.4.1	b) 能够组织或指导初、中级教师开发中文教学资源。

三、主要特点

2007版和2012版《教师标准》均已关注教师"教学资源选择与利用"能力，但相比上述两个版本，2022版《教师标准》在"教学资源选择与利用"指标的具体描述和层次划分上有了较大发展（图2-1-1），集中体现为以下六大特点。

《国际汉语教师标准》
模块4：教学方法
标准8：汉语教学课程、大纲、教材与辅助材料
标准8.5：教师应熟悉所用教材的框架结构和特色。
标准8.6：教师应熟悉教辅材料在汉语教学中的作用，并能有针对性地进行选择。

《国际汉语教师标准》
标准3：教学组织与课堂管理
标准3.2：能根据教学需要选择、加工和利用教材与其他教学资源。

《国际中文教师专业能力标准》
一级指标：专业实践
二级指标：教学资源选择与利用
具体描述：
1. 根据中文教学实际需要，选择合适的教学资源。
2. 根据学习者中文水平和需求，灵活使用和改编教材。
3. 在现有资源无法满足教学需求时，能够开发新的中文教学资源。

2007　　　　2012　　　　2022

图2-1-1　三版《教师标准》"教学资源选择与利用"指标相关描述

（一）高度重视教师"教学资源选择与利用"能力

2022版《教师标准》高度重视教师"教学资源选择与利用"能力，相关指标描述是对2007版和2012版《教师标准》的"重构、升级、扩容"。2007版《教师标准》中"教学资源选择与利用"能力相关描述为三级指标，隶属于一级指标"教学方法"，位于二级指标"汉语教学课程、大纲、教材与辅助材料"之下；2012版《教师标准》中"教学资源选择与利用"能力相关描述为二级指标，置于一级指标"教学组织与课堂管理"之下；2022版《教师标准》中"教学资源选择与利用"能力相关描述作为二级指标隶属于一级指标"专业实践"，与"课堂教学计划""课堂组织与管理""学习评估与反馈"并列，其下还单列了三条指标描述语。

首先，2022版《教师标准》中"教学资源选择与利用"既不属于"教学方法"（2007版），也不是"教学组织与课堂管理"（2012版）的内容，而是教师在教学实践中逐步发展的能力，2022版《教师标准》将其归入"专业实践"模块，这是对教师"教学资源选择与利用"能力的重构；其次，2012版《教师标准》中"教学资源选择与利用"能力为"教学组织与课堂管理"的下位内容，但2022版《教师标准》将其提升到与"课堂组织与管理"同级，这是对"教学资源选择与利用"的升级。最后，2022版《教师标准》在"教学资源选择与利用"能力指标下，增加了三条详细的指标描述，分别对应教师教学资源的选择、使用与开发能力，这是对以往《教师

标准》中"教学资源选择与利用"指标的扩容。

（二）突破"教材为主"观念，体现国际中文教育"大资源"观

2007版、2012版和2022版《教师标准》中关于"教学资源"描述的变化充分体现了国际中文教育的"大资源"发展趋势。2007版《教师标准》中，教学资源主要指"教材"和"教辅材料"；2012版《教师标准》中，教学资源指"教材"和"其他教学资源"，但并未对"其他教学资源"进行进一步说明；2022版《教师标准》中主要使用"教学资源"而非教材，并在《认定规范》中提及教材、教辅材料、教具、中文教学平台以及融媒体教学资源等多种教学资源。2022版《教师标准》所提及的国际中文教学资源种类和形态都表明，2022版《教师标准》对教学材料的认识已突破"以教材为主"的观念，充分认识到目前国际中文教育"大资源"的发展趋势，并且引导、鼓励教师了解、使用并开发多样化、立体化、个性化的教学资源。

（三）凸显教师在教学资源选择与利用中的能动性

2022版《教师标准》提出"在现有资源无法满足教学需求时，能够开发新的中文教学资源"，这是首次将教师的教学资源开发能力纳入"教学资源选择与利用"能力中，既丰富了该指标的内涵，也彰显了教师在教学资源选择与利用中的能动性。2007版《教师标准》中教师的主要职责是"熟悉"教材；2012版《教师标准》中教师的主要职责有所扩充，变为"选择、加工和利用"教材与其他教学资源；而2022版《教师标准》则指出教师应能够"选择""灵活使用"以及"开发"教学资源。2007版、2012版和2022版《教师标准》体现了教师"教教材—用教材教—组织教学资源开展教学"的变化轨迹。教师所用的教学资源不再是"现成的、一次性获得的、统一的"，而是"发展的、二次加工的、个性化的"，2022版《教师标准》引导教师充分发挥主观能动性，成为教学资源的使用者和开发者。

（四）践行"学习者为本"的教学理念

2022版《教师标准》首次明确提出教师应"根据中文教学实际需要""根据学习者中文学习水平和需求"，同时"在现有资源无法满足教学需求时"，能选择、使用并开发教学资源，以上表述均践行了"学习者为本"的教学理念。2007版《教师标准》未提及教师选择和使用教学资源的原则，2012版《教师标准》突出了教师应

"根据教学需要"选择和利用教材。上述两版《教师标准》主要关注"教师的需要"，而 2022 版《教师标准》还明确提出"学习者中文水平和需求"，这是教育理念变革在国际中文教师专业能力培养中的具体体现，符合"学习者为本"的教育理念。

（五）强调教师教学资源选择与利用能力的发展性

2022 版《教师标准》对教师"教学资源选择与利用"能力进行了分级描述，充分认识到教师"教学资源选择与利用"能力是随着教学实践的积累而提升的，这符合教师实践性知识的发展特征。《认定规范》中的"教学资源评价"和"指导或组织教学资源开发"两项具体能力在教师"教学资源选择与利用"能力层次划分中具有重要意义。其一，能够"选对、用好、开发、数智化"教学资源是对所有初级、中级、高级教师的基本要求。其二，中级教师相对初级教师应更熟悉教学资源，并具备教学资源评价能力，因此主要评估教学材料的适用性及其使用效果。其三，高级教师相对初、中级教师应具备组织或指导初、中级教师开发国际中文教学资源的能力。这也勾勒出了教师"选对用好教学资源—反思评价教学资源—开发改进教学资源"的"教学资源选择与利用"能力的进阶路径。

（六）关注教师教学资源选择与利用的全过程

2022 版《教师标准》关注到教师选择、使用以及开发教学资源的全过程，这是对 2007 版和 2012 版《教师标准》的新审视。2007 版《教师标准》主要关注教师教学资源"使用前"，包括了解教材与选用教材的环节；2012 版《教师标准》的视野从"使用前"拓展到"使用中"，补充了"能根据教学需要选择、加工和利用教材与其他教学资源"的内容；2022 版《教师标准》进一步拓宽视野，将关注点拓展到"能够开发新的中文教学资源"。自此，2022 版《教师标准》对教师"教学资源选择与利用"指标的关注视野拓展为"使用前—使用中—使用后"，形成了完整的教学闭环，这就明确了教师"教学资源选择与利用"能力应贯穿教学计划、教学实践和教学测评的全过程。

四、应用价值

（一）完善国际中文教师能力评价与认定

《教师标准》对国际中文教师专业能力发展具有规范、评价和引领功能。2007版和2012版《教师标准》中教师"教学资源选择与利用"能力的相关描述内涵较为单一，指标描述较为笼统，且未对能力进行层级划分，不便于教师"教学资源选择与利用"能力的评估与定级。2022版《教师标准》针对教学资源选择能力、使用能力和开发能力分别进行了详细描述，划分了"教学资源选择与利用"能力层级，从而完善了国际中文教师能力的评价体系。对教师进行"教学资源选择与利用"能力评价时，可分别考察教师对国际中文教学资源的选择、使用与开发能力，根据教师表现进行初级、中级、高级的能力认定，并提供相应的诊断性、改进性建议，明确教师"教学资源选择与利用"能力的提升方向。

（二）促进国际中文教师专业化发展

"教学资源选择与利用"能力是国际中文教师专业化发展中的重要内容。教师"教学资源选择与利用"能力直接决定教学资源的使用效率及教学效果。国际中文教育"大资源"发展趋势、"学习者为本"的教学理念以及国际中文教育高质量发展的内在需求，对国际中文教师"教学资源选择与利用"能力提出了专业化要求。首先，2022版《教师标准》可为优化教师培训目标提供依据，可将"教学资源选择与利用"能力的提升作为教师培训的重要目标，并依据教学资源"选择、使用、开发"三个阶段设置相应的培训板块；其次，在教师专业能力认证中，可增设"教学资源选择与利用"能力专项测试，以能力评价促进国际中文教师专业化发展。

（三）优化国际中文教师教育专业课程设置

目前，大部分国际中文教师教育专业并未针对"教学资源选择与利用"这一能力培养设置具体教学内容。因此，国际中文教育相关专业毕业生一旦走上教学岗位，就容易出现"不知道有什么资源，不知道选什么资源，不知道如何用资源，不知道如何组织资源"等情况。2022版《教师标准》为优化国际中文教育专业课程设置，培养职前教师"教学资源选择与利用"能力提供了参考。在教学资源选择方面，应引导职前教师了解国际中文教学资源的种类、形态以及获取途径，并学会评估教学资源的适配性；在教学资源利用方面，应引导职前教师根据学习者水平和需求，改编、删减、调整、补充教学资源；在教学资源开发方面，应引导职前教师在教学资源无法满足教学需求时，自己组织教学材料，从而形成个性化的教学资源。

（四）加强国际中文教学资源推广与使用培训

目前，国际中文教学资源与教师之间存在"信息鸿沟"，2022版《教师标准》可为教学资源供给方提供新的发展思路。2022版《教师标准》要求教师能够"选对、用好、参与开发"国际中文教学资源，教学资源供给方可从资源提供者的角度促进教师"易选、适用、有途径参与开发"国际中文教学资源。首先，教学资源开发者可按教学资源种类、形态、内容等细化分类，主动推送教学资源信息，打通全球中文教学资源获取渠道，并联合多家教学资源开发机构搭建国际中文教学资源共享平台，帮助教师"选对"教学资源。其次，应开展多种形式的教学资源使用培训，包括教学资源开发者解读和教师使用交流，以便帮助教师快速了解教学资源开发理念、特点及相关配套资源的使用方法，帮助教师"用好"教学资源。最后，应在教学资源开发前、开发中、开发后加强与教师的沟通，听取教师意见，邀请一线教师参与教学资源研发过程，从而使教学资源更接地气、更顺手、更实用。

作者：李晓露，云南大学；曹晓艳，国家开放大学

第二节 《菲律宾中学中文课程大纲》的研制与应用*

2022 年 7 月，《菲律宾中学中文课程大纲》(*Philippine High School SPFL-Chinese Mandarin Curriculum Guide*，以下简称《课程大纲》)（图 2-2-1），经中外语言交流合作中心（以下简称"语合中心"）评审后顺利结项，并通过了菲律宾教育部课程发展司的审核认定。该大纲于 2021 年由语合中心批准立项，由菲律宾教育部中文教育项目督导牵头、中菲专家团队合作、采用中英文双语编写而成。该大纲贯通菲律宾中学七至十二年级，是菲律宾国民基础教育阶段中文课程研制的指导性文件，将为菲律宾基础教育阶段的中文教学提供科学、规范的参考。

图 2-2-1 《菲律宾中学中文课程大纲》封面

---

* 本节内容为 2022 年度国家社会科学基金项目"中文教育助推新时代中国东盟全面战略伙伴关系建设研究"（22BSS155）阶段性成果。

一、研制背景

（一）菲律宾中文教育项目发展历程

随着全球化进程的日益加速，外语的重要性越发凸显，外语能力已成为人才全球竞争力的重要指标之一，各国教育主管部门都将国民基础教育体系中的外语教学视为顶层教育规划的重要考量。菲律宾教育部于 2008 年颁布第 560 号文件，在其国民基础教育体系中开启"外语特别项目"。该项目旨在为菲律宾学习者提供多种语言选择，帮助学习者在保持自身民族认同感的同时，通过接触其他语言文化，获得重要的外语学习经历，培养他们对语言文化多样性的广泛理解，从而提高学习者的社交技能和全球视野，使他们在未来的职业生涯中能够适应多元文化环境，获得全球竞争力。自2009 年以来，菲律宾教育部先后将西班牙语、法语、日语、德语、中文、韩语作为正式的外语课程纳入菲律宾国民基础教育体系。

2011 年，菲律宾教育部选择首都地区、第三区、第十一区三所学校开展中文试点教学，同时开启公立中学本土中文师资培训计划，由此拉开了中文课程正式进入菲律宾国民基础教育体系的序幕。2011—2021 年这 10 年，菲律宾国民基础教育体系中文教育的学科框架初步形成。相较于菲律宾其他语言教育项目，中文教育呈现出后来居上、蓬勃发展的良好态势。中文教育项目在菲律宾全国范围内推广了以汉语水平考试（HSK）和中小学生汉语考试（YCT）为主要评估手段的标准化评估体系，并采用《快乐汉语》作为通用中文教材。同时，还设立了以培养本土中文教师为目标的本科师范教育专业。在中文教育项目执行过程中，公立中学数量、学校分布的区域范围以及在职本土教师培养数量也都取得了长足的发展。截至 2022—2023 学年，菲律宾全国共有 160 所公立中学开设中文课程，分布于全国 15 个行政大区（全菲共有 18 个行政大区），教育部正式注册的公立中学本土中文教师共 581 名，公立中学每年中文班在读学生人数约为 12000 人。（图 2-2-2）

菲律宾中文教育项目发展历程

- 2008：开启"外语特别项目"
- 2009—2010：西班牙语、法语、日语、德语、中文、韩语作为正式的外语课程纳入菲律宾国民基础教育体系
- 2011：开展中文试点教学；开启公立中学本土中文师资培训计划
- 2011—2021：
  - 考试：HSK、YCT
  - 教材：《快乐汉语》
  - 教师：师范教育本科专业
- 2022—2023：开设中文课程的公立中学：160所；公立中学本土中文教师：581人；公立中学中文在读学生人数：约12000人

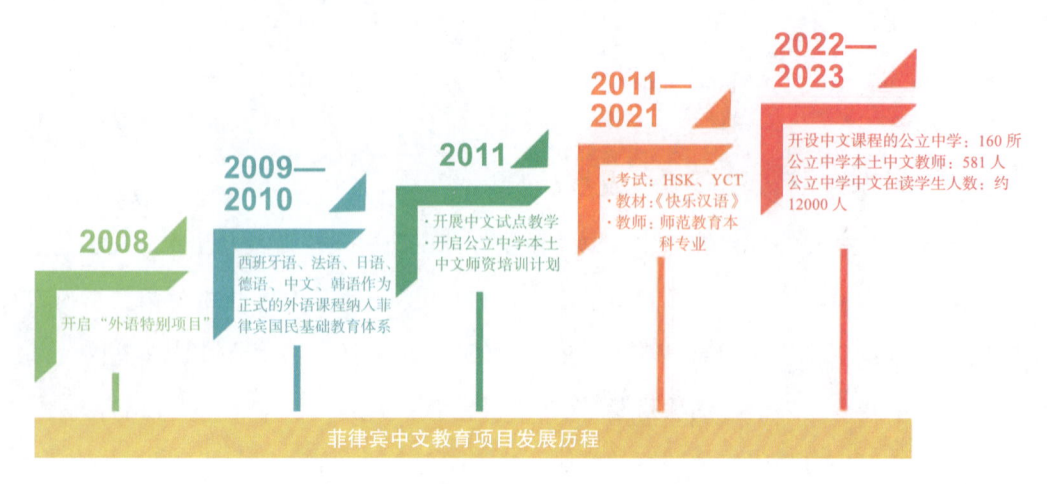

图 2-2-2 菲律宾中文教育项目发展历程

（二）菲律宾中文教育项目发展瓶颈及需求

菲律宾国民基础教育体系中文教育项目迈入发展的第二个10年（2022—2032）恰逢"后疫情"时代，其可持续发展面临着严峻考验，主要表现在以下三方面：第一，历史原因曾经造成中文教育在菲律宾国民基础教育公立体系中完全缺失，导致如今的中文教学基础过于薄弱，开展中文教育项目因动能不足而异常艰难。第二，菲律宾政府对国民基础教育体系的教师资质从国籍、学历、教师从业资格等方面都进行了明确的法律规定（Republic Act No. 9293），同时，菲律宾高等教育阶段的中文学科建设几近空白，这就导致本土合格师资短缺成为制约中文教育项目发展的巨大瓶颈。第三，正在使用的中文教材《快乐汉语》（菲律宾语修订版）在充分发挥其暂时的替代性功能后，新时期已经表现出一定程度的内容滞后及本土化缺位等不足。

2021年底，菲律宾教育部课程发展司完成了《K-12基础教育外语课程总纲》（*K-12 Basic Education Program—Special Program in Foreign Language General Curriculum Guide*，以下简称《外语课程总纲》）的研制。中文教育项目作为近年来菲律宾教育部外语教学项目中成长速度最快、教学需求日益增长的旗舰项目，其课程大纲的研发及本土教材的编写亦被提上日程且迫在眉睫。鉴于此，菲律宾教育部课程发展司致函语合中心，希望双方在已有的菲律宾本土中文师资培养等项目的基础上进一步深化合作，以全面推动菲律宾国民基础教育体系中的中文课程建设。

二、基本内容

（一）编写思路

《课程大纲》是在充分调研并考虑菲律宾公立中学中文课程的课时安排、本土中文教师能力构成、学习者的学习特点及教学预期目标等实际情况的基础上，参照菲律宾教育部《外语课程总纲》及中国教育部国家语言文字工作委员会2021年颁布的《国际中文教育中文水平等级标准》（以下简称《等级标准》）而编写的适合菲律宾公立中学中文教学的纲领性文件。《课程大纲》以"适用菲律宾中学中文教学环境，凸显本土化特色，培养菲律宾中学生运用中文的跨文化交际能力"为研制目标，旨在为菲律宾公立中学不同年级的中文课程设定语言能力目标、规划教学内容、制定实施标准和评估机制，同时希望为菲律宾公立中学中文教材的编写提供参照标准，为菲律宾教育管理部门的相关决策提供参考依据。

《课程大纲》分为以下五部分：大纲编写背景、课程总目标、分年级语言能力目标、分年级语言能力目标达成路径设计和系列附表（包括分年级汉字表、分年级手写汉字表、分年级常用词语表、菲律宾本土常用词语表、分年级语法点表、分年级文化能力项目表）。大纲将《等级标准》作为主要参照依据，并综合参考《高等学校外国留学生汉语教学大纲（长期进修）》（2002）、《国际汉语能力标准》（2007）、《义务教育英语课程标准》（2011年版）（2012）、《国际汉语教学通用课程大纲》（修订版）（2014）及《HSK考试大纲》（2015）等标准、课程大纲或考试大纲，以及《快乐汉语》（第2版）（2014）、《跟我学汉语》（第2版）（2015）等中文教材。

（二）主体框架

《课程大纲》主体部分主要包括课程总目标、分年级语言能力目标及分年级语言能力目标达成路径设计。

1. 课程总目标

通过中学六个年级（七至十二年级）的中文学习，学习者语言能力应达到《等级标准》初等三级水平。学习者在掌握中文基础知识并具备一定中文听、说、读、写技能的基础上，能够运用常见的交际策略，用中文完成日常生活、学习及一般社会交往等有限话题的基本社会交际；初步了解中国传统文化知识和当代中国国情，具备基本的多元文化意识和跨文化交际能力。

2. 分年级语言能力目标

《课程大纲》中，菲律宾中学中文课程内容与《等级标准》之间的基本对应关系为：七、八年级总体对应初等一级，九、十年级总体对应初等二级，十一、十二年级总体对应初等三级。（图 2-2-3）

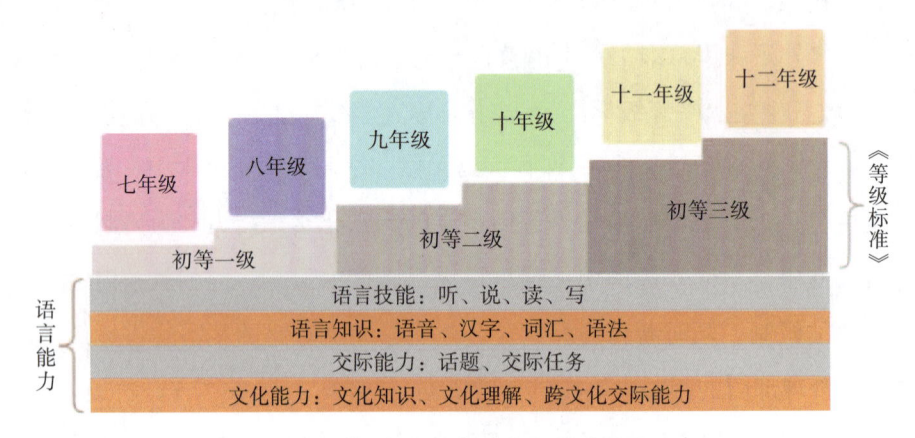

图 2-2-3 《课程大纲》分年级语言能力目标

《课程大纲》认为，外语语言能力是由语言技能、语言知识、交际能力和文化能力四个要素构成的综合能力，其中，语言技能、语言知识和交际能力构成语言能力的主体部分。语言技能是语言能力的基础，《课程大纲》分别对听、说、读、写四种单项语言技能的分级目标进行了描述。语言知识是语言能力的有机组成部分，掌握语言知识有益于语言技能的发展，《课程大纲》从语音、汉字、词汇、语法四个方面对语言知识的分级目标进行了描述。考虑到中学生的外语学习特点和习得规律，语言知识是教师必须全面掌握的部分，学习者主要通过练习和教师的有限讲解对其进行学习。交际能力是语言能力的外在表现，获得运用目的语进行交际的能力是外语学习的主要目标，《课程大纲》以话题为纲，以具体的交际任务为载体，对不同交际任务对应的基本表达给出示例，通过设计分级语言能力目标达成路径的方式，对学习者的交际能力分级进行具体描述。文化能力是语言能力的必备要素，包括文化知识、文化理解和跨文化交际能力三个方面，《课程大纲》根据学习者的认知能力及年龄特点，分级逐步扩展中国文化知识的内容和范围，使学习者逐步具备多元文化意识并获得基本的跨文化交际能力。

3. 分年级语言能力目标达成路径设计

对应菲律宾公立中学六个年级的分年级语言能力目标，《课程大纲》采用清单形式，对各个年级语言能力目标的达成路径进行了具体设计。《课程大纲》以话题为编写线索，首先根据不同年级的语言能力目标，确定各个年级的不同话题及与之对应的3—4项具体交际任务，然后再针对各项具体交际任务细化配置"基本表达示例"和"常用词语示例"。为了更好地体现与菲律宾教育部外语特别项目对外语能力要求的一致性，每一项具体交际任务之后还标注了《外语课程总纲》所对应的能力要求细目。例如，七、八年级以学完达到《等级标准》初等一级水平为目标，共设定了"个人信息、家庭、日常起居、饮食、学校、兴趣爱好、天气、交通与出行、购物、社会交往"十大话题，其中七年级"家庭"话题中对应的语言能力目标是：学习者能简单介绍家人；能介绍、问答家庭成员构成情况；能介绍、问答家庭成员的职业情况；能简单介绍、描述住房。学习者能就家庭话题与他人进行简单的听说互动，获得完成与本话题相关的简单交际任务的能力。关于"家庭"话题的语言能力目标达成路径如表2-2-1所示。

表2-2-1 《课程大纲》七年级"家庭"话题语言能力目标达成路径

	交际任务	基本表达示例	常用词语示例	《外语课程总纲》对应细目
1	介绍家人	·我介绍一下儿，这是我爷爷。 ·他是你哥哥吗？ 他不是我哥哥。	爸爸、弟弟、哥哥、姐姐、介绍、妈妈、那、奶奶、谁、爷爷、这	SPFL7LAP-Ik-11
2	介绍、问答家庭成员构成情况	·你家有几口人？ 我家有五口人。 ·马瑞有两个姐姐、一个弟弟。	个、家人、口、没、没有、人、有	SPFL7LAC-IIIc-3
3	介绍、问答家庭成员的职业情况	·马瑞的爸爸做什么工作？ 马瑞的爸爸是工人。 ·你妈妈在哪里工作？ 我妈妈在商场工作。	干、干什么、工人、工作、机场、教、老师、商场、书店、医生、医院	SPFL7BCT-IIh-8
4	介绍、描述住房	·我家有六个房间。 ·他家很干净。 ·马瑞的房间里有一张床、两张桌子。 ·陈美珍家楼上的房间比楼下的房间大。	白、床、房间、房子、干净、好看、间、里、楼、楼上、楼下、小、张、桌子	SPFL7BCT-IIa-1

三、主要特点

（一）将《等级标准》作为制定各年级语言能力目标的主要参照依据

《课程大纲》设置了中文课程的总目标，即学习者学完系列中文课程后，应达到《等级标准》初等三级水平。不同年级具体语言能力目标的确定，分别从语言技能、语言知识、交际能力、文化能力四方面进行说明，其中每一方面的具体描述及语言量化指标，均参照了《等级标准》中初等一级至三级的描述。这就为学习者获得高质量的中文教育提供了依据与保障，同时为学习者进一步学习中文打下了基础，而清晰的学习成果也为学习者参加相应的中文水平等级评估提供了便利。

（二）突出交际能力培养，细化各年级语言能力目标达成路径

《课程大纲》提出，外语语言能力是由语言技能、语言知识、交际能力和文化能力四个要素构成的。交际能力是语言能力的外在表现，获得运用目的语进行交际的能力是外语学习的主要目标。《课程大纲》在分年级语言能力目标达成路径部分，不同年级均以话题为线索，确定与不同话题相对应的3—4项具体交际任务，再以具体的交际任务为载体，对不同交际任务对应的基本表达及常用词语给出典型示例。

（三）适用菲律宾中学中文教学环境，凸显本土化特色

《课程大纲》总目标的设定、各年级分级目标的设定及话题交际任务的确定，均充分考虑了本土中学中文教师的教学特点和菲律宾中学生的接受能力（如认知水平、学习特点等）。《课程大纲》中每项具体交际任务都标注了菲律宾教育部《外语课程总纲》所对应的能力要求细目。《课程大纲》针对不同的年级设定话题和交际任务，确定主题词汇范围，整理出适合初等阶段使用的菲律宾本土常用词语表，并将这些词语体现在不同年级语言能力目标达成路径设计部分的"常用词语示例"中。比如，菲律宾特有的交通工具"吉普尼"，菲律宾特色节日"抛花节""亡人节"，菲律宾当地特色连锁快餐店"快乐蜂""香草餐厅"，菲律宾特色服装"巴隆"（男子的国服）、"特尔诺裙"（女子的国服），菲律宾人比较常用的网站"虾皮网站"，等等。《课程大纲》立足于菲律宾公立中学学生这一特定学习群体对中华文化的感知和认识，在对各年级文化能力的描述中，着重介绍与菲律宾中学生密切相关的文化知识，并加强

中菲文化对比，着力培养菲律宾中学生的跨文化交际能力，凸显国别性、针对性等本土化特色。比如，中国的清明节（4月5日前后）和菲律宾的万圣节或亡人节（11月1日）都有打扫墓地、祭拜先人、点燃蜡烛表达追思等习俗，但不同的是，中国的清明节更为庄严肃穆，而菲律宾的万圣节或亡人节则充满热闹与欢乐的气氛，具有与逝去亲友同乐的意义。

《课程大纲》"分年级语言能力目标达成路径"部分还设计了"基本表达示例"环节，其中选用的大量例句，不仅生动反映了菲律宾的社会文化生活，而且例句中使用的词汇及语法结构都与对应年级学生的中文水平相当。比如，介绍个人住处时，给出例句"陈美珍住在王彬街18号"，陈姓是菲律宾华人的大姓，王彬街是马尼拉华人聚居的中国城最中心的地带；介绍天气、气候时，给出例句"菲律宾只有两个季节：旱季和雨季"和"马尼拉的气温总是比碧瑶高几度"，这两个例句均紧密结合菲律宾的实际气候情况；介绍日常起居时，例句"星期天我们要去教堂"符合大多数菲律宾人实际的周末活动；介绍节日时，"复活节找彩蛋通常是我们最喜欢的活动"和"菲律宾人常常在复活节假期出国旅行"等例句也非常典型，因为复活节对于菲律宾人来说很重要，找彩蛋是他们过复活节时的必有节目，而利用复活节假期出国旅行也是不少菲律宾人的选择。

四、试用、修订及应用前景

（一）《课程大纲》的试用及修订

《课程大纲》于2022—2023学年在菲律宾公立中学系统投入试用，菲律宾教育部分批组织区域教育局、教学督导、公立中学校长、本土中文教师举办论坛，就《课程大纲》的修订及实施征求意见，《课程大纲》研发团队根据顶层设计与教学实践的各方反馈，在菲律宾教育部课程发展司、学习交付司、学习资源司的指导下实施修订，最终完成了《课程大纲》的优化、定稿，随后在菲律宾全国公立中学正式实施，指导菲律宾中学中文教材的编写工作及中文教育的实践创新。

(二)《课程大纲》的应用前景

预计至 2025 年，菲律宾全国开设中文课程的公立中学将超过 300 所，分布于菲律宾全国所有（18 个）行政大区，计划培养在职本土中文师资 700 人以上。《课程大纲》是中国作为中文母语国，根据菲律宾国民基础教育体系的实际需求，承担责任，积极参与研制的国别中文教育标准，是中菲两国专家携手研发的菲律宾国民基础教育体系中有关中文教育的纲领性文件。《课程大纲》的研制与实施，不仅意味着《等级标准》在菲律宾的正式落地，也必将对菲律宾中文教育第二个 10 年（2022—2032 年）的本土化、可持续、内涵式发展产生积极而深远的影响。

作者：章石芳、李富华，福建师范大学

第三节 《乌干达中学高等阶段中文教学大纲》的研制与应用

2022年10月，乌干达国家课程发展中心（Uganda National Curriculum Development Center，以下简称"乌干达课程中心"）审批通过了《乌干达中学高等阶段中文教学大纲》（*Upper Secondary Level Curriculum Chinese Language Syllabus*，以下简称《高等阶段大纲》）（图2-3-1）。该大纲由中外语言交流合作中心（以下简称"语合中心"）于2021年批准立项资助，由乌干达麦克雷雷大学孔子学院（以下简称"麦大孔院"）与乌干达课程中心组织人员合作、采用中英双语编写而成。该大纲的通过标志着中文已进入乌干达中学高等阶段课程体系，中文课程首次贯通乌干达中学全学段。

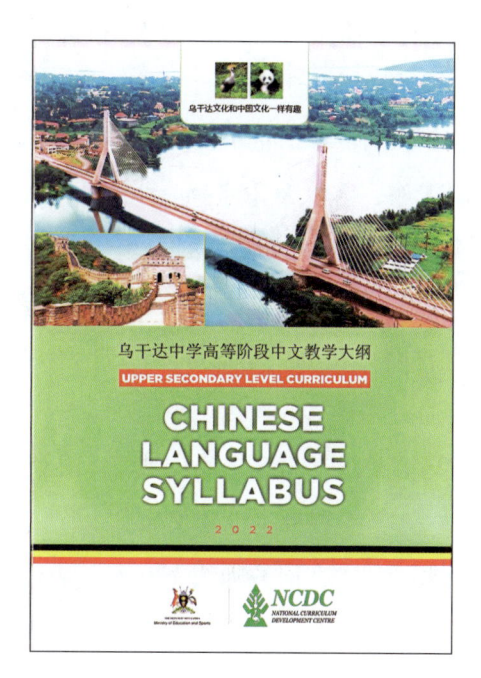

图 2-3-1 《乌干达中学高等阶段中文教学大纲》封面

一、研制背景

（一）乌干达中学中文教育发展迅速

乌干达中学学制6年，其中初等阶段（lower secondary level）4年，高等阶段（upper secondary level）2年。根据2020年新修订的乌干达中学课程大纲，第二外语类科目为中学初等阶段选修课程（每周2—3课时）和中学高等阶段专业必修课程（每周8课时）。乌干达中文教育起步较晚，直至2012年，中文才作为兴趣课程首次进入当地中学。2019年，乌干达教育部将中文纳入国民教育体系，中文作为必修课程进入30余所中学进行初等阶段试点教学，每周6课时；2020年课程大纲调整后，中文成为初等阶段选修课程，课时减少至每周2—3课时，但至今仍有少量学校将中文列为必修课程，部分学校根据自身情况增加了课时。2022年，《高等阶段大纲》通过乌干达课程中心审批，中文课程于2023年进入中学高等阶段课程体系，成为中学高等阶段专业必修课程。

1. 中学初等阶段中文教育渐入正轨

在乌干达，中文首先进入的是中学初等阶段课程体系。在中学中文教学启动之初，乌干达课程中心采取了标准研制与师资培训同步推进的策略。

在标准研制方面，2018年，乌干达课程中心启动了《乌干达中学初等阶段中文教学大纲》（Lower Secondary Level Curriculum Chinese Language Syllabus，以下简称《初等阶段大纲》）的研制工作，由麦大孔院邀请浙江师范大学编写；2019年初，大纲进入试用阶段；2021年，乌干达国家考试委员会（Uganda National Examinations Board，以下简称"乌干达国考委"）与麦大孔院合作研制初等阶段中文毕业会考大纲与样卷。2022年，首届选修中文的中学初等阶段毕业生参加中文毕业会考，考试通过率超过99%，为当年通过率最高的科目。[①]

在师资培训方面，应乌方要求，语合中心支持麦大孔院于2018年启动"乌干达本土中文教师培训项目"，2019年首批本土中文教师上岗。截至2022年底，麦大孔院共培训本土教师140余人，其中在岗教师约120人，共有50余所中学开设中文课程，选修中文的学生近18000人。[②]

[①②] 数据由麦大孔院提供。

2. 中学高等阶段中文教育即将启动

2019年乌干达中学首次启动初等阶段中文教学，2022年迎来首届学习中文的初等阶段毕业生。根据乌干达课程中心的计划，最快将于2023年开始在高等阶段试点中文教学，以便使初等阶段毕业生升入高等阶段后能继续学习中文，因此研制该阶段中文教学大纲的工作提上了日程。麦大孔院于2021年启动《高等阶段大纲》编写工作，大纲作者包括中乌双方人员。乌方团队负责制定符合乌干达现行教育政策与课程方案的大纲框架体系，中方团队负责具体内容的编写，包括但不限于设计教学目标、教学内容、教学活动安排、测试与评估等。（图2-3-2）

图 2-3-2　乌干达中学中文教学大纲项目历程

（二）研制工作意义重大，影响深远

《高等阶段大纲》的研制具有积极意义。它不仅能为乌干达中学5—6年级的中文教学提供指导、确定规范，而且标志着中文进入中学高等阶段课程体系，及时有效地衔接了中学全学段（中学1—6年级）的中文教学，以及基础教育阶段与高等教育阶段的中文教学。

二、基本内容

（一）政策依据与理论基础

2013年，乌干达政府颁布《乌干达2040年愿景》，其可持续发展目标第四项指出："为所有人提供包容、公平的优质教育以及终身学习的机会。"该文件还提倡通过"跨文化教育和国际理解教育"来提升知识技能，塑造价值观与态度。将中文课程纳入国民教育体系，即为实践"跨文化教育和国际理解教育"的重要举措之一。

在政策依据方面，《高等阶段大纲》的研制充分尊重当地现行的教育政策法规，尤其是外语教育政策,符合当地的教育发展规划,强调跨文化教育以增进国际理解,最终服务国家发展。中学高等阶段中文课程的教学目标、教学安排、教学评估与测试等则依据《乌干达中学高等阶段课程大纲》(*Ugandan Upper Secondary Level Curriculum*)与《乌干达中学高等阶段课程需求评估研究》(*Needs Assessment Study on Ugandan Upper Secondary Level Curriculum*)制定。

在理论基础方面,大纲以言语交际理论为指导,遵循交际实用性与文化适用性相统一的基本原则,注重培养言语交际能力,即综合运用各种技能在各种情境下就各类话题进行社会交际的能力。

(二)分级标准

在分级标准与内容设计方面,大纲以中国教育部、国家语言文字工作委员会发布的《国际中文教育中文水平等级标准》(GF 0025—2021,以下称为《新标》)初等三级至中等四级标准语言量化指标为重要参照(表 2-3-1)。

表 2-3-1 《高等阶段大纲》与《新标》分级对照

	《新标》语言量化指标		《高等阶段大纲》语言要素数量
初等三级	汉字	300/900	299/899
	词汇	973/2245	688/1960
	语法	81/210	50/179
中等四级	汉字	300/1200	299/1198
	词汇	1000/3245	373/2333(未含超纲词语 113 个)
	语法	76/265	76/286

注:表格中"/"前后两个数字,前面的数字表示本级新增的语言要素数量,后面的数字表示截至本级累积的语言要素数量;《高等阶段大纲》未给出音节表,故不予对照。

2018 年研制的《初等阶段大纲》分级对标《新汉语水平考试大纲》(HSK 一级至六级)与《国际汉语教学通用课程大纲》(以下统称《旧标》),面向零起点的中文二语学习者,设定目标是学完中学 1—4 年级课程后,学生应具备相当于 HSK 三级的语言水平。按照这一思路,《高等阶段大纲》分级应对应 HSK 四级至五级[①]。但事实上,第一,2021 年《新标》颁布后,新旧标准存在一定差异,需要衔接;第二,乌干达 2020 版中学《初等阶段大纲》将中文等第二外语科目调整成选修课,课时量

---

① 高中每学年 288 课时,两学年共 576 课时,可以完成 HSK 三级与四级的教学内容。

由每周 6 课时减少至 2—3 课时，多数严格执行课程大纲的中学无法完成《初等阶段大纲》规定的《旧标》HSK 三级的教学内容，故而大部分学生毕业时的中文语言水平介于 HSK 二级至三级之间，优秀者可达到 HSK 三级；第三，当前乌干达中学初等阶段本土中文教师几乎均由乌干达本土中文教师培训项目速成产生，其中文水平与教学能力对教学效果也有一定的影响。因此，2022 年在制定初等阶段中文毕业考试标准时，乌干达国考委将考试难度调整为相当于 HSK 二级水平。基于上述事实，《高等阶段大纲》起始级别定为《新标》初等三级，以实现两个阶段中文教学的有效衔接。（图 2-3-3）

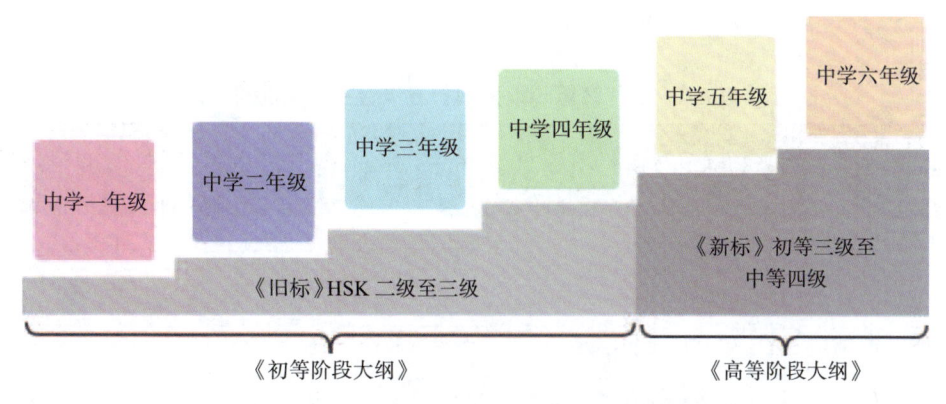

图 2-3-3　乌干达中学中文教学大纲分级标准

在大纲研制过程中，考虑到乌干达当地的实际教学情况，如师资水平、教学资源、教学条件、教学课时等，《高等阶段大纲》在分级上虽然参照《新标》初等三级至中等四级，但又略低于这一标准，对学生的毕业要求也设定为初等三级水平，部分优秀者可达到中等四级水平。可以说，《高等阶段大纲》是一部基于当地中文教学实践又略高于当地中文教学实践的教学指导文件。

（三）内容模块

《乌干达中学高等阶段课程需求评估研究》提出，本阶段毕业生应具备以下素质与能力：应用知识解决日常生活挑战的能力、职业技能、信息通信技术、商业及创业技能、创造创新能力、批判性思维、项目管理能力、交际能力、解决冲突的能力等。《高等阶段大纲》内容即围绕这一目标进行设计。

从结构来看，《高等阶段大纲》可分为三大板块：总论、目标及大纲具体教学内容、附件。

"总论"包括前言、致谢等,主要介绍了研制背景、理论依据、课程比重、学习计划及课时指南、时间分配、设计思路、主要学习成果、课程总目标、内容框架、课程资源开发与利用、毕业要求、评估建议等。

"目标及大纲具体教学内容"为全文重点,内容设计以主题为纲,教学活动遵循"以学生为中心"的原则。按学年分为四大主题,每学年两个主题,每个主题下面各有六个话题,话题下面再设学习目标、话题任务与评估建议三个模块,列出了话题在学习中需要实现的能力目标及其对应的语言(听、说、读、写、译)与文化方面的内容,以及可能产生的学习活动等(五、六年级主题和话题分别见表 2-3-2 和表 2-3-3)。

表 2-3-2 《高等阶段大纲》五年级主题和话题[①]

中学五年级	主题	话题	子话题	课时
第一学期	校园活动	1.1 问候新同学	1.1.1 中文,我已经学了三年多了	24
		1.2 食物、饮食和不同的烹饪文化	1.2.1 食堂的桌子上放着很多水果	24
		1.3 娱乐和休闲活动	1.3.1 我越来越喜欢书法了	24
		1.4 旅游和观光景点	1.4.1 我爬上长城来了	24
第二学期	校园活动	1.5 学习资源和网络学习资源	1.5.1 别忘了把图书馆的书还了	24
		1.6 体育和校园赛事	1.6.1 我们的队员都是挑选出来的	24
	社区生活	2.1 赏析艺术作品	2.1.1 喝着茶看京剧	24
		2.2 不同的国家与地理	2.2.1 中国人叫它"母亲河"	24
第三学期	社区生活	2.3 节假日与习俗	2.3.1 中秋节没有春节热闹	24
		2.4 校园安全和保护	2.4.1 我的自行车怎么找不到了	24
		2.5 性别和性别平等	2.5.1 女生跟男生一样做得好	24
		2.6 社区生活和服务	2.6.1 多么乐于助人的好孩子	24
课时总计				288

[①] 《高等阶段大纲》为中英双语编写,本节涉及大纲内容的表格均只选取中文部分。

表 2-3-3 《高等阶段大纲》六年级主题和话题

中学六年级	主题	话题	子话题	课时
第一学期	人际关系	3.1 人际关系和交友	3.1.1 人际关系与宿舍生活	24
		3.2 媒体对生活的影响	3.2.1 那个脱口秀让我大笑	24
		3.3 购物与商品	3.3.1 货比三家	24
		3.4 兼职/打零工	3.4.1 老板对我印象不错	24
第二学期	人际关系	3.5 家庭教育和代沟	3.5.1 养不教，父之过	24
		3.6 社区生活和保护环境	3.6.1 保护环境就是保护我们自己	24
	应对新问题	4.1 疾病与心理健康	4.1.1 头疼，下课以后我想回宿舍睡觉	24
		4.2 科技与世界	4.2.1 没有手机活不了	24
第三学期	应对新问题	4.3 道德与价值观	4.3.1 幸福无处不在	24
		4.4 人与自然	4.4.1 皇冠鸟与大熊猫	24
		4.5 时尚与潮流	4.5.1 今年又流行中国红了	24
		4.6 理想与个人发展	4.6.1 毕业季，让我欢喜让我忧	24
课时总计				288

中学五年级每课内容包括两篇短对话和一篇短文章，侧重词汇量的积累及语感的培养，强调语言基础学习。中学六年级每课内容包括一篇长对话和一篇长文章，侧重语言能力的培养。以五年级"校园活动"主题下"食物、饮食和不同的烹饪文化"的子话题"食堂的桌子上放着很多水果"为例，本课总体能力目标是让学生了解中国与乌干达的不同饮食文化；话题任务分为词汇、对话/课文、语法、字与词、口语练习、写作、拓展阅读、翻译以及中国文学作品选读。存现句是本课语法点之一，要求学生掌握这一句型，并运用它进行与本课话题相关的交流，表达食物的位置。为实现这一目标，评估建议模块列出了可能涉及的教学活动，对学生进行听、说、读、写、译五方面的技能训练。此外，《高等阶段大纲》里话题任务及评估建议模块都设计了文化内容。

"附件"主要包括语言要素分级列表，如字表、词表与语法表。

三、主要特点

（一）教学内容以话题为中心，注重学生综合能力的培养

教学内容以话题为导向，围绕与中学生活相关的方方面面展开，涉及娱乐、购物、饮食、性别、旅游和社区服务体验等。通过听、说、读、写、译的方式，不仅让学生全面地学习中文知识，增强语言综合运用能力，而且也注重培养学生解决实际问题的能力。

以中学五年级"校园活动"主题下"食物、饮食和不同的烹饪文化"的子话题"食堂的桌子上放着很多水果"为例，各项语言技能的学习目标如下：在听力方面，听课文录音，理解并复述文章大意；在口语方面，运用存现句进行角色扮演（食堂工作人员与学生）；在阅读方面，理解存现句所表达的食物位置；在写作方面，熟练使用存现句，并写一篇介绍食物的小短文；在翻译方面，能够用存现句描述老师摆放的食物位置并准确翻译。

（二）教学方法强调实践性和交互性，教学内容注重衔接

《高等阶段大纲》的教学内容贴近实际生活，让学生在实践中掌握语言技能，同时注重师生之间的互动和学生之间的合作。为实现学习目标，评估建议模块列出了可能涉及的学习活动，每项活动分为不同技能进行训练。这些活动不仅锻炼了学生听、说、读、写、译的基本技能，也体现出了对不同教学方法的运用。（表2-3-4）

表 2-3-4 《高等阶段大纲》具体教学内容

学习目标	话题任务	评估建议
1. 掌握本单元生词及语法。 2. 听懂本单元对话及课文。 3. 就话题进行交流。 4. 阅读并理解对话及课文的大意。	**对话 1、2** 听对话，复述主要内容。 词语：放、甜、新鲜、饮料、或者、好吃、蛋糕、客人、饭馆、餐厅、食堂、冷饮、只、最爱、外卖、点、点菜、菜单、买单、又……又…… **课文** 1. 听课文录音并写下听到的重点词语。 2. 根据课文内容填空。 词语：西餐、中餐、甜点、开胃菜、正餐、主食、副食、营养、煮、煎、烤、咖啡、茶、其实、确实、不少	·听并背诵对话，注意语音语调。 ·说一说中乌饮食和烹饪文化的差异。 ·根据课文回答问题。

续表

学习目标	话题任务	评估建议
5. 写一篇跟本单元话题相关的小短文。 6. 通过欣赏说明文，了解中乌不同的饮食文化并进行对比。 7. 对口译形成初步了解。	**语法** 连词成句 1. "存在"的表达 句子结构：动词+着+数词+量词+名词 例句：桌上放着很多水果。 2. 形容词重叠 例句：他买了一个大大的西瓜。 3. 结构助词"地" 例句：餐桌上整齐地放着各种食物。 **字与词** 1. 指事字：上、下、本 2. 汉字偏旁：饣、米 例字：饭、饮、糕、料 **口语练习** 朗读并背诵课文。 **写作** 写一篇短文，描述食物的外形及味道。 **拓展阅读** 《舌尖上的中国——饺子》 **翻译** 翻译课文。 **中国文学作品选读** 阅读文学作品选段，并回答问题。	· 角色扮演：食堂工作人员与学生。 · 运用学过的词汇和语法写一篇介绍食物的小短文。 · 掌握一些翻译技巧。 · 分享自己阅读的书籍。

如上表所示，在口语教学中，采用对话练习、角色扮演等形式，让学生在互动中熟练运用语言；在阅读教学中，采用小组讨论、情景再现等形式，让学生在交流中理解并掌握文章内容。这种重视实践性和交互性的教学方法，有助于提高学生的语言技能和跨文化交际能力。在教学内容设计上，基于乌干达现行的教育政策和中文教学现状，《高等阶段大纲》结合了《初等阶段大纲》的内容，采用螺旋式设计，即同类话题周期性重现，内容难度螺旋式上升，注重知识的系统性和内容的连贯性。例如，在中学初等阶段，学生会学习与食品相关的词汇，并参与"你最喜欢的菜肴"的话题讨论；在中学高等阶段，学生不但要重新学习食品话题，而且还要了解中乌饮食文化的相关内容。

(三)强调文化的理解和共享

《高等阶段大纲》强调文化学习,包括了解中国历史、文化、艺术和社会生活等方面的内容,以及中乌两国之间的交流与合作。大纲明确提出要"选取中国古典文学作品(含节选、改编)作为即将编写的'中国文学作品选读'文学课教材,要求就相关文学内容进行基础笔、口译技能训练,培养中文语感与语言输出能力"。大纲还规定,中国文学与文化内容要占到中文课程考试比重的40%。这一目标和内容的设置,旨在帮助学生了解中国文学和文化相关内容,夯实基础,拓宽视野,以提高其文学鉴赏力以及对中国文化的理解。此外,大纲注重将语言教学与探索现实世界的话题和问题相结合。例如,在高等阶段,学生将学习与可持续发展和环境保护相关的话题。通过不同话题的学习,提高学生的语言综合运用能力以及对中国文化的理解,引导学生就与话题相关的中乌文化进行比较和探究,培养学生的跨文化交际能力。

(四)评估方式多元,课程与考试认证一体化

《高等阶段大纲》的评估方式突出多元性,采用形成性评价(占40%)与总结性评价(占60%)相结合的方式。形成性评价指"对知识型问题(教学内容)和问题情景的评估",具体包括"家庭作业、每个话题结束时的各项活动、课堂表演和口头陈述(中文角)、做项目、演示和诸如英译汉、汉译英等其他实践活动,剪纸、烹饪中国传统美食、武术、书法、音乐、舞蹈和戏剧、诗歌朗诵、谜语、绕口令和其他中国文化活动,以及参与中国文化活动态度";总结性评价即考试。《高等阶段大纲》与乌干达国考委的考试认证接轨,强调课程与考试认证的一体化。例如,《高等阶段大纲》中规定的中文口语表达能力应与考试中的口语考试要求相对应,这就意味着学生在学习过程中掌握的知识和技能也适用于考试。

(五)为教学资源的开发提供有效指导

乌干达中文教学资源匮乏,尚无与《高等阶段大纲》配套的教材,需要尽快启动该阶段的中文教学资源开发工作。《高等阶段大纲》的研制为教学资源的开发与编写提供了有效指导,具体表现在以下两个方面:

首先,大纲规定了中文课程的性质,内容翔实,对学习目标、教学内容及教学活动做出了清晰明确的规划,而且还罗列了知识点的具体内容,对教学活动顺序提

出了建议，是对语言教学理论和教学实践经验的科学整合，保证了配套教学资源的开发有据可依。

其次，乌干达将于2024年实行新修订的课程方案，强调"以学生为中心"的教学原则，大纲在评估建议模块设计的教学活动恰好与此呼应，这就为开发和编写配套的《综合中文练习册》、课中课后习题以及本土化的音频视频资源提供了思路和方向，为开发多元化的教学资源预留了开放的空间。

四、应用价值

《高等阶段大纲》的研制恰逢首届选修中文的中学初等阶段学生毕业升入高等阶段之际，及时解决了中学初高等两个学段、基础教育阶段到高等教育阶段之间的中文教学衔接问题。

（一）有效指导乌干达中学高等阶段中文教学

作为该阶段中文教学的纲要性规范，在缺乏专业师资及配套教材的背景下，《高等阶段大纲》能为现阶段的中文教学提供有针对性的、明确的指导。大纲给出的学习目标、话题任务与评估建议贴合乌干达中文教学发展现状，操作性强，并给予了教师一定的灵活性与自主性。同时，话题导向明确，语言要素罗列翔实，文化要素遵循本土化与跨文化交际理念，在没有现成的相匹配教材的情况下，不仅为教师提供了可靠具体的教学资料与内容，也为今后开发配套本土教材打下了良好的基础。

（二）为乌干达高校开设中文教育类专业奠定基础

根据乌干达现行教育政策，乌干达高校开设中文教育类专业的前提是中文进入高等阶段课程体系，以及所招收的学生必须具有中学高等阶段中文毕业会考成绩。2023年《高等阶段大纲》开始在部分中学试用，相应的，乌干达高校最早可于2025年开设中文教育类专业，这将标志着乌干达本土中文专业师资的培养正式开启。

（三）促进高等教育阶段中文教学大纲的研制

《高等阶段大纲》的研制，势必催生不同层次的高等教育阶段中文教学大纲的研制与修订。目前，乌干达仅有一所高校开设中文本科专业，面向中文零起点的学生。随着中文课程深入乌干达国民教育体系，基础教育阶段学习中文的学生即将进入高校，中文专业与非中文专业的中文教学大纲将根据不同的适用对象和分级标准进行研制或修订。

作者：夏卓琼，湘潭大学；王威、罗佳，麦克雷雷大学孔子学院

第三部分　纸质篇

主持人：李诺恩，香港中文大学

第一节　国际中文教材出版动态（2022）

国际中文教材主要指国际中文教育领域的纸质教学资源，包括课本、练习册、教师用书、读物、工具书等。本节采用网络爬虫技术，从中外出版社官方网站、国家图书馆、中外网络书店采集与国际中文教材相关的数据，并对数据进行人工筛选、标注、统计和校对。据统计，1949 年至 2022 年底，全球国际中文教材总量达 20919 种，其中 2022 年新增教材 723 种，比 2021 年（666 种）增加 57 种。

一、教材出版基本情况

（一）出版机构

据统计，2022 年，共有 167 家出版机构参与国际中文教材出版。其中，国外出版机构 113 家，占出版机构总量的 67.66%，出版教材 473 种，占新增教材总量的 65.42%；中国出版机构 54 家，占出版机构总量的 32.34%，出版教材 250 种，占新增教材总量的 34.58%。其中 Cengage Learning（圣智学习出版公司）（71 种）、北京语言大学出版社（66 种）、外语教学与研究出版社（35 种）、ACT（文艺出版社）（31 种）、Шанс（机会出版社）（31 种）的出版量居前五位，五家出版机构的出版量总和占新增教材总量的 32.37%。（表 3-1-1）

表 3-1-1　2022 年度国际中文教材主要出版机构

序号	出版社名称	所属国家	2022 年度出版量（种）
1	Cengage Learning（圣智学习出版公司）	新加坡	71
2	北京语言大学出版社	中国	66

续表

序号	出版社名称	所属国家	2022年度出版量（种）
3	外语教学与研究出版社	中国	35
4	АСТ（文艺出版社）	俄罗斯	31
5	Шанс（机会出版社）	俄罗斯	31
6	华语教学出版社	中国	27
7	BKH 出版社	俄罗斯	20
8	商务印书馆	中国	19
9	부크크（布克出版社）	韩国	18
10	Cheng & Tsui	美国	18

（二）注释语种

2022年新增的723种国际中文教材中，无外语注释的教材84种，单语注释教材636种，双语注释教材3种。在639种含外语注释的教材中，英语最多（278种），占比为43.51%；俄语第二（114种），占比为17.84%；日语第三（75种），占比为11.74%；韩语第四（62种），占比为9.70%。（表3-1-2）3种双语注释教材中，2种使用英、法双语注释，1种使用英、泰双语注释。

表3-1-2 2022年度国际中文教材注释语种分布（不含双语注释）

英语（278）	俄语（114）	日语（75）
韩语（62）	泰语（49）	法语（23）
阿拉伯语（16）	西班牙语（5）	德语（4）
捷克语（3）	葡萄牙语（3）	老挝语（2）
匈牙利语（1）	意大利语（1）	/

（三）教学对象

2022年新增的723种国际中文教材中，按照教学对象可划分为大学及成人（243种）、幼儿及中小学（250种）、中文教师（17种）和未明确教学对象（213种）四类。其中，面向幼儿及中小学的教材数量最多，占比为34.58%；大学及成人次之，占比为33.61%。（图3-1-1）

图 3-1-1　2022 年度国际中文教材教学对象分布

2021 年度出版的 666 种国际中文教材中，面向幼儿及中小学的教材数量最多（266 种），占比为 39.94%。与 2021 年相比，2022 年面向幼儿及中小学的教材数量略有下降，而面向大学及成人的教材数量显著增多，增幅达 28.57%。（图 3-1-2）

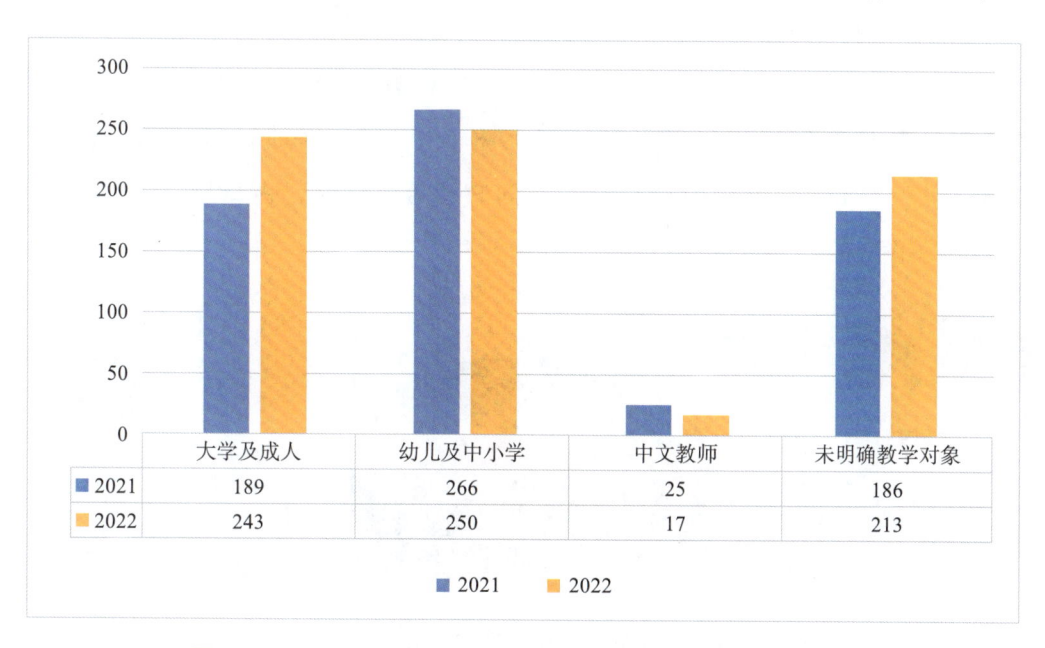

图 3-1-2　2021、2022 年度国际中文教材教学对象分布对比

此外，国内外国际中文教材的出版比例呈现明显差异。在中国出版机构出版的 250 种国际中文教材中，大学及成人教材 111 种（44.40%）、幼儿及中小学教材 72 种（28.80%）、中文教师教材 14 种（5.60%），主要面向大学及成人；而在国外出版机构出版的 473 种教材中，幼儿及中小学教材 178 种（37.63%）、大学及成人教材 132 种（27.91%）、中文教师教材 3 种（0.63%），主要面向幼儿及中小学。（图 3-1-3）

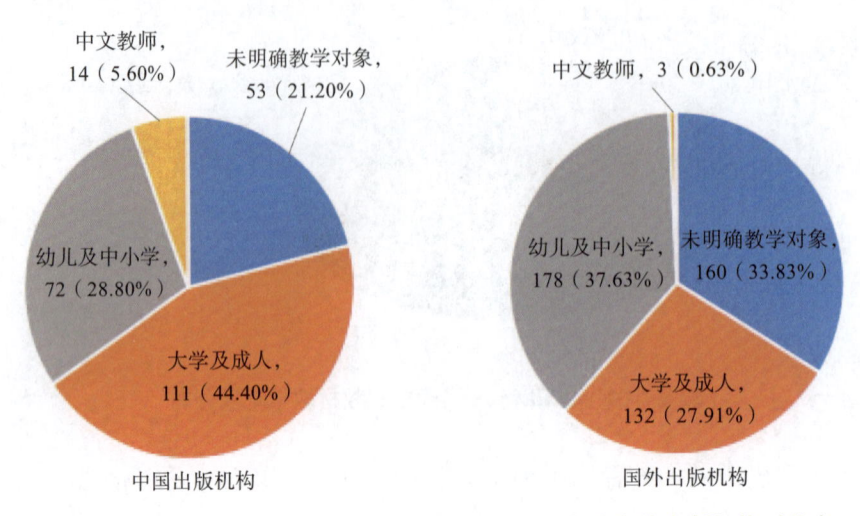

[饼图：中国出版机构]
中文教师，14（5.60%）
未明确教学对象，53（21.20%）
幼儿及中小学，72（28.80%）
大学及成人，111（44.40%）

[饼图：国外出版机构]
中文教师，3（0.63%）
未明确教学对象，160（33.83%）
幼儿及中小学，178（37.63%）
大学及成人，132（27.91%）

图 3-1-3　2022 年度国际中文教材教学对象分布（中外出版机构对比）

（四）教材级别

2022 年新增的 723 种国际中文教材中，594 种明确了教材的适用语言水平，可分为零起点至初级（396 种）、初中级（39 种）、中级（78 种）、中高级（17 种）、高级（64 种）五类。其中零起点至初级的教材数量最多，占新增 723 种教材的 54.77%。（图 3-1-4）

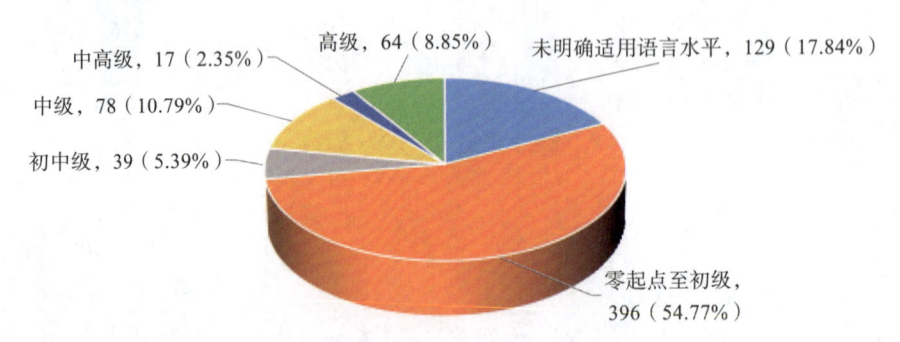

[饼图]
中高级，17（2.35%）
中级，78（10.79%）
初中级，39（5.39%）
高级，64（8.85%）
未明确适用语言水平，129（17.84%）
零起点至初级，396（54.77%）

图 3-1-4　2022 年度国际中文教材适用语言水平分布

与 2021 年相比，2022 年零起点至初级教材的数量显著增多，增幅达 62.96%，而初中级、中级、中高级教材的数量均有所下降。（图 3-1-5）

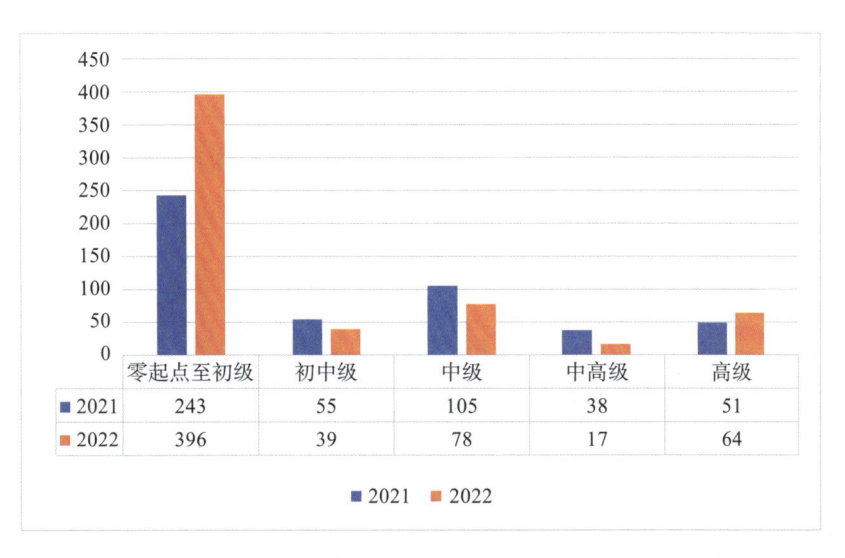

图 3-1-5　2021、2022 年度国际中文教材适用语言水平分布对比

国内外出版机构均将零起点至初级教材作为出版重点，但中国出版的中高级和高级教材略多，国外出版的中级教材较多。中国出版机构出版的 250 种国际中文教材中，零起点至初级教材 98 种（39.20%）、初中级教材 20 种（8.00%）、中级教材 16 种（6.40%）、中高级教材 12 种（4.80%）、高级教材 36 种（14.40%）；国外出版机构出版的 473 种国际中文教材中，零起点至初级教材 298 种（63.00%）、初中级教材 19 种（4.02%）、中级教材 62 种（13.11%）、中高级教材 5 种（1.06%）、高级教材 28 种（5.92%）。（图 3-1-6）

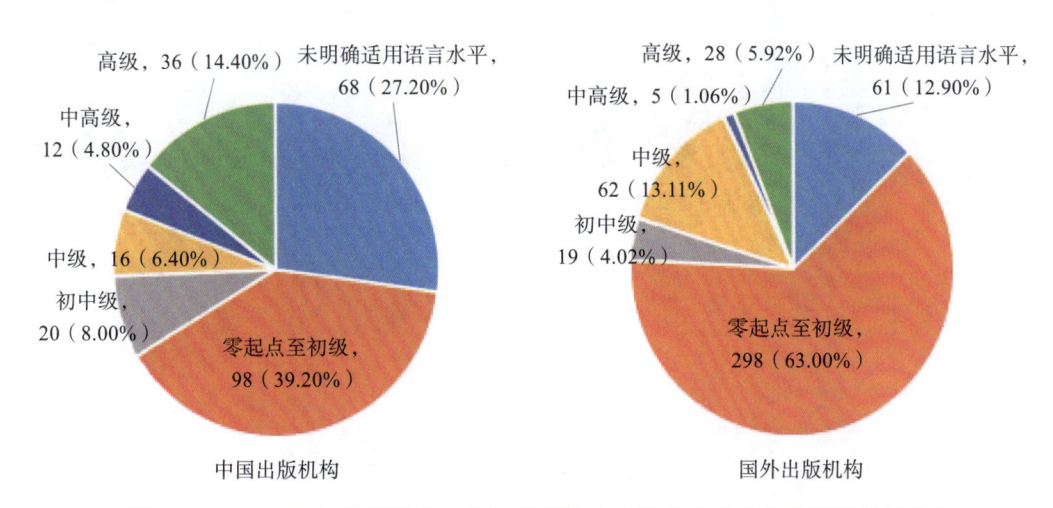

图 3-1-6　2022 年度国际中文教材适用语言水平分布（中外出版机构对比）

（五）教材类型

2022年新增的723种国际中文教材按照类型可划分为综合教材（166种）、专项技能教材（222种）、语言要素教材（119种）、考试教材（41种）、"中文+职业技能"教材（47种）、文化教材（41种）、教师培养教材（12种）、工具书（40种）、其他（35种）九类。（表3-1-3）

表 3-1-3 2022 年度国际中文教材类型分布

类型	数量	占比	类型	数量	占比	类型	数量	占比
综合	166	22.96%	考试	41	5.67%	教师培养	12	1.66%
专项技能	222	30.71%	"中文+职业技能"	47	6.50%	工具书	40	5.53%
语言要素	119	16.46%	文化	41	5.67%	其他	35	4.84%

2021年出版的666种国际中文教材中，综合教材数量最多（204种），占比为30.63%。与2021年相比，2022年专项技能教材和工具书的数量显著增多，尤其是专项技能教材，增幅高达39.62%，成为教材数量最多的类型，而综合教材、语言要素教材、考试教材和教师培养教材的数量均有所下降。（图3-1-7）

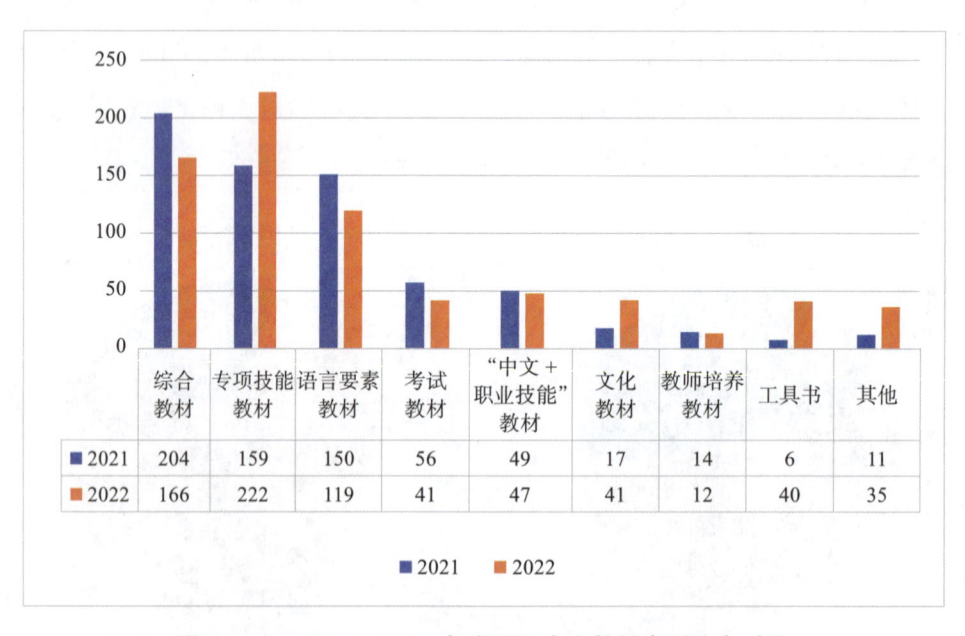

	综合教材	专项技能教材	语言要素教材	考试教材	"中文+职业技能"教材	文化教材	教师培养教材	工具书	其他
2021	204	159	150	56	49	17	14	6	11
2022	166	222	119	41	47	41	12	40	35

图 3-1-7 2021、2022 年度国际中文教材类型分布对比

国内外出版机构均将专项技能教材作为出版重点，但国外出版的语言要素教材占比更大，考试教材较多，中国出版的文化教材略多。中国出版机构出版的250种国际中文教材中，专项技能教材75种（30.00%）、综合教材60种（24.00%）、语言要素教材16种（6.40%）、文化教材27种（10.80%）、考试教材8种（3.20%）；而国外出版机构出版的473种国际中文教材中，专项技能教材147种（31.08%）、综合教材106种（22.41%）、语言要素教材103种（21.78%）、文化教材14种（2.96%）、考试教材33种（6.98%）。（图3-1-8）

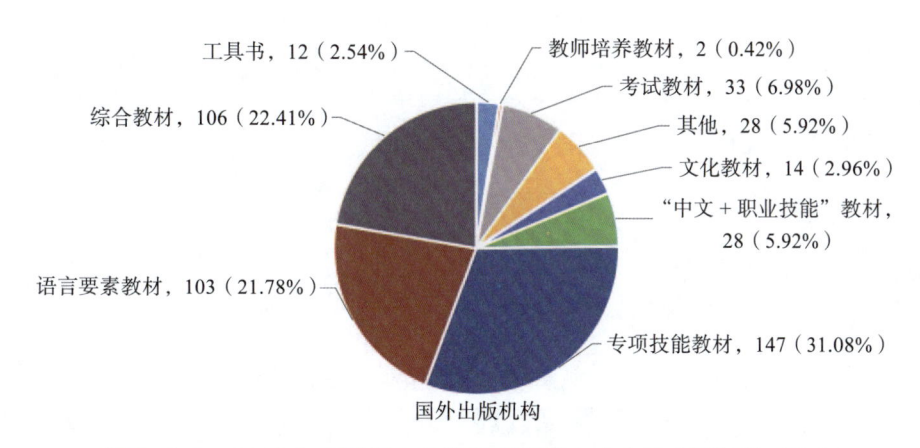

图3-1-8　2022年度国际中文教材类型分布（中外出版机构对比）

1. 综合教材

2022年新增的723种国际中文教材中，综合教材共166种，占比为22.96%。（表3-1-4）

表 3-1-4　2022 年度国际中文综合教材列举

书名	编者	出版社
《新实用汉语课本·课本 2》(第 3 版)(西班牙文注释)	刘珣	北京语言大学出版社
《轻松学中文·课本 5》(第 2 版)(英文版)	马亚敏、李欣颖	北京语言大学出版社
《新思维汉语》(第 2 版)(1、2)	李艾	北京语言大学出版社
《学汉语　知中国》(1)	吕玉兰、杨玉玲	外语教学与研究出版社
《体验汉语基础教程》(修订版)(4)	姜丽萍	高等教育出版社
《飞跃中文·课本 2》	林柏松	华语教学出版社
《走向中文 A1—A2》(*C'est facile... le chinois: Initiation au chinois spécial débutants Niveau A1-A2*)	Elinor Greenwood	Larousse
《基础中文》(《한 권으로 끝내주는 기초 속성 중국어》)	박경진	신아사
《初级汉语课本》(第 2 版)(《初級中國語課本 改訂二版》)	胡士云、矢羽野隆男、吕顺长	骏河台出版社
《大学生初级汉语》(《大学生のための初級中国語 46 回》)	杉野元子、黄汉青	白帝社
《重点汉语实用教程》(*Практический курс китайского с ключами*)	Москаленко Марина Владиславовна	ACT
《中文入门指南》(คู่มือเรียนภาษาจีนเบื้องต้น ฉบับสมบูรณ์)	อรพินท์ อัจฉริยกาญจน์	Life Balance

2. 专项技能教材

专项技能教材数量最多，共 222 种，包含阅读教材（172 种）、口语教材（24 种）、写作教材（15 种）、视听说教材（11 种）四类。其中，阅读和口语教材较多，占专项技能教材总量的 88.29%。（表 3-1-5）

表 3-1-5　2022 年度国际中文专项技能教材列举

类别	书名	编者	出版社
阅读教材	《新闻直通车——高级汉语新闻阅读教程》(上、下)	于洁、刘丽萍、夏可心	北京语言大学出版社
	《乐读——国际中文阅读教学课本》(5、6)	苏英霞	北京语言大学出版社
	《现代汉语中级读本》(2) (*Intermediate Reader of Modern Chinese—Volume 2*)	Chih-p'ing Chou (周质平)、Der-lin Chao (赵德麟)	Princeton University Press

续表

类别	书名	编者	出版社
口语教材	《新时代汉语口语：中级（上）》	朱勇	外语教学与研究出版社
口语教材	《80 种中文情景对话》(เก่งพูดจีน 80 สถานการณ์ ฉบับสมบูรณ์)	อรพินท์ อัจฉริยกาญจน์	Life Balance
写作教材	《速成汉语写作教程》（下）	管延增、张文联、黄柏林	北京大学出版社
写作教材	《从作文中学汉语》（上）（《作文から学ぶ中国語 上》）	郭春贵、郭久美子	白帝社
视听说教材	《别见外——中高级汉语视听说教程》（Ⅱ）	陶家骏、柴冬临、马鹏飞	北京大学出版社

3. 语言要素教材

语言要素教材共 119 种，包含汉字教材（56 种）、语法教材（29 种）、词汇教材（29 种）、语音教材（5 种）四类。其中，汉字教材最多，占语言要素教材总量的 47.06%。（表 3-1-6）

表 3-1-6　2022 年度国际中文语言要素教材列举

类别	书名	主编	出版社
汉字教材	《汉字书写：2 级》(Китайский язык. Тетрадь для записи иероглифов для уровня 2)	Школа китайского языка	ACT
汉字教材	《基础汉字》(《기초한자》)	안병국, 심현섭	KNOU Press
语法教材	《国际中文教育中文水平等级标准·语法学习手册》	应晨锦、王鸿滨、金海月、李亚男	北京语言大学出版社
语法教材	《基础汉语语法》(《すっきりわかる 中国語の基本文法》)	本間史	株式会社アルク
语法教材	《汉语基本语法自学》(Самоучитель по базовой грамматике китайского языка)	Семенов Виктор, Семенова Ольга	BKH
词汇教材	《国际中文教育中文水平等级标准·词汇速记速练手册（二级）》	万莹	北京语言大学出版社
词汇教材	《实用中文词汇·一级第 1 册》(ตะลุยแบบฝึกหัด คำศัพท์ภาษาจีน ระดับ 1 เล่ม 1)	ดร. กฤษฎิ์ สงไข่	ฮั่นไทสทริท, บจก
语音教材	《初级汉语正音课本》	李宁	暨南大学出版社
语音教材	《儿童汉语拼音》(Рабочая тетрадь по китайской фонетике)	Ван Юэхань, Екатерина Сорокина	BKH

4. 其他类型教材

考试教材（41种）、"中文＋职业技能"教材（47种）、文化教材（41种）、教师培养教材（12种）、工具书（40种）共181种，占2022年度新增教材总量的25.03%。（表3-1-7）

表3-1-7　2022年度其他类型国际中文教材列举

类别	书名	编者	出版社
考试教材	《国际中文教师证书考试模拟题（笔试篇）》	李岩、郭冰	北京语言大学出版社
	《中文口语HSKK试卷1级》(《중국어 말하기 시험 HSKK 고급 한권으로 끝내기》)	남미숙	다락원
"中文＋职业技能"教材	《新时代经贸汉语口语：用汉语做贸易》	张卓	外语教学与研究出版社
	《临床医学汉语会话教程》	杨春耘	暨南大学出版社
文化教材	《中国文化入门》（上、下）	《中国文化入门》编写组	北京语言大学出版社
	《中国概况》（第5版）	王顺洪	北京大学出版社
	《陕西：中华文明的肇始之地》	翟博	外语教学与研究出版社
教师培养教材	《华文趣味教学法》	蔡丽	暨南大学出版社
	《Lilian老师国际汉语教学私房菜——真实情景下的教学设计与案例探究》（简体版）	王莉莉	香港三联书店
	《汉语技能教学》（第2版）	翟艳、苏英霞	北京语言大学出版社
工具书	《现代汉语规范词典》（第4版）	李行健	外语教学与研究出版社
	《国际中文学习词典（初阶）》	李行健、张世平、李佩泽	人民教育出版社
	《中俄词典》(*Китайско-русский русско-китайский словарь с транскрипцией*)	Voropaev Nikolaj Nikolaevich	ACT

（六）教材配套

2022年新增的723种国际中文教材中，415种教材提供数字化配套资源，占总量的57.40%。在配备数字化资源的教材中，配备音频的教材数量最多，共302种，占72.77%；配备电子书的教材数量居其次，共162种，占39.04%；配备视频的教材共43种，占10.36%；设置二维码（QR code）的教材共30种，占7.22%；配备电子课件的教材共19种，占4.58%；设立网站的教材共11种，占2.65%；配备VR

视频的教材共 2 种，占 0.48%。另外，北京语言大学出版社出版的《中国文化入门》（上、下）配备了微信小程序、教学课件、视频、动画、游戏、图集、微课等资源；해커스어학연구소（黑客语言研究所）出版的《해커스중국어 HSK 3 급 한 권으로 합격》（《黑客 HSK3 级一卷》）设置了二维码，可供读者查看音频和听写小程序，并提供加密的教师资源，如教师手册、答案和音频文件；高等教育出版社出版的《体验汉语 VR 视听说教程（中级）》(1、2) 提供了 VR 视频资源，可供学生搭配 VR 眼镜使用。

二、教材出版主要特点

（一）国际中文教材出版呈现国际化趋势

2022 年，国外出版机构出版的国际中文教材数量和种类均明显超过中国出版机构。这一现象可能源自多方面因素，比如海外中文学习者需求增长、海外出版机构教材供给能力增强等。同时，中国出版机构在这一领域也展现出积极的发展态势。在国际化竞争中，北京语言大学出版社、外语教学与研究出版社等中国出版机构的出版数量仍保持着领先地位。随着国际中文教育的持续发展，国际教材出版市场将呈现国际化和多元化的格局，可共同为全球中文学习者提供更丰富、更优质的国际中文教学资源。

（二）英语注释的中文教材最多，俄语次之

2022 年，国际中文教材以单语注释版本为主，涵盖了 14 种外语注释语言。其中，英语是最主要的注释语言，俄语次之。这一现象既体现了国际中文教材注释语言的多元性，也反映出英语在保持主要注释语言地位的同时，俄语注释版的教材数量正在迅速增长。

（三）国际中文教材市场分众化明显

数据显示，国际中文教材在不同年龄段和教育层次上都呈现出广泛的需求和应用。同时，国内外出版机构对国际中文教材的定位存在明显差异。中国出版机构更

专注于面向大学及成人的教材，而国外出版机构主要针对幼儿和中小学群体。这种差异反映了国内外出版机构在中文教育市场定位方面的不同策略，也可能与各自受众的教材需求密切相关。同时，国内外出版机构对中文教育的差异化市场定位，有助于增强国际中文教材研发的针对性，从而更好地满足全球范围内不同群体的中文学习需求。

（四）初学者国际中文教材需求持续攀升

数据显示，零起点至初级的国际中文教材数量最多，共396种；且与2021年相比，这一类别的教材数量在2022年增幅显著。然而，初中级、中级、中高级教材的数量却呈现下降趋势。国内外出版机构普遍将零起点至初级教材作为重点出版对象。在中国出版的教材中，中高级和高级教材相对较多，而国外出版的教材则偏向中级水平。总体而言，这一数据反映出国际中文教材市场对零起点至初级教材具有持续且强烈的需求，这也许意味着有越来越多的人选择将中文作为第二语言进行学习。

（五）专项技能型国际中文教材数量大幅增长

2022年新增的723种国际中文教材类型多样，其中专项技能教材最多，共有222种。相较于2021年，这一类别的教材数量增幅高达39.62%。而综合教材、语言要素教材、考试教材以及教师培养教材的数量则呈现出下降趋势。国内外出版机构均将专项技能教材作为重点出版对象，表明国际中文教育市场对中文语言技能的学习需求不断攀升。国外出版的语言要素教材和考试教材占比更高，表明这两类教材更受国外出版机构关注；与此相比，中国出版机构更注重文化教材的研发，强调文化传播和理解。

（六）数字教学资源配套比例提高

2022年新增的723种国际中文教材中，超过半数（57.40%）配备了数字教学资源。其中，配备音频资源的教材最为普遍，占比达72.77%；其次是配套电子书的教材，占比为39.04%。此外，一些教材采用了先进的技术手段，如通过微信小程序提供丰富的教学资源，通过二维码链接提供VR视频资源等。这些多样化的资源形式可为学习者提供全新的学习体验，同时也反映出国际中文教学资源数字化转型的趋势。

作者：陈天阳，北京理工大学；李诺恩，香港中文大学

第二节 《新实用汉语课本》：从 2.0 迈向 3.0

20 世纪 70 年代末，受中国教育部委托，北京语言学院（现更名为"北京语言大学"）着手编写我国第一套专供海外中文教学使用的基础中文教材《实用汉语课本》。该套教材自 1981 年起陆续出版，20 年间，服务了世界各地一批又一批中文学习者，成为第一套由中国主导研发且大范围、长时期进入欧美国家中文课堂的中文教材。

自 2002 年起，"实用汉语课本系列"的第二代产品——《新实用汉语课本》（以下简称《新实用》）陆续出版。[①] 自问世以来，这套教材"得到世界各地汉语学习者和汉语教师的欢迎与关爱"[②]。20 多年来，世界各地都有这一代产品的大量使用者。《新实用》也因此"成为世界上使用最广泛、最具影响力的基础汉语教材之一"[③]。为适应新时代、新形势的要求，自 2015 年起，《新实用》再次启动修订工作，新版共六册，目前已出版第一、二册。

在当前新版教材尚未全部面世的过渡期，第二代产品的使用仍占主流。国际中文教师对《新实用》2.0 版整体及不同维度的评价如何？其优点和短板何在？有哪些使用与改进建议？本节从上述问题出发，展开相关实证调查，以期对《新实用》2.0 版的使用以及 3.0 版的修订有所助益。

[①] 2010 年，编写团队对第 1 版前四册教材进行过一次局部修订，并出版了第 2 版。因第 2 版未进行实质性修改，故本研究将《新实用汉语课本》第 1 版和第 2 版均视为第二代产品（2.0）。
[②] 刘珣.新实用汉语课本 1：第 2 版 [M].北京：北京语言大学出版社，2010：Ⅰ.
[③] 刘珣.新实用汉语课本 1：第 2 版 [M].北京：北京语言大学出版社，2010：Ⅰ.

一、研究设计

（一）研究参与者情况

本次调查共邀请到 8 位一线中文教师（A—H，6 位女性，2 位男性）参与，其中 6 人有海外任教经验。本研究选择一线中文教师作为参与者主要是基于以下两方面考虑：第一，教师是教材的直接使用者和教授者，是教材评价的重要群体。以一线教师作为本研究的参与者，可以更好地从教学实践角度对《新实用》本身及其使用效果展开评价。第二，一线教师是教材的主要选用者。探究他们对教材的评价"不仅能够反映教师的需求，也能间接地把握教学机构和学生的需求"[①]。因此，以一线中文教师为评价主体，有助于我们全面、深入地了解《新实用》的整体使用情况及其优缺点。

本研究选择参与者时主要考虑了以下因素：目标教材使用经验、任教区域、教学经验等。8 位参与者均为教授《新实用》2.0 版本两年及两年以上的一线中文教师。此外，为全面了解各地情况，我们选择参与者时重点考虑了任教区域这一因素。因为这套教材在海外拥有的使用群体更为广泛，所以参与者以有海外教学经验的教师为主。参与者基本情况见表 3-2-1：

表 3-2-1 研究参与者基本情况汇总

参与者	教龄（年）	最高学历/专业	教材使用时间（年）	（曾）任教国家/地区
教师 A	13	硕士/汉语国际教育	2	中国北京
教师 B	12	硕士/对外汉语教学	5	中国香港/中国云南
教师 C	16	博士在读/东方语言学	4	中国海南/匈牙利/比利时/泰国
教师 D	12	博士/中国研究	7	以色列/瑞士
教师 E	15	博士/语言学及应用语言学	2	德国
教师 F	18	硕士/汉语国际教育	7	英国
教师 G	3	硕士/汉语国际教育	2	玻利维亚
教师 H	10	硕士/对外西班牙语语言学研究	6	古巴

---

① 梁宇. 以教师选用教材为导向的国际汉语教材评价标准体系构建[J]. 云南师范大学学报（对外汉语教学与研究版），2016（5）：78-85.

（二）研究方法与流程

本研究在数据收集环节采用了有声思维调查与访谈调查相结合的方式。有声思维调查指的是参与者依据给定的教材评价量表，结合自身的教材使用经验，随时随地讲出头脑中的各种信息，对目标教材进行评价，以便研究者全面了解其真实想法。测量工具为《国际中文教材评价量表》[①]（以下简称《量表》）。《量表》包含10个一级指标和42个二级指标，主要用于为参与者提供叙述结构。一级指标包括：课程适用、师生适用、编写理念、框架结构、主题内容、语言内容、文化内容、活动设计、情感与策略、外观与配置；二级指标按1—5评分，分值越高表明教材符合该指标的程度越高。

数据收集与分析程序为：（1）准备阶段：选定调查参与者，并对其进行一对一的有声思维调查培训。（2）正式调查阶段：参与者结合《量表》提供的评价框架，口头输出评价信息并打分；有声思维调查环节结束后，研究者就参与者对每项指标的认知、评价情况展开补充性访谈，对相关研究问题进行更深入的探讨。（3）材料转写阶段：研究者对获取的音频材料进行文字转写和整理，转写合计约17.2万字。（4）数据分析阶段：利用Excel表格汇总获取的评分数据，并借助NVivo 14软件对转写的文本材料进行逐级编码。本研究最终获得编码615条，基于参与者的评价内容，进一步将其归并为14个初始范畴和4个主范畴。

二、研究结果与分析

（一）整体评价

本研究对相关维度的评分进行了汇总统计与分类对比，具体情况见图3-2-1和3-2-2：

---

① 该量表为中外语言交流合作中心重大委托课题"国际中文教材评价体系构建"（21YHZD05）研究成果之一。

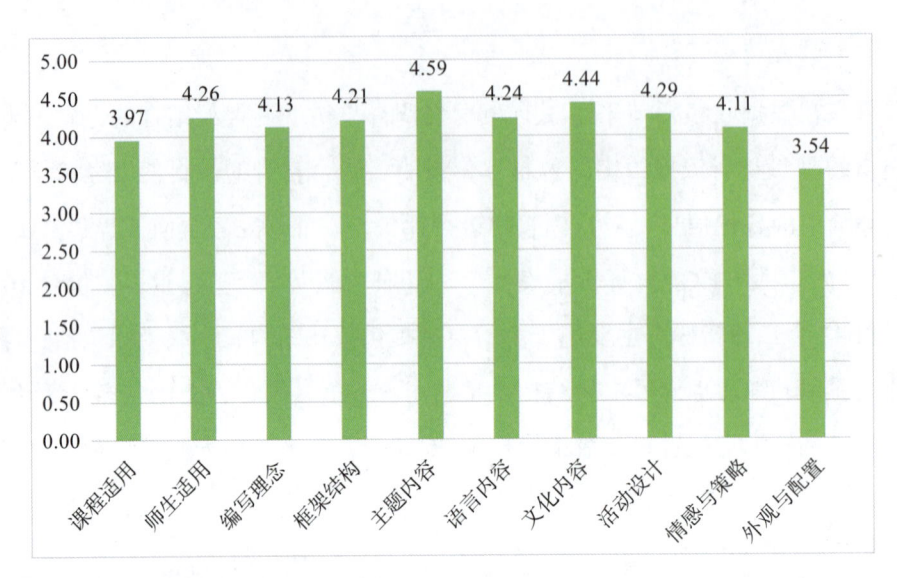

图 3-2-1 《新实用汉语课本》整体评价汇总

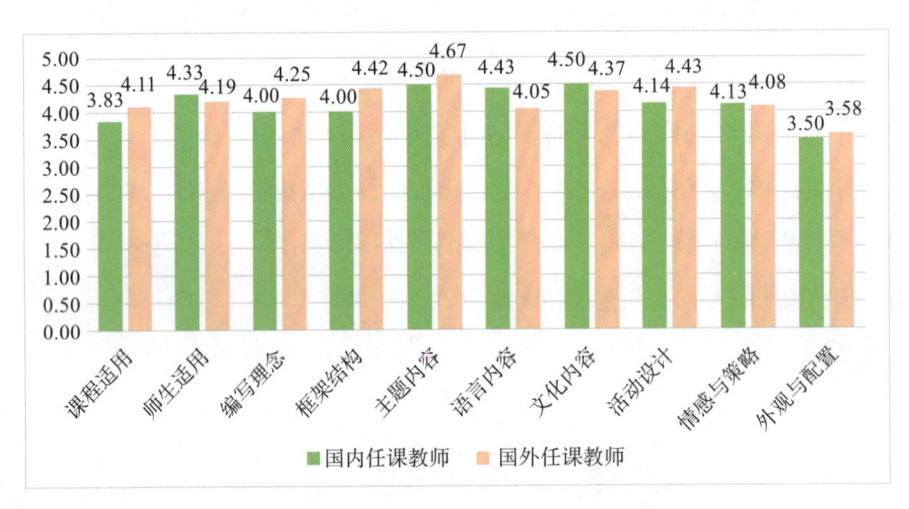

课程适用 3.97
师生适用 4.26
编写理念 4.13
框架结构 4.21
主题内容 4.59
语言内容 4.24
文化内容 4.44
活动设计 4.29
情感与策略 4.11
外观与配置 3.54

图 3-2-2 国内外任课教师评分对比情况

维度	国内任课教师	国外任课教师
课程适用	3.83	4.11
师生适用	4.33	4.19
编写理念	4.00	4.25
框架结构	4.00	4.42
主题内容	4.50	4.67
语言内容	4.43	4.05
文化内容	4.50	4.37
活动设计	4.14	4.43
情感与策略	4.13	4.08
外观与配置	3.50	3.58

统计结果显示，一级指标平均得分为 4.18 分，说明参与者对《新实用》整体评价较高。参与者普遍认为《新实用》是一套非常经典的教材，为开展中文教学提供了很好的框架。例如，教师 H 认为，《新实用》是"一套非常优秀的经典教材"；教师 D 认为这是"一套比较经典、传统的教材"，是"一个很好的典范"，教师可以在这个"好的基础"上安排自己的教学；教师 F 认为，总体而言，《新实用》是"非常好的一套教材"，"很正规"，同时也是"一套比较传统的教材"。

具体来看，各维度的平均得分在 3.54 到 4.59 之间，根据评分由高到低依次排列为：主题内容＞文化内容＞活动设计＞师生适用＞语言内容＞框架结构＞编写理念＞情感与策略＞课程适用＞外观与配置。其中，"主题内容""文化内容""活动设计"三个维度平均得分较高，位居前三。文本分析结果显示，参与者普遍认为：《新实用》提供了丰富多样的主题内容；文化内容丰富，能体现中国优秀传统文化和当代文化；练习类型和形式丰富多样，目标明确，有利于学习者有效掌握所学内容。相比之下，"外观与配置""课程适用"等维度得分偏低。主要原因如下：当前，中文作为第二语言学习的环境、条件等已发生了新变化，这套已出版二十余年的教材在"依据现行的课程标准或教学大纲确定教材内容""配套数字化教学资源"等方面已无法很好地适配当下的教学需求。

值得注意的是，因各地中文教学环境和情况不同，任教于国内外的教师对这套教材的评价存在一些差异。以"语言内容"为例，国内任教的参与者对该维度的评分更高，平均得分排在第三位。这与参与者的学习者群体主要为成人、中文课时量更有保证有关。相比之下，在国外任教的参与者对"语言内容"的评分偏低，排在倒数第二位。原因主要在于对海外中文学习者而言，《新实用》提供的语言内容偏多，学习难度偏高，容易使学习者产生畏难情绪。国外任课教师普遍对"情感与策略""师生适用"等维度评分偏低也与上述原因相关。

（二）具体评价

根据编码结果（表3-2-2），《新实用》的特点集中在以下几方面，其中既有优点，也有需要改进之处。

表 3-2-2 《新实用汉语课本》评价编码情况汇总

一级类属	编码次数	二级类属	编码次数	编码举例
教材优点	418	群体针对性强	102	教材涉及的话题更适合成年学习者。（教师B）
		话题内容丰富	84	这套教材的话题内容覆盖面非常广。（教师G）
		语言内容丰富	95	这套教材的特色之一是语言非常真实、自然。（教师F）
		练习量大	137	我不需要额外设计练习，因为教材提供的练习对我来说已经很多了。（教师G）
教材缺点	143	编写理念应体现新进展	9	主要是版本问题，相比之下，第3版的分值会更高一些。（教师E）

续表

一级类属	编码次数	二级类属	编码次数	编码举例
教材缺点	143	字词量偏大	58	我觉得字词量稍微大了一点，对海外中文学习者来说尤其如此。也许来华留学生更能适应这个学习量。（教师C）
		文化内容时代性不强	19	有一些课文距离中国人的生活有点远、有点过时了。（教师F）
		练习负担偏重，任务型活动少	35	练习有点多，学生和教师的压力都挺大的。（教师A）
		外观与配置不太完善	22	第2版因为出版比较早，所以配套的数字化资源有些匮乏。（教师G）
教材处理	27	灵活处理练习部分	22	学生反映书上的练习太多，完不成。后来，我们开始有所选择。比如，交际性练习一定会练习，机械性的练习则会减掉一部分。（教师A）
		增删课文内容	5	讲到与购物有关的课文时，我们会给学生补充一些内容，比如说网购、电子支付等。（教师A）
教材建议	27	更新内容	14	当前，一些观念和政策已经发生了变化，有些内容已经过时，不适合再在教材里出现了，有些内容则需要增加。（教师E）
		增加任务型活动	4	任务型练习需要更多。（教师D）
		完善配套资源	9	如果能够提供配套的字词卡片，能帮助教师减轻一些工作量。（教师F）
合计			**615**	

1. 群体针对性强

《新实用》的群体针对性强主要体现在以下三方面：

第一，配有多个语种注释版本，适合不同语言背景的学习者使用。《新实用》2.0主要供海外专修或选修中文的学习者作为一至三年级听说读写综合课的教材使用，使用地域广，受众群体具有多国别性，学习者母语背景存在差异。这是一套一版多本教材，先后推出了英语、泰语、德语、俄语、西班牙语等9个语种注释本的入门级分册，这既为不同语种的中文学习者提供了便利，也为在世界各地开展中文教学的教师提供了帮助。例如：

它提供了不同的语种版本，极大地方便了我们的教学，特别是入门阶段的教学。有些学生英文并不好，如果使用其母语注释的版本，理解起来至少更容

易一些。这个是我感触最深的。（教师A）

我几乎不会德语，用的是英文版，学生拿到的是德语版。只是翻译的语言不一样，内容能对得上。（教师E）

第二，更适合成年学习者群体。参与者普遍认为，这套教材更适合成年中文学习者使用，即更符合这一群体的年龄、认知水平和学习兴趣。例如：

这套教材的主人公都是大学生，比如丁力波、马大为、林娜等。在课文中，他们也学习汉语和中国文化，这样的设定很容易让留学生产生共鸣。（教师A）

这套教材面向的学习对象应该都是成年人，我们在使用的时候也都是给年龄比较大的学习者准备的。教材的相关内容符合他们的认知水平，是他们能理解得了的。但是如果这套教材用到中小学或幼儿汉语教学当中，就不那么合适了。因为里边有很多内容是小朋友或者说中学生不会涉及的，也是他们现在不需要去理解的。比如，课文里涉及的跨国婚姻、求职、看中医等内容，其实不在他们的生活范围内。相比之下，这些话题更适合成年人或年龄再大一些的学习者使用。（教师B）

我觉得这套教材更适合成年人使用。但是也有一些中文学校面向当地的外国人开汉语班，用的也是这套教材。对一些学习者来说，比如说中学生，他们会觉得这套教材内容太多，有一点难，有一点枯燥，不活泼。（教师D）

第三，多数参与者认为，从体量上看，《新实用》更适用于海内外课时量有保证的中文学习者或学习动机强烈的学习者群体。例如：

对欧洲的学生来说，这套教材量有点大。他们翻教材时，脑袋会有点发懵，说"怎么这么多？"但是如果是国内的留学生，我觉得量是可以的。（教师D）

我觉得它强度挺大的。我们可能需要两次课，即六个小时才能勉强教完第二册的一篇课文。第五册则需要八九个小时才能教完一篇课文。所以它的量是非常大的，高强度。这对大学中文系的学生来说非常合适。因为他们有大量的时间去学，而且有强烈的学习动机。我认为不太适合非学历、非学分课的学生使用，比如孔子学院社会班的学生。如果刚起步或初中级阶段就学强度这么大的教材，他可能一下子就吓跑了。高级班用这个教材是比较合适的，因为就算是孔子学院高级班的学生，大部分也是有中文相关专业学习经验的学生，他们想保持自己的汉语水平。所以对中文系的学生或大学选修课挣学分的学生来说，这套教材难度适中；对非学历、非学分课的学生来说，这套教材太难了。（教师F）

文本分析结果显示，长期任教于国内的参与者也认为《新实用》的"内容量是比较大的"（教师A），"内容是更丰富、更充实的"（教师B）。以练习为例，参与者提到，这套教材提供了大量的练习，即使是在课时量有保证的课堂上，也需要根据情况有选择地使用。

2. 话题覆盖面广，内容丰富

《新实用》主题内容的丰富度得到了普遍认可。具体来说：

第一，话题丰富多样，符合学习者真实的交际需求。调查结果显示，参与者均认为这套教材的话题覆盖范围很广，涉及日常生活的方方面面；话题情境贴近生活，符合真实交际的需要。这在前四册教材中体现得更为明显一些。例如：

> 话题真的挺多的。每一课都有专门的话题，丰富多样，照顾到生活的方方面面了。（教师H）

> 教材的主题内容真的非常丰富。每一课都有不同的主题，将很多内容涵盖进去了。在中国学习过程中可能会遇到的事情它都涉及了。（教师C）

> 在我使用过的教材里边，我觉得它讨论的话题是最贴近真实语境的。（教师B）

第二，话题组织编排循序渐进，符合教学规律。"话题编排由易到难，循序渐进，符合教学规律"是得分较高的指标之一，说明参与者均认为《新实用》的话题遵循了循序渐进的编排原则。前四册的情节主要围绕丁力波、马大为、林娜三个外国学习者在中国的生活及社会交往展开，一、二册主要介绍与中文表达和理解相关的习俗文化，三、四册主要进行中外文化对比；五、六册则着重介绍中国社会的方方面面，展现中国传统文化和当代文化。参与者们注意到了这一编排思路，并给予了肯定。例如：

> 主题编写是由易到难、循序渐进的。初级阶段一般就是学简单的生活会话，然后话题难度递增，逐步引导学生去学习和谈论更加复杂的话题。（教师G）

> 主题编排符合教学规律，这个是没问题的。从简单的日常生活开始，通过学习，学生能慢慢地了解到更深层次的内容。学生的反应是比较不错的。（教师A）

3. 语言内容丰富度与难度并存

（1）语言内容丰富

第一，课文内容贴近实际生活，提供的语言材料真实、自然，符合交际需要。如教师 F 认为："《新实用》提供了大量的语言材料，不论是口语文本，还是书面语文本，都非常地真实自然、原汁原味。"此外，这套教材在一定程度上关注到了语体风格的多样性。教师 D 提到："在一至三册，课文的主要形式是对话，交际性强。从第四册开始，训练的重点开始发生变化，长篇文本逐步增多。"教师 G 进一步提到了对话体课文中的语体多样性问题："同样是对话体课文，既有适用于日常生活的非正式谈话，也有适用于正式场合的正式谈话，如《马大为求职》。学习者可以从中学习到不同交际领域的口语表达方式。"

第二，内容全面。如教师 A 认为："这套教材既注重语音、汉字、词语、语法等语言知识的学习，也注重听、说、读、写各项交际技能的训练，内容特别全面。"

第三，具有成熟的语法体系。不少参与者提到，语法体系成熟是这套教材的一大优点。例如，教师 A 认为，"这套教材的语法体系非常详细、全面"，"注释清楚、准确"，"提供了很多例句"，"使用起来非常方便"；她还特别提到，"有时候会把这套教材语法部分的内容当参考书"。教师 D 提到，这套教材"最好的就是语法设计的框架，没有什么可挑剔的"。

（2）字词量大，教学难度偏高

参与者普遍认为，《新实用》每课的生字、生词总量偏多，教师教学压力大，学习者记忆难度高。这一情况在海外学习者群体中表现得更为明显。例如：

> 我觉得量稍微大了一点，尤其是对于海外学生来说。也许在国内的留学生能接受这个学习量。（教师 C）

> 我觉得这套教材的词量有点多，尤其是到后几册，单单讲每课的生词就要花掉一整节甚至两节课的时间，所以我觉得生词量并不那么适中。其实从第一册开始生词就不少。学生需要学习、记忆的生词偏多。然而，如果生词量跟不上的话，后面的课文也很难跟上去。（教师 H）

任教于国内的两位老师也持有同样的看法。教师 B 提到，"不止一个学生跟我们说过生词多，尤其是到了中高级阶段"，"学生看到生词量，会有畏难情绪"。教师A也提到，生词量大增加了教学压力，教师教起来"时间紧"，学生学起来"压力大""记不住"。

4.练习量大有利有弊

《新实用》提供了充足的练习，能有效帮助学习者掌握所学内容。对此，参与者基本持有一致看法。不过，文本分析结果显示，练习量大有利也有弊。

有一种观点认为，练习太多会限制教师的发挥空间。例如：

> 每课都提供了大量的练习。只要学生认真去学习和练习，就可以很好地掌握所学内容。但是，当教材上的练习太多时，留给教师灵活使用的空间反而少了，因为我们首先想到的是让教材物尽其用。（教师C）

另一种观点则认为，通用教材应该做到尽可能提供全面、完整的内容，大量练习能赋予教师更多灵活使用的空间。教师可以结合自身教学实际，在现有练习基础上灵活安排课上、课下的练习内容。例如：

> 练习量非常充足和饱满。如果教师再辅以一些自己的安排和设计的话，是非常有帮助的，就看教师能不能够掌控得了。其实教材给了很大的发挥空间。（教师B）

> 不用担心内容不够用，可以给教师更多灵活处理的空间。（教师D）

值得注意的是，有参与者的看法介于上述两种观点之间。例如：

> 练习设计多样、丰富，便于教师根据教学需要灵活选择使用。但是，大量的练习给予教师筛选空间的同时，也在一定程度上增加了备课和教学的负担。教材中的练习都有其目标指向和作用，可以帮助学生有效巩固所学内容。因此，有些练习不能跳过不练；但如果不跳过，就完不成教学任务。这个是很矛盾的，我觉得这是最大的一个问题。（教师A）

还有一种看法认为，灵活处理空间小的练习设计更方便新手教师使用。例如：

> 这套教材没有那么灵活。从课文到词语、语法和练习，教材没有给教师提供额外的选择。教材提供的练习非常多，但是类型不够多样化，教师也因此没有很大的取舍空间。不过，灵活度小对新手老师来说反而更方便，更节约备课时间，有利有弊。（教师F）

正如教师D所言:"不存在理想化、完全适用的教材,具体看教师怎么使用。"文本分析结果显示,教师对于练习部分的处理,主要有两种思路:第一,在课时量相对有保证的课堂上,教师倾向于"物尽其用",将能练的项目都练到。比如教师C提到:"因为课后学习者很少再去做练习,所以课上要尽量把该练的都练到。"第二,根据教学需要,对教材上的练习进行选、改、增、删。

5. 部分内容无法与当前教学需求完全适配

当前,新时代、新形势对国际中文教材提出了新要求。在调查过程中,有参与者提到,因已出版较长时间,《新实用》有些内容已无法很好地契合当前的教学需求,具体体现在以下三方面:

(1)理念方面

有参与者认为,这版教材的编写理念距离当前相关研究的新进展有一定距离。例如:

> 受出版时间的影响,从现在的角度看,这版教材在吸收并体现相关语言教学理论的先进研究成果上稍微有所欠缺。(教师E)

> 总体来说,这是一套非常好的教材,也是一套比较传统的教材。这个版本现在无法很好地体现最新的教学法理论。(教师F)

(2)内容方面

第一,这套教材关注的是听说读写四项技能训练,缺少翻译训练。例如:

> 这套教材没有特别突出翻译。在教学中,我会另外安排学生做一些翻译练习。(教师D)

这版教材配备的《综合练习册》中其实提供了一定的翻译练习。但本次调查显示,因为教材本身内容量大,不少教学单位并未额外选用这一配套资源,因此练习册中的翻译练习未被关注到。

第二,有些文化内容时代性不强。例如:

> 中国发展非常快,变化非常大。当前,现实生活中出现了很多新生事物。比如说现在出行已经不再需要去火车站买票,因此我们应该增加怎么在APP上购票、怎么支付等内容。否则,如果学生来到中国,还要专门学习才能适应国

内的环境。也就是说，教材应该进行比较大的更新。（教师 D）

当前，一些观念和政策已经发生了变化，有些内容已经过时，不适合再在教材里出现了，有些内容则需要增加。希望教材内容能做更新，更好地体现当代中国国情。（教师 E）

第三，任务型练习不多，且缺少必要的指令语和操作步骤。例如：

任务型的练习不够多，在欧洲可能需要更多。此外，教材提供的任务练习没有给太多提示。教师需要在教材基础上再做很多工作。（教师 D）

每课都有交际练习，但只是简单地列出任务，没有提供具体的操作步骤。有经验的老师能处理得很好，但没有经验的老师往往不知道该怎么做。（教师 A）

（3）外观与配置方面

教材在外观与配置方面主要存在如下问题：插图不够丰富，教辅材料少，缺少必要的数字化教学资源。例如：

插图挺少的，也比较简单，趣味性不足。如果加上更多彩色图片可能会更好一些。（教师 F）

我觉得这本书文字很多，因为它又有解释，并且练习也很多。整体来说，我自己的感觉是有点密密麻麻。作为中文老师，我看这套教材的时候都觉得内容很多，而且都是文字，图片比较少，并且各板块之间缺乏明显的分界。如果不同板块用不同的颜色标识出来，会更加一目了然。（教师 A）

数字化教学资源比较欠缺。现有版本提供的光盘已经不太适用于现在的电脑设备了，稍微有些落后。（教师 B）

三、研究启示与建议

"教学设施、教师和教材共同构成教育的三大支柱，其中教材编写和建设的水平对教育质量和教学效率有着直接而深刻的影响。"[1] 教学功能是教材最重要的功能。

---

[1] 李泉. 对外汉语教材通论[M]. 北京：商务印书馆，2012.

高质量的教材应该利教利学，能有效引导和促进教师教学和学习者学习。

《新实用》旨在逐步培养学习者运用中文进行交际的能力，目标明确。该目标是通过语言结构、语言功能和相关文化知识的学习与听说读写的训练实现的。具体来说，教材编写之初，吸收并体现了相关教学理论的研究成果，教学理念、教学方法与教学目标、教学内容保持高度一致；在系统地提供语言教学内容的同时，融入了丰富的中国文化和社会生活知识，并进行了中外文化对比，有利于学习者掌握目的语，了解目的语文化，培养良好的跨文化交际意识，增强跨文化交际能力；教材内容编排规范、系统、科学，并设计了多样化的练习，有利于学习者逐步掌握语音、词汇、语法和汉字等知识，发展听说读写等语言技能。正是因为具有目标明确、内容丰富、体系化强、实用性强等特点，这套教材才成为本研究参与者口中的"经典教材"。与此同时，也恰是因为出版时间较为久远，有些内容已不适应当前的教学实际情况，有待进一步更新，因此这套教材现在才显得"中规中矩"，有些"传统"。

因为这是一套经过时间检验的优秀教材，加之新版教材仍在修订当中，所以第二代教材目前使用仍较为广泛。可以预见的是，在第三代教材"代际更新"全部完成之前，第二代、第三代教材并行使用的情况将会持续一段时间。在《新实用》换代过程中，一线教师既需要具备良好的处理2.0版本的能力，也需要全面了解3.0版本，以便更好地使用新一代产品。

（一）2.0版本：选择与使用

在选择教材时，教师需要了解学习者的基本条件和特点，考察所教课程与目标教材的匹配度，在此基础上选择适合学习者需求的教材。本次调查结果显示，假如学习群体具有如下特点和需求，选择这一版教材将更为合适：第一，学习者为成年人；第二，学习者中文课时量有保证或学习动机强烈；第三，学习者希望使用其母语译注的教材。

选定教材后，教师需要在全面了解教材全貌的基础上，根据实际教学情况对教材进行处理，调整或增减教材内容，以使教材更符合学习者的需求。[1]就这套教材而言，在执教过程中，教师可能需要注意以下几方面内容：第一，基于实际课时，整体部署教学计划，合理安排教学进度。第二，这套教材生词量偏多，学习者的学习

---

[1] 徐子亮，吴仁甫．实用对外汉语教学法：第4版[M]．北京：北京大学出版社，2023．

和记忆负担偏重。在备课过程中，教师需要对生词表进行处理，明确词汇教学重难点，并根据学习者的词汇量，增加新词，删减熟词；合理安排词汇讲练时间，并加强词汇的重现与复习。第三，对于内容稍显陈旧的课文，教师可考虑删减、更新或增补相关语言材料。第四，教材练习量大，但任务型练习不多，且练习指令语较为简单，缺少必要的提示语。因此，教师需要根据实际情况灵活安排课上、课下练习，并提供练习范例或操作步骤说明。此外，如果只选用教材，不选用配套的练习册，教师需要结合自身教学的实际情况，适当补充翻译练习。

(二) 3.0 版本：变化与发展

"实用汉语课本"系列教材是一套已有40余年历史的品牌教材。面对新时代和新要求，为保持品牌生命力，需要适时修订、更新教材。基于上述调查结果，本研究认为，在修订教材时，编写团队需要关注以下几个问题：第一，完善教材的教学目标，关注翻译技能训练，重视听说读写译五项语言技能的综合发展。第二，在坚守国际中文教学优秀传统的基础上，关注第二语言教学理论和教学法，以及中文作为第二语言教学理论和教学法研究的新进展，合理汲取近年来较为成熟的新成果。第三，适当调整教材体量。第四，在全面介绍中国社会和中国人民生活的同时，立足当代文化，增强课文内容的时代感，使之更能体现当代中国国情，更贴近当代中国人的生活，展示真实、立体、全面的中国。第五，提供互动式学习机会，丰富交际性、任务型活动；完善指令语，增强练习的可操作性。第六，进一步完善形式设计，强化各板块的功能分区，完善插图设计；加强技术赋能，丰富配套教学资源。

本研究对3.0版本第一、二册的修订情况进行了初步考察，发现新版教材从内容到形式已经发生了明显变化。第一，编写和修订理念已进行了更新，在继承国际中文教学优秀传统、注重中文教学规律的同时，吸收了一些国内外语言教学理论和实践的新成果。第二，调整了教材体量，每册10课。第一册另外编写了两课语音预备课，且整体置于教材正课之前，供教师根据学生情况选用。语音预备课不设语法结构教学。第三，话题、内容、文化点与时俱进。话题内容的选择以急用先学为原则，稳中有变，有选择地吸纳了一些新生事物，比如中国高铁、快递小哥等。文化点的设置关注到了当代中国文化，有助于学习者更好地了解当下的中国。第四，更强调课堂互动与合作学习，增加了交际性、任务型活动。值得注意的是，活动指令语系统更加完善、丰富，课堂可操作性明显增强。第五，体例更加完善。每课增设了课前"热身"和课后"自我评估"环节；内容采取板块式编排，各板块之间更易区分。除了显性的编排线索以外，教师还可以抓住"结构—功能—文化"这一核心线索串联教材各环节。第六，形式设计进一步完善。主要体现在：颜色运用更加丰富，插图更具美感；配套资源更加丰富，比如配备了《同步阅读》《测试题》《汉字练习册》《综合练习册》，建立了网络资源专区等。也就是说，从已出版的两册教材看，《新实用》2.0中存在的不少问题在3.0版本中已经得到了调整和完善。另有一些问题可能要在下一步修订过程中给予关注。比如，除练习册外，如何在教科书中更好地设计对"译"的训练。此外，因为目前3.0版本的教材尚未全部面世，所以新版教材的整体修订情况仍有待进一步考察，使用评价有待后续验证。

作者：史翠玲，安阳师范学院

审定：刘珣教授，北京语言大学；王巧燕编辑，北京语言大学出版社

第三节 《中文听说读写》：为何受欢迎？

　　《中文听说读写》（*Integrated Chinese*）是目前美国使用范围最广、市场占有率最高、配套资源最全的中文教材之一。该系列教材包括4册课本[①]、练习册、汉字练习册、教师用书、练习网站、配套视频与音频。《中文听说读写》由姚道中、刘月华等合作编写，1997年由美国波士顿剑桥出版社（Cheng & Tsui Company）首次出版，并于2005年、2009年和2018年再版，目前教师广泛使用第3版与第4版。《中文听说读写》是一套典型的国别化、本土化、综合性中文教材，美国大量高中生和大学生使用该教材。同时，该教材也是部分欧洲大学及美国来华中文项目的首选教材。因此，该教材的编写与推广对国际中文教学资源开发具有示范作用。本研究邀请了8位中文教师采用有声思维法完成《中文听说读写》评价任务，采用NVivo 14软件对文本进行逐级编码，结合美国中文教学环境，探讨《中文听说读写》受到美国中文教师青睐的原因，同时梳理教材存在的问题，并提出改进教材编写与推广的建议，以期为国际中文教材的编写与研究提供参考和借鉴。

[①] 第3版与第4版课本对应关系为：第4版"1"对应第3版"Level 1 part 1"，第4版"2"对应第3版"Level 1 part 2"，第4版"3"对应第3版"Level 2 part 1"，第4版"4"对应第3版"Level 2 part 2"。本研究将其称为第一册、第二册、第三册、第四册。

一、研究设计

（一）研究参与者情况

本研究邀请连续使用《中文听说读写》3年以上的教师参与研究，同时兼顾教师间教龄与任教机构的差异性，以保证调查资料具有较高信息密度。[1]参与者共计8人，使用《中文听说读写》平均时长为6.13年，且所有参与者目前仍在使用该教材（表3-3-1）。有2位参与者使用过第3版和第4版《中文听说读写》，有4位参与者仅使用过第3版，有2位参与者仅使用过第4版。

表 3-3-1　研究参与者基本情况汇总

参与者	教龄（年）	最高学历/专业	教材使用时间（年）	任教机构类型	授课对象
教师A	10	硕士/英语作为第二语言教学	5	美国私立高中	高中生
教师B	10	硕士/中学教育	9	美国公立高中	高中生
教师C	5	硕士/课程与教学	3	美国特许公立中学	高中生
教师D	20	硕士/语言学	10	美国在华中文项目	大学生
教师E	16	硕士/语言学	5	美国在华中文项目	大学生
教师F	11	硕士/汉语国际教育	5	美国在华中文项目	大学生
教师G	10	博士/语言学	8	美国大学	大学生
教师H	5	硕士/汉语国际教育	4	美国大学	大学生

（二）研究方法与流程

本研究在数据收集环节采用有声思维法。有声思维法是要求参与者完成任务时口头汇报思考过程的一种数据收集方法，可全面、详细地反映参与者的认知过程。参与者需根据《中文听说读写》使用情况，参考《国际中文教材评价量表》[2]（以下简称《量表》），对《中文听说读写》逐项评分。《量表》一级指标包括：课程适用、师生适用、编写理念、框架结构、主题内容、语言内容、文化内容、活动设计、情感与策略、外观与配置。评分表主要用于为参与者提供叙述结构和内容指南，分值

---

[1] 陈向明. 质的研究方法与社会科学研究[M]. 北京：教育科学出版社，2000.
[2] 该量表为中外语言交流合作中心重大委托课题"国际中文教材评价体系构建"（21YHZD05）研究成果之一。

为 1—5，分值越高表明教材符合该评价指标的程度越高。

数据收集与分析程序为：(1) 参与者根据《量表》逐项打分，并在打分时口头汇报思考过程，从而展现评分理据；(2) 研究者根据打分情况展开追问。本研究在数据处理环节采用了 NVivo 14 软件，采用扎根理论的研究方法对有声思维文本进行逐级编码，即按照开放式编码、主轴编码和选择性编码的顺序进行。本研究共获得编码 513 条，根据参与者表述内容归并为标签 95 个（开放式编码），进而形成 35 个初始概念节点（主轴编码）和 12 个范畴（选择性编码），其中，12 个范畴又可划分为《中文听说读写》的优点与不足两类。

二、研究结果与分析

（一）整体评价

调查显示，参与者对《中文听说读写》整体满意度较高，各维度平均得分为 4.37 分。平均得分较高的四个维度依次为：框架结构、师生适用、活动设计、外观与配置；平均得分较低的四个维度依次为：情感与策略、编写理念、语言内容、课程适用。（图 3-3-1）

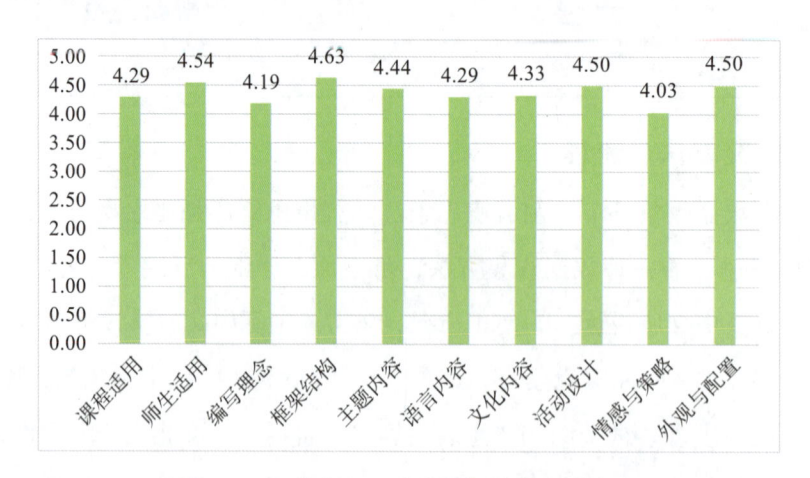

图 3-3-1 《中文听说读写》整体评价汇总

高中教师评价平均得分为 4.23 分，大学教师评价平均得分为 4.46 分，即大学教师对该教材的整体评价高于高中教师。（图 3-3-2）参与者评分情况与有声思维调查结果相符，对文本信息编码具有指导意义。

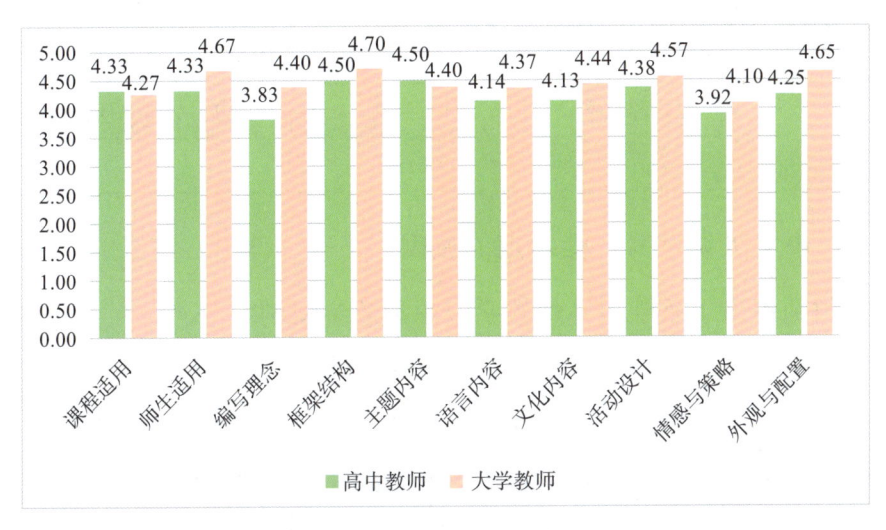

图 3-3-2　高中教师与大学教师评分对比情况

本研究共获得开放式编码 513 条，编码主要集中于教材优点，教材缺点的相关编码数量相对较少。（表 3-3-2）

表 3-3-2　《中文听说读写》评价编码情况汇总

一级类属	编码次数	二级类属	编码次数	编码举例
教材优点	387	为教师提供了教学指导、教学资源和教学便利	103	教材提供了教学框架
		以学生为中心，注重语言和文化的交际性与实用性	90	话题很"日常"
		充分遵循教与学的规律，吸收第二语言教学研究成果	63	语法复现率高
		教材与美国中文教学环境适配度高	55	包含 AP 考试话题
		数字与纸质配套资源丰富，视频和练习册广受好评	41	有配套网站
		教学目标清晰，板块设计合理，教学形成闭环	35	课程目标很清楚
教材缺点	126	教材与高中生的适配度有待提升	44	这是大学生的"开学"
		教材配套资源获取渠道不畅	26	不知道怎么登录网站
		教材语法与词汇的编排有待进一步优化	20	有些课生词太多了
		教材中机械性练习多，真实的交际性综合练习少	14	任务型练习太少了

续表

一级类属	编码次数	二级类属	编码次数	编码举例
教材缺点	126	教材各部分之间的联系有待加强	12	后两册书换人物了
		对教材编写理念和教学设计的介绍不足	10	为什么把汉字和拼音分开
合计		513		

（二）《中文听说读写》受欢迎的原因

1. 为教师提供了教学指导、教学资源和教学便利

调查显示，参与者均表示《中文听说读写》非常利于教师使用，其中一位教龄为5年的参与者（教师C）更将《中文听说读写》视为"带我入行的老师"。该教材起到了引导教师执教、辅助教师开展教学的作用。具体体现在以下五个方面：

第一，为教师提供了系统的教学体系和框架。例如：

> 我刚上课时，都是自己为学生准备讲义，但这些材料都是零零散散的。上到第一年的最后两个月，是我最痛苦的时候，我手上的东西都用完了。我开始使用《中文听说读写》，它对我的帮助很大，它提供了一个教学框架，我也不用挖空心思想明天我要教什么了。（教师C）

第二，为教师提供了丰富的教学资源，利于教师备课。参与者提到，课文内容丰富，生词和语法点数量较多，配套的音频、视频和练习也与课本知识点紧密结合。有7位参与者还指出，《中文听说读写》课本的插图也是重要的教学资源，插图具有很强的功能性，参与者常常使用插图引导学习者猜测主题、介绍文化知识、观察汉字、进行看图说话等练习。例如：

> 这套教材真的给我带来很多便利，备课的时候我基本不用再找补充材料，基于课本就可以很好地完成教学了。（教师E）

第三，为教师提供了丰富的练习。练习目标清晰，练习形式多样，练习量大，能够帮助教师开展课堂活动，并评估学生学习效果。例如：

> 课本和练习册里都有很多练习，涉及听、说、读、写、译各个方面，这些练习为我提供了很多选择。我会根据学生水平和兴趣，改编一些练习，甚至拓

展为课后活动。而且通过练习，我就能大概知道学生掌握的情况。（教师D）

第四，为教师提供了准确的英语语法讲解、翻译和注释。大多数美国中文教师的母语是中文，英语是他们的第二语言，因此教材中"现成的"英语语法讲解和注释可减轻教师的语言负担。该书英语具有如下特点：一是练习的英语指令清晰、简洁，教师可直接使用或让学生自行参考；二是英语语法讲解不是对中文语法讲解的"直译"，学生容易看懂，对教师也有许多启发；三是用英语介绍文化知识点，减轻了教师的备课负担。例如：

> 这套教材的突出优点就是英语写得特别好。教了那么多年，没有一个美国学生反映英语写错了，并且英语母语者很容易理解。我培训新教师的时候特别强调请她们好好读读这套教材的英语语法讲解，甚至我现在用其他教材教类似的语法点和文化点时，我还是会翻看《中文听说读写》的英语讲解。（教师D）

第五，教材鼓励教师综合运用多种教学方法，为教师提供了发挥的空间。例如：

> 《中文听说读写》就像它的名称"integrated"一样，鼓励教师综合使用各种教学方法。我使用这套教材时没有感觉到束缚，可以很灵活地根据我的需要增加、删减和调整教学内容。想学口语的学生，我就多给他做口语练习；想多写汉字，那就多用汉字练习册。（教师D）

2. 以学生为中心，注重语言和文化内容的交际性与实用性

调查显示，8位参与者均表示《中文听说读写》能够满足学习者的学习需求，主要体现在以下四个方面：

第一，注重语法点和词汇的实用性，重视语言的交际性。教材选取"学有所用"的语法点和词汇，有利于激发和保持学生的学习兴趣。例如：

> 《中文听说读写》里基本没有那种"中国人知道，但中国人不用"的语言，尤其是初级阶段所选的词语和语法全都是学生会用到的。学生学会一个语法就能说很多话了，他们的兴趣就上来了。（教师F）

第二，教材所选话题十分丰富，贴近学生生活，有利于激发学生兴趣，促进语言输出。例如：

> 这本教材的话题都"够日常",尤其是前两本都是宿舍、学校、家庭这些场景。话题确实照顾到了美国年轻人的想法,"交友""约会"这些主题都是学生们比较熟悉和感兴趣的,讲到这些话题的时候,大多数学生都想说几句。(教师G)

同时,话题符合学习者认知水平。例如:

> 到了中级阶段开始进入有一定深度的讨论,比如"打工"谈到了压力的问题,"教育"谈到了望子成龙的问题,教材预设学习者已经对相关的社会问题有了一定的了解。(教师D)

第三,语言真实自然,符合学习者语言水平和表达需求。例如:

> 这套教材很适合二十岁上下的学生使用,教材里的语言又不会让学生觉得"太傻",或者"太严肃、太正式"。(教师G)

第四,文化内容丰富,涵盖中国传统文化和现当代文化,侧重选取人类文化中共有的且相对稳定的内容,容易引发学生的情感共鸣。例如:

> 教材中该有的中国传统文化都有了,比如春节、清明节、四大发明、京剧、孔子……教材还很聪明地选取了一些更具有普适性的东西,比如"在机场"这一课就讲了祝福和离别,这是在各国文化和语言中都稳定存在的,也能够引起学生共鸣。(教师F)

此外,《中文听说读写》还注重阐释文化价值观念,采用以点代面的方式,从学习者角度讲述中国故事。例如:

> 它不追求面面俱到,反而着力把有些文化点讲得很透,有的学生了解了这个文化点以后,非常感兴趣,还会去做研究。(教师D)

3. 充分遵循教与学的规律,吸收第二语言教学研究成果

调查显示,8位参与者均认为《中文听说读写》十分注重吸收第二语言教学研究成果,并将研究成果付诸教材编写中,具体体现在以下五个方面:

第一,通过大量例句,帮助学习者发现并理解语法规则。例如:

> 很多时候语法不是我教会的,是学生从例句中"悟"出来的。比如"到底"这个词,我直接讲,学生不懂,但学生看例句就明白了。学生再用他的话说出

来，我发现和教材上讲得不完全一样，他有自己的理解。(教师 H)

第二，生词和语法点复现率高，难度循序渐进，为学习者搭建了脚手架。例如：

教材不是一下子把"了"全部讲完，而是分成了"了$_1$""了$_2$""了$_3$"，每讲到一个新的"了"时，都会以注释提醒学生在哪里已经学过了"了"的其他用法，而且难度是递增的。还有那几个补语也是这样的，这一点我非常喜欢。(教师 G)

第三，排版布局具有教学考量，能促进学习者理解语言规则。汉字与拼音的排版方式，以及简体字与繁体字的排版方式均有教学功能。例如：

我非常喜欢教材里拼音的布局方式，第一册汉字上没有加拼音，但可以对照看拼音，教材在帮助学生快速建立起汉字意识；第二册把拼音放到最后，学生只能先看汉字，不能看拼音了，避免他们"趋易避难"；第三册和第四册汉字认识得多了，就完全没有拼音了。(教师 D)

配色也具有教学功能。例如：

课文中红色的字是这课语言点，绿色的字是重点生词，学生在看课文时清楚地知道"这是生词，我不会也很正常"；教材还使用颜色进行板块区分，红色的是课文，紫色的是生词，蓝色的是语法，这对学生很有帮助。(教师 G)

第四，考虑到英语作为第二语言学习者的难点，部分语法讲解会提示英语母语者容易犯的错误。例如：

美国学生说"他很好"，就会说成"他是很好"，多加一个 be 动词，所以课本里语法就写得清清楚楚，不能加"是"，一看就知道是写给英语母语者的。(教师 D)

4. 教材与美国中文教学环境适配度高

《中文听说读写》是一套典型的本土化教材，与美国中文教学环境高度适配，具体体现在以下四个方面：

第一，《中文听说读写》参考了美国外语教学委员会（ACTFL）的《21世纪世界语言技能地图》(*21st Century Skills Map for World Languages*)，重视美国外语教学的五大目标（5C①）。例如：

  美国并没有统一的课程标准或者统一的中文教学大纲，所以这套教材也不是严格依据教学标准来编写的。但这套教材确实能够体现美国第二语言教学中主流的教学理念，比如重视听说读写全面发展，注重交际，重视文化教学，兼顾语言和文化比较等。（教师 F）

第二，练习活动涵盖三种沟通模式②。例如：

  课本和练习册的练习都很好地涵盖了"认知""交流"和"展示"三种沟通模式，比如让你阅读理解那就是"interpretive"，小组活动就是"interpersonal"，还有一些要做展示的那就是"presentational"。（教师 A）

第三，符合美国课程设置，时间对应巧妙。例如：

  每册书教学时间的设置都是根据美国大学的学期来的。比如，第三本书的第一课是开学，学到这本书的时候，就是他们刚刚开学的时候；再如，第四本书的第十一课讲中国的节日，学到这本书的时候就是中国春节。上到"寒假"的时候正好快过寒假，上到"旅行"的时候正好快要过暑假，这也太巧了吧！（教师 A）

第四，覆盖美国 AP 中文考试③大部分话题。例如：

  AP 中文考试有规定的话题，课本的话题能够覆盖大部分 AP 考试指定的话题。（教师 A）

此外，练习对应 AP 中文考试大部分题型。例如：

  这套教材里还有非常像 AP 中文考试的听力题目，练习册里会有四格漫画图，类似于 AP 中文考试中"看图讲故事"的口语任务。（教师 B）

5. 数字与纸质配套资源丰富，视频和练习册广受好评

  《中文听说读写》是全球范围内配套资源最丰富的本土中文教材之一。该教材提

---

① 美国外语教学五大目标（5C）包括：沟通（communication）、文化（cultures）、联结（connections）、比较（comparisons）和社群（communities）。
② 三种沟通模式包括：认知理解（interpretive）、沟通交流（interpersonal）、展示表演（presentational）。
③ AP 中文考试："AP"是 Advanced Placement 的缩写，指学生在中学阶段学习大学的课程，常被称为"大学先修课程"。如果学生在中学阶段完成大学的一些中文课程并通过考试，就能获得相应的学分。

供了丰富的数字资源，包括与课本对应的音频、视频、电子版教材和配套网站，尤其是视频受到了高中教师的好评。同时，该教材还提供了丰富的纸质资源，包括练习册、教师配套用书和汉字练习册。例如：

> 因为不是每个学生都有教材，所以我上课经常把电子教材投屏到屏幕上。（教师C）

> 我的学生非常喜欢配套视频，这对他们来说是一种放松，他们知道里面的人物关系和人物性格，还会猜测剧情走向，就像看小电影一样。（教师F）

> 练习册与课本中的练习各有侧重，练习册的题型非常丰富，我常用练习册来布置家庭作业。（教师B）

6. 教学目标清晰，板块设计合理，教学形成闭环

课本每一课前面都清楚地列出了学习目标，课本和练习册均围绕教学目标编写，课本各个板块也围绕教学目标按照"课文—生词—语法—练习—文化知识"的顺序展开，每课完成后还设计了相应的自测表。此外，教材还提供索引、综合复习、注释等板块，充分考虑到了学习者的各类学习需求。例如：

> 每一课列出的学习目标我都会认真看，还会在黑板上写上学习目标，这样我和学生都很清楚这堂课要做什么。（教师H）

（三）《中文听说读写》存在的问题

研究参与者指出，因为美国大部分教师都通过"沿用"或其他教师"推荐"选择教材，而《中文听说读写》市场占有率高、教师和学习者评价好、配套资源齐全，所以很长一段时间内该教材仍将会是美国最受欢迎的教材之一。参与者均表示，《中文听说读写》数次再版切实提升了该教材的质量；同时参与者也指出，该教材部分内容仍有待提升，期望通过教师使用反馈为《中文听说读写》下一轮的修订提供依据，使这套教材"更受欢迎"。参与者指出的问题主要集中在以下六个方面：

1. 教材与高中生的适配度有待提升

第一，部分话题与高中生"有距离"。例如：

> 第三本书第一课讲"开学"，但这明显是大学生的开学，宿舍生活也是大学生的宿舍，"打工"也是大学生的话题，"约会"也更符合大学生的年龄。（教师B）

同时，缺少部分高中生感兴趣的话题。例如：

"户外运动""志愿者工作""申请大学"都是美国高中生很感兴趣的话题，但很遗憾，教材中没有把这些话题放进来，或者内容很少。（教师 C）

第二，参与者中的三位高中教师都提到，对于高中生而言，语法和生词数量过多。例如：

在我的学校，中文课基本是"快乐教育"，中文课本身也是选修课，有时候学生会抱怨生词太多，一堂课的生词有二十多个，对他们来说有压力，会打消一部分人的积极性。有时候我也只能把一课生词分两次讲，甚至有时候生词太多，语法太复杂，有些东西我就不讲了。（教师 C）

第三，部分英语解释和翻译过于学术，学生理解存在困难。例如：

教材在解释语法的时候会用一些专门术语。（教师 B）

课本里的英语解释有一些偏学术，比如对"把"字句和"被"字句的解释，学生看了好几遍也没太看懂。（教师 C）

第四，缺乏适用于高中生的生词卡、挂图和测试题等教材配套资源。例如：

大学生的教室是流动的，可能不太需要挂图，但大部分高中生的中文教室是固定的，我非常希望能够有一些和教材配套的挂图，能用来装饰教室，营造中文学习的氛围，学生每天看到挂图，对他们学习也很有帮助。（教师 B）

我非常希望这套教材能出一套生词表的大卡片，我在给学生复习生词的时候，我想很快地展示出来，现在都是我自己在做。（教师 B）

这套教材测试题很少，都是我自己出题，我觉得有必要补充这部分资源。（教师 A）

2. 教材配套资源获取渠道不畅

《中文听说读写》是美国配套资源最全的中文教材之一，但部分参与者使用该教材数十年却仍未使用过相关的配套教学资源。

首先，教师不确定有哪些配套资源。参与者在谈及配套资源时常表示"我听说有""好像有""不太确定有没有"，甚至有两位参与者表示"我知道没有教师用书"（实际上有）。

其次，教师不了解配套资源和课本的联系与区别。例如：

　　课本上已经有练习了，我觉得就没有必要再用练习册了，虽然我没用过练习册，但觉得应该都差不多吧。（教师 C）

最后，有部分参与者知道有配套资源，但不知道如何获取。例如：

　　我知道这套教材配有视频和网站，但只买教材的话，我不知道怎么登录配套网站。（教师 F）

3. 教材语法与词汇的编排有待进一步优化

第一，例句不够典型，部分例句缺乏语境。例如：

　　有的例句没有上下文，比如"被"字句的例句没有交代语境，学生学起来比较难。（教师 A）

　　有些例句不够典型，"连……都……"这个语法点教材给了 4 个例句，学生看了以后还是不太明白，我觉得主要原因是不够"夸张"和"极端"，比如"连 80 岁的中国奶奶都认识 Lady Gaga"，这样一说学生就懂了。（教师 H）

第二，第三册和第四册生词过多，语法"放空"。例如：

　　主要问题集中在后两本教材，有时候我觉得这个课文比较难，但其中语法并不多，甚至很简单，就是出现了很多比较难的词。（教师 F）

一位参与者也给出了她的解释：

　　有些课文讲到中国的变化、中国的历史就会出现大量的专业词汇，所以词汇的复现率就会变差，而且为了介绍知识型的东西，所选的语法点的交际功能就差了。（教师 D）

4. 教材中机械性练习多，真实的交际性综合练习少

有参与者认为：

　　现在课本里的练习只是为了用这个语法点而做练习，缺乏真实性，也没有什么互动，学生不太感兴趣。（教师 G）

参与者希望能够增加综合性练习。例如：

我希望能增加一些任务型的练习或者游戏，这种练习学生感兴趣，而且也能全面提升听说甚至读写的能力。比如"吃饭"这课，有个练习是让学生运用所学的知识设计自己想开的餐馆，这个练习学生就非常喜欢。（教师 H）

5. 教材各部分之间的联系有待加强

第一，后两册课本更换了人物，有 5 位参与者表示学生对此感到失望。例如：

第一册和第二册是以王鹏、李勇他们的日常交际、感情故事为主线的，视频也是配套的，学生很想知道他们的"恋情"最后发展成什么样了，所以坚持上完了前两本，到第三册人物变成了张天明、丽莎、林雪飞，学生感到很失望。（教师 B）

第二，教学内容循环和复现不足，且联系和推进有待加强。例如：

我感觉单元和单元之间联系还是不够紧密，"看病"就只讲看病，"问路"就只讲问路，如果能和学过的内容结合起来，教材内部的联系会更紧密。（教师 B）

参与者表示，虽然能够感受到教材内容的复现，但部分内容没有明显推进。例如：

比如，我们已经学过了"吃饭"这课，但后面又讲"在饭馆"，虽然内容上更难，但我还是觉得有些重复和雷同。（教师 E）

第三，各课、各单元、各册间难度递增不够平稳。例如：

第三册和第四册我觉得难度陡增。（教师 F）

第十一课讲"天气"，生词量还可以，但十二课"点菜"的生词突然就变得特别多。（教师 D）

6. 对教材编写理念和教学设计的介绍不足

调查显示，参与者对教材中部分内容的编排评价差异较大，甚至出现两种完全对立的评价。比如一位使用过《中文听说读写》10 年的参与者表示：

我非常喜欢教材中拼音与汉字分离，这让学生不得不去认真看汉字。（教师 D）

但另一位参与者则表示：

我不明白为什么不把拼音放在每个汉字的上面，我每节课都要花很长时间

在 PPT 上将汉字和拼音一一对应，这样我的学生才能完成课文的朗读，我认为这是教材亟待改进的地方。（教师 C）

再如，一位参与者表示：

> 第一册拼音知识太多了，让学生一上来就觉得很难。（教师 E）

而另一位参与者则表示：

> 在教材中把拼音、偏旁部首、汉字的知识都列在了第一册太好了，老师们可以根据自己的需要取用这些"工具"。（教师 G）

目前教材理念的介绍集中在前言部分，而教学设计的理解则完全靠教师"自行体会"，这对教师提出了较高的要求。

三、研究启示与建议

（一）适当兼顾中学生需求，提高教材针对性

《中文听说读写》是美国大学一、二年级普遍使用的中文教材，美国高中生学习该书后可参加中文 AP 考试，如考试通过，进入大学后就可免修中文课程，高中与大学中文课程的衔接较为顺畅。但因为《中文听说读写》十分受欢迎，部分不参加 AP 考试的高中生也开始使用该教材。很多学校既有初中部又有高中部，中文教师均由一人担任，为减轻备课负担，加之可选教材较少，甚至部分初中生也在使用该教材。但目前《中文听说读写》在话题、语法和生词数量、英语注释、配套资源上更适用于大学生。中学生的认知水平和语言水平与大学生有一定差距，且他们对练习活动的趣味性要求更高，对挂图、词卡、动画等辅助教学资源的需求也更强。因此，如能适当考虑中学生需求，在话题、词汇、语法、文化知识等方面对中学生和大学生提出不同的教学建议和教学要求，同时面向中学生增加配套资源，则将大大提高教材的针对性，也会为中学教师备课提供更多便利。

（二）开展教材培训，积极帮助教师了解教学设计

尽管《中文听说读写》从 1997 年首次出版至今，已使用了 20 余年，但许多教师，尤其是新手教师并不理解教材编写者的"巧思"，教材的介绍与使用培训仍十分必要。目前教材介绍和使用培训多针对新出版的教材，但《中文听说读写》每次再版都有较大变化，同时也有一贯坚持的教学理念。参与者中仅有一位参加过《中文听说读写》的教材使用培训，并表示教材培训对其理解教材编写理念非常有帮助，也切身感受到了教材编写者的用心。她说：

> 经过编写者介绍，我才知道原来每张插图都有版权，以前也没有注意到每张插图上的字体都不一样，同样的主题也会专门挑选不同的插图，这太用心了！有一张照片好像还是刘老师从北京的家里看出去的风景。（教师 D）

教师与教材编写者之间需要更多的沟通和对话，以帮助教师更好地理解教材的教学设计，甚至建立起教师与教材的情感联系，从而提高教材的使用效率。

（三）增加开放性练习，提升练习的趣味性

目前课本中的练习以替换、连线等机械性练习为主，学生通过练习可有效掌握语法结构。正如参与者提到的，这套教材"高效""扎实""系统"，但跟在美国使用的法语、意大利语、德语等第二语言教材比起来，又显得"中规中矩"，不是那么有趣或有新意。尤其是在美国第二语言教学领域，"做中学"的理念深入人心，任务教学法也受到很多教师追捧，初高中课堂需要通过大量语言练习活动来帮助学生学会中文。学生在活动中要能够交流信息，练习语言结构，表达自己的思想，完成任务，体验成就感，显然，机械性练习和单纯的语言操练无法满足这样的学习需求。参与者也表示，他们常常需要"绞尽脑汁""挖空心思"地改编和增加课堂练习活动，调动学生的积极性，以提升课堂教学与学习效率。如能在课本中增加开放性练习活动，为教师和学生提供更多的活动清单、活动语言材料，则将会提升教材的趣味性，更加符合学生和教师的需求。

（四）全面介绍教材体系，打通教材配套资源获取渠道

《中文听说读写》课本与配套资源各有侧重，配套资源是整个教材体系的有机组成部分，正如一位参与者所说：

如果给课本的练习打分，我只能打3分，但如果加上练习册和网站的练习，我觉得必须打5分，因为练习册里听、说、读、写、译全部都做到了。（教师F）

首先，应在教材介绍中明确说明课本与配套资源的联系与区别，因为课本与配套资源不是孤立的存在，整合起来才是《中文听说读写》的全貌。其次，应打通配套资源的获取渠道。尽管教材扉页列出了配套图书目录，但大部分参与者并没有进一步了解这些资源。基于此，教材出版社和教师培训组织者应主动迈出一步，"投喂"教材配套资源信息，在教材合适的位置添加资源获取二维码或链接，并给出配套资源使用方法的明确示例，积极创造让教师使用配套资源的机会。

（五）共建共享《中文听说读写》教学资源分享平台

调查显示，《中文听说读写》作为在美国使用了20余年并三次再版的中文教材，已经积累了大量的教师用户群体。教师使用《中文听说读写》的教学经验，以及自编的教学材料也是十分宝贵的教学资源。参与者表示，他们经常能在网络上获取《中文听说读写》配套词卡和字卡，大大减少了自己制作卡片的时间成本，这已经形成了《中文听说读写》教学资源共建共享的雏形。此外，PPT课件、与课文对应的真实语料、文化知识、活动方案是教师必需且急需的教学资源，如能搭建资源共享平台，促进教师信息互通，减少教师之间的信息差，则必将极大地提升中文教师的备课效率，也可保障新手中文教师的教学效果。《中文听说读写》持续更新再版，必将继续在北美地区长期使用，因此，整合《中文听说读写》现有资源、推动教学资源共建共享平台建设十分必要。

作者：李晓露，云南大学；肖洋，云南师范大学
审定：梁霞教授，美国圣路易斯华盛顿大学

第四节 《走遍中国》：来自英国中文教师的评价

《走遍中国》是由中国外语教学与研究出版社（以下简称"外研社"）与英国麦克米伦出版公司（Macmillan Education）联合研发并出版的综合型中文教材，主要面向英语国家的零起点至中等水平学习者。该教材邀请了国际知名的第二语言教材编写专家格里诺尔（Simon Greenall）先生担任顾问，由中外语言教学专家合作研发，中方主编、外方顾问和国外中文教师三方合作，中方作者队伍负责内容编写，外方教材专家负责在教材编写理念等方面把关，国外中文教师负责在课堂上进行试用，并征集学习者的反馈意见。① 教材既吸纳了新的第二语言教学理念，也兼顾了中文教学的特殊规律，体现出交互式、体验式、任务式、活动式等特点，旨在让学习者通过各种各样的教学活动在真实情景中学习地道的汉语。② 该系列教材于2009年9月首次出版，并自2020年1月以来陆续推出修订版和西班牙语版。

《走遍中国》自出版以来便受到英国大学中文教师和学习者的好评，被英国、西班牙、德国的多所大学和孔子学院选用。本研究运用有声思维法收集数据，对8位在英国任教的中文教师进行调查，试图探讨以下问题：(1)英国中文教师对《走遍中国》的总体评价如何？(2)《走遍中国》符合哪些外语教育标准并体现了什么样的教学理念？(3)《走遍中国》为教师和学习者提供了哪些教学与学习资源？

---

① 杨飘.《走遍中国》(西班牙语版)(第一级别)出版[J].国际汉语教育(中英文)，2020(2)：14.
② 参见外研社汉语教学资源网，网址：http://www.fltrp-clt.com/pages/book/sigleBook.jsp?id=278e60177ac54e9381d7032bf13302a9。

一、研究设计

（一）研究参与者情况

本研究依据目的性抽样原则，采取典型个案抽样、滚雪球式抽样及目的性随机抽样策略，选取 8 位英国中文教师对《走遍中国》1—4 册的使用情况进行评价。参与者基本情况如表 3-4-1 所示：

表 3-4-1　研究参与者基本情况汇总

参与者	教龄（年）	在英教龄（年）	最高学历/专业	教材使用情况（年/轮）	授课对象	职位/职责
教师 A	10	7	博士/对外汉语教学	5/5	英国大学硕士研究生，20—30 人/年级	中文课程负责人/决定教材使用
教师 B	35	15	博士在读/教育学	5/5	英国大学中文专业、公选课学生，10—20 人/年级	中文课程负责人/决定教材使用
教师 C	37	21	硕士/教育学	10/10	英国大学公选课学生，20—28 人/班	中文课程负责人/决定教材使用
教师 D	30	30	博士/高等教育	10/10	英国大学公选课学生，16—30 人/班	中文课程负责人/决定教材使用
教师 E	16	2	硕士/语言学	2/2	英国大学中文专业学生、公选课学生，10—20 人/年级	公派教师/不决定教材使用
教师 F	5.5	3.5	硕士/汉语国际教育	1.5/2	英国孔子学院成人学生，5—10 人/班	公派教师/不决定教材使用
教师 G	10	3.5	硕士/汉语国际教育	2/2	德国孔子学院学生，20 人/班	公派教师/参与决定教材使用
教师 H	30	7	博士/古代文学	7/7	英国大学中文专业学生、公选课学生，3—9 人/年级	公派教师/不决定教材使用

（二）研究方法与流程

本研究在数据收集环节采用有声思维法，收集了 8 位教师对《走遍中国》的深度评价。有声思维是目前心理学和认知科学研究中收集数据的常用方法之一，是指受试者（接受测试的人）在完成某项任务的过程中，随时随地讲出头脑里的各种信息。[1] 将有声思维的方法应用于教材评价，有助于深入了解参与者评分的理由，获取

---

[1] 郭纯洁.有声思维在外语教学研究中的应用[M].北京：外语教学与研究出版社，2015.

参与者对教材真实使用感受的一手资料。

数据收集与分析程序为:(1)准备阶段：筛选及培训参与者。(2)基本信息访谈，用于了解参与者的任教经历及教材使用基本情况。(3)叙述性评价，利用《国际中文教材评价量表》[①]（以下简称《量表》）为参与者提供叙述结构和内容指南，参与者根据《量表》对教材进行评价。《量表》一级指标包括：课程适用、师生适用、编写理念、框架结构、主题内容、语言内容、文化内容、活动设计、情感与策略、外观与配置。本研究应用《量表》中的通用教材评价指标对教材进行评价，采用1—5分的形式，分值越高表明教材符合该评价指标的程度越高。(4)补充性访谈，研究者就参与者的具体观点进一步进行追问。数据收集使用腾讯会议在线完成，时长共计15小时51分钟，转写合计约24.7万字。(5)采用NVivo 14软件对数据进行编码，对原始评价资料进行概念化和类属化处理，对本土概念进行比较后合并。最终共获得编码473条，形成了11个初始范畴，合并为5个主范畴，构成了《走遍中国》的主要评价内容。

二、研究结果与分析

（一）整体评价

参与者对《走遍中国》整体评价的平均分为4.23分，具体评分情况见图3-4-1。在10个通用教材评价维度中，"文化内容""主题内容""活动设计"是平均得分较高的三个维度，体现了教材的主要特色。参与者普遍认为该教材文化内容丰富，呈现方式巧妙。教材设定了丰富多彩的主题内容，提供了有意义的真实交际活动，在促进学习者学习的同时，也赋予了教师灵活使用的空间。

[①] 该量表为中外语言交流合作中心重大委托课题"国际中文教材评价体系构建"（21YHZD05）研究成果之一。

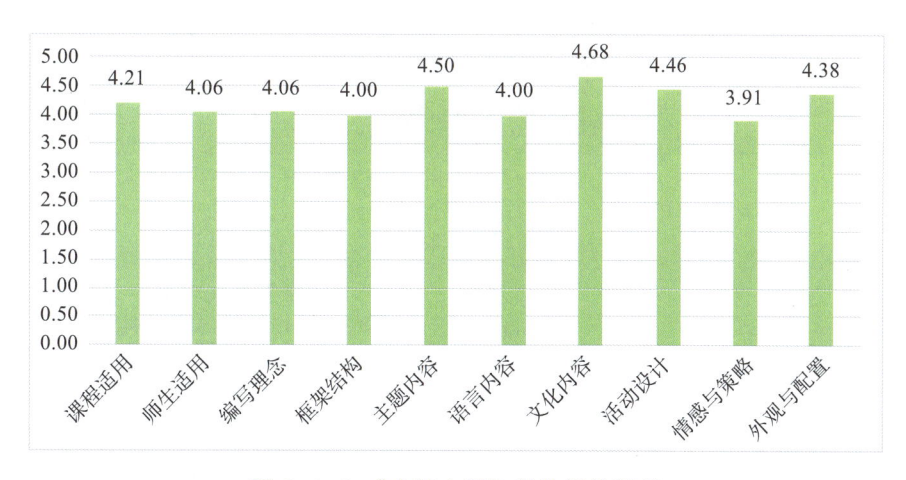

图 3-4-1 《走遍中国》整体评价汇总

课程适用 4.21　师生适用 4.06　编写理念 4.06　框架结构 4.00　主题内容 4.50　语言内容 4.00　文化内容 4.68　活动设计 4.46　情感与策略 3.91　外观与配置 4.38

（二）具体评价

根据编码结果，8 位参与者对《走遍中国》的评价汇总如下（表 3-4-2）：

表 3-4-2 《走遍中国》评价编码情况汇总

主范畴	编码次数	初始范畴	编码次数	编码举例
英国外语教育标准和理念	181	教育标准	35	我认为《走遍中国》符合英国高等教育质量管理署发布的《语言、文化与社会课程标准》，它的话题符合《欧洲语言共同参考框架：学习、教学、评估》，能引发学生的学习兴趣。（教师 A）
		教育理念	146	英国外语教育强调交际实用，《走遍中国》是以交际为主的，贴近学生的生活，也符合英国学生从小接受的教育理念。（教师 H）
教学素材呈现	101	教学内容和练习	53	《走遍中国》的一个特点是包含了很多双人练习和小组练习，学生能够在练习中进行有意义的互动，还可以操练到本课所学习的语言点。（教师 F）
		配套资源	25	《走遍中国》的配套资源特别丰富，除了内容丰富的学生练习册以外，还配套了单元测试，能够让教师比较清楚地了解学生对所学内容的掌握情况。教师用书对我来说很有帮助，书后附的生词表和语法说明都非常实用。（教师 G）
		版式设计	23	《走遍中国》色彩分明，从视觉上来说很有冲击力，也兼具了划分内容模块的功能，插图很多而且是真实的照片，这是教材明显的优点。（教师 E）
语法教学理念	79	自然习得	30	《走遍中国》考虑到了欧洲学生学习语言的习惯，没有直接给出语法的注释和翻译，而是用隐性的方式去呈现语法。（教师 D）
		语法编排	49	教材在一课里把一个语言点的三种用法都展示出来了，比如"把"字句搭配不同的补语，这对于新手教师或非对外汉语专业出身的教师来说可能有一些困难，如果教材里有更明确的指导，会更便于教师使用。（教师 G）

续表

主范畴	编码次数	初始范畴	编码次数	编码举例
中国文化内容选择和呈现方式	64	内容选择	53	《走遍中国》介绍了中国的武术、少林寺、春节习俗等等，还包含了中国非常知名的旅游景点，例如九寨沟和西安，我觉得内容选择和编排非常适度。（教师B）
		呈现方式	11	有很多体现中外文化异同的因素都在教材的对话中呈现了出来，例如有一课描述了中国公司接待国外代表团，需要挑选礼物，这个例子就讨论了中国文化和外国文化在送礼物方面的区别。（教师E）
自主学习能力培养	48	编排理念	23	从教材的编排顺序可以看出它整体的设计都是围绕着以学习者为中心，从"听说"到"读写"，再到"交际活动"的顺序，都是鼓励学生自主学习，具有启发性，而不是教师单方面带着学生走。（教师D）
		练习活动	25	《走遍中国》设计了大量可以选择的交际任务，学生可以充分发挥。例如有一次我基于教材的任务让学生去拍摄短视频，学生真的自己去超市拍了全中文的视频，介绍自己喜欢的购物中心，效果非常好。（教师A）
合计				473

1. 符合英国外语教育标准和理念

（1）与英国大学外语教育标准对接

《走遍中国》的目标教学对象是成人学习者。在8位参与者中，有6位教师在英国大学任教，教学对象包括本科生和硕士研究生，课程类别包括中文专业必修课和中文公选课。参与者普遍认为，该教材能够与英国大学参考的外语教育标准对接，这也是其中4位作为中文课程负责人的教师决定选用该教材的主要原因之一。英国大学参考的外语教育标准主要有：（1）欧洲理事会（Council of Europe）2001年发布的《欧洲语言共同参考框架：学习、教学、评估》(Common European Framework of Reference for Languages: Learning, Teaching, Assessment，以下简称《欧框2001》)[1]，欧洲理事会于2020年推出的更新版本（Common European Framework of Reference for Languages: Learning, Teaching, Assessment—Companion Volume，以下简称《欧框2020》)[2]；（2）英国高等教育质量管理署（QAA，Quality Assurance Agency for Higher

---

[1] Council of Europe. Common European Framework of Reference for Languages: Learning, Teaching, Assessment [M]. Cambridge: Cambridge University Press, 2001.

[2] Council of Europe. Common European Framework of Reference for Languages: Learning, Teaching, Assessment—Companion Volume [EB/OL]. [2023-02-28]. https://rm.coe.int/common-european-framework-of-reference-for-languages-learning-teaching/16809ea0d4.

Education）制定的《语言、文化与社会课程标准》(*Subject Benchmark Statement—Languages, Cultures and Societies*，以下简称"QAA《课程标准》")[①]。

《欧框2001》是欧洲国家制定语言教学大纲、设置课程指南、开发测试评估及编写教材的共同基础。在采访中，参与者表示《走遍中国》1—4册分别对应《欧框2001》的A1—B2四个级别的难度水平，每一册在教学目标、话题内容、交际活动、语言技能评估方面都与《欧框2001》相应级别的标准对应。例如：

> 这本教材的教学目标符合欧洲课程与欧洲的语言标准，能够在学完4册之后达到B2的水平。我觉得它的教学目标确实很清晰明确，也很符合现行的课程标准和大纲。（教师F）

> 我觉得这套教材的教学用书和练习册给教师和学习者设定的目标都非常清楚，我们在英国教学，主要是将《欧框》作为语言教学的参考框架，我觉得它与《欧框》非常相符。（教师D）

> 这套教材的主题话题编排由易到难，循序渐进。如果去对照《欧框》的话，《欧框》里面对每个级别应该谈论的话题都有明确的界定，这套教材全部都涵盖了。（教师A）

参与者表示，《走遍中国》在语言技能和语言知识及文化点方面设定了清晰的教学目标，清楚地阐释了期望学习者达到的听说读写水平，这一点与《欧框2001》的语言能力量表相一致。同时，练习册的每一单元最后都设置了"自我评估表"，让学生从语言技能和语言知识多个方面进行自我能力评估，这也与《欧框2001》的"自我评估标准"相匹配。

QAA《课程标准》是英国英格兰、苏格兰、威尔士和北爱尔兰四个地区高等教育机构在设计本科生与研究生"语言、文化与社会"专业学位主题课程时参考的重要标准，也是设置大学公选课的参考标准。参与者认为《走遍中国》的话题内容和教学目标均符合这一标准。例如：

> 英国所有大学课程，无论是必修课还是非必修课，必须符合英国高等教育质量管理署发布的QAA《课程标准》，我作为中文课程负责人在设计课程时，

[①] QAA. Subject Benchmark Statement—Languages, Cultures and Societies [EB/OL]. [2023-02-28]. https://www.qaa.ac.uk/docs/qaa/sbs/sbs-languages-cultures-and-societies-23.pdf?sfvrsn=3c71a881_8.

要去了解英国高等教育阶段的外语选修课应该达到哪些目标。QAA《课程标准》表明，外语选修课的目标包括：第一，习得基础的语言知识；第二，达到交际目的；第三，能够了解语言背后的文化；第四，可以运用语言进行工作和生活，满足到别的国家去生存生活的需求。我认为《走遍中国》这一系列教材完全符合这一标准。（教师A）

（2）与英国外语教育理念相契合

英国外语教育受欧盟外语教育政策影响较深，重视交际能力的培养。英国的外语教育战略《全民的语言：生活的语言——英格兰战略》（Languages for All: Languages for Life—A Strategy for England）指出："语言是终身技能，能够为我们打开交际和探索的大门，促进并鼓励多元文化的相互理解。"[1] 这与交际教学法理念一致，在交际教学法的指导下，语言被用来实践有意义的任务活动，从而促进学习。通过对参与者评价内容的分析，本研究提炼出英国外语教育理念的核心本土概念，包含"强调交际性""提倡趣味性""尊重个体差异性"等。《走遍中国》在教学方法、教学内容、教学活动和教学素材等方面均与英国外语教育理念相契合。

第一，《走遍中国》依据交际教学法编写，包含能够促进学习发生的真实交际活动，可激励学习者进行有意义且真实的语言使用，教材的框架结构设置体现了"以真实交际为目的"的编写理念。例如：

我认为英国主流外语教育的特点是交际实用、形式灵活、以学生为中心。《走遍中国》是以交际为目的的，它每个单元是由话题引出相应的生词和语法，这套教材很实用，所以适合在英国使用。（教师H）

第二，教材话题设置丰富多样，具有趣味性和社会化特征，符合学习者的真实交际需求，同时也为教师提供了灵活使用的空间。教材是以真实语境中的话题为纲编写的，话题包括在中国学习、生活、旅行、工作的相关内容，符合成年人的认知水平，贴近学习者的生活。例如：

对我的学生来说，《走遍中国》能满足他们的真实交际需求。因为他们三年级时要来中国，所以问路和说电话号码等话题内容都是非常符合实际交际需要

---

[1] Department for Education and Skills. Languages for All: Languages for Life—A Strategy for England [M]. London: Department for Education and Skills, 2002.

的。话题基本上涵盖了生活的方方面面，比如说买高铁票、选座位、网上退票、到银行开账户等等。在教材的基础上，我们可以给学生补充大量的信息，也体现出教材的可嫁接性和开放性很强。（教师 E）

第三，教师用书中的"活动库"提供了适合不同学习者语言水平的教学活动，符合英国人本主义的教育理念，即尊重个体在学习过程中的差异性，这为实现分层教学提供了可能。例如：

> 教师用书中的"活动库"包含各种各样的活动，特别好的一点是它在同一课内设计了适合不同水平学生的活动。我们在英国的大学里面任教，学生因为不是考试入学，所以中文水平是不一样的。针对不同水平的学生设计不同的活动让我觉得非常实用。（教师 D）

2. 为教师提供了丰富多样的教学素材

（1）教学内容和练习形式十分丰富

在教学内容方面，教材在每个单元同一话题下提供了不同语体的教学素材，包括口语和书面语。教材各单元第一课的课文是以对话形式进行"听"的输入练习和"说"的输出练习；第二课提供了"读"的输入练习及"写"的输出练习，包括天气预报、新闻、广告、日记、旅游指南等不同书面语体的阅读任务和相应的写作任务；第三课提供了一个完整的综合交际活动，能促进学习者语言综合运用能力的提升，同时辅以英语呈现的文化点，学习者可以针对文化内容展开深入讨论，提高跨文化交际能力。教师可以根据学习者需求灵活使用这些教学素材。例如：

> 教材的优点是对语言技能的训练比较全面，重视"听、说、读、写、译"五大技能的综合发展，而且在初级阶段就已经开始区分书面语与口语了，主要体现在每个单元的第一课和第二课，在同一个话题之下使用不同的语体，这是非常专业的做法，我觉得这是它的一个优点。（教师 A）

> 教材提供的练习活动层次非常清晰，类型丰富而且有联系。比如说在第一册第 9 单元，主题是描述方位。第一课用对话呈现，第二课用真实的租房广告呈现，第三课是描述位置的交际活动，三课之间的关系很清楚而且有联系。（教师 H）

练习/活动类型丰富多样，包含双人活动、小组及大组活动。活动内容种类繁多，具有启发性，例如小组设计中国新年主题晚会、撰写简历准备求职等，有利于学习者有效掌握与本单元主题相关的学习内容。每个单元的第三课设计了可供教师选择的交际任务，赋予了教师灵活使用的空间，教师可根据学习者的实际情况进行拓展。例如：

> 这套教材的学生用书、练习册和教师用书里有大量的练习，包括单元小测验这种书面测试，也包括交际活动，例如两人一组或者是多人小组的交际任务，还包括一些课外调查，例如访问中国网站、收集信息来做总结报告，比较丰富多元。（教师 G）

（2）教学素材种类齐全

《走遍中国》配备了练习册、测试题和教师用书，在学生用书中提供复习和练习题，练习册提供每课练习和"自我评估表"，教材额外提供单元测试和汉字书写单，在教师用书中还提供汉字的拆解练习，让学习者进行有意义的汉字学习。教师用书包含活动库，以及明确的教学重点阐释和详细的教学步骤指导，便于指导教师备课。在数字化教学资源建设方面，教材配套了网站、音频及 APP，未配备教学视频。供选用的 APP 为 Aha Chinese 汉语口语教学与管理系统，能够对学习者的语音进行智能评估，便于学习者在线下自主学习时使用。例如：

> 教师用书每册都有一个单元测验，我把这个单元测验放到了课程的网站上，学生做完以后，我可以看到学生的分数，哪方面提高了，哪方面还差一些，非常有效。（教师 B）

> Aha Chinese 平台里面植入了人工智能，可以对学生的口语练习进行打分评价，所以我们的学生在用完之后反馈也是比较好的。（教师 A）

> 教材总体的设计非常好，在局部设计上，练习册汉字书写的部分，包括笔顺和笔画，对于规范书写特别有用。（教师 H）

（3）版式设计美观

《走遍中国》的版式设计清晰美观，采用了欧洲外语教材常用的套色印刷方式，不同板块使用不同颜色印刷，竖版布局美观精致，符合欧洲特别是英国学习者的使用习惯。教材选用真实的照片作为配图，配图与教材内容结合紧密，符合成人学习者的需求。例如：

> 教材的整体布局有点像英文教学的原版教材，比如说插画很多，比如每一个模块用不同的背景色等等，能够让学习者从视觉上区分这一块的内容在说什么，那一块的重点是什么，比较符合国外教材的编写特点。因为这本书是中外合编的，所以它可能兼顾了这一点。（教师 E）

3. 强调在使用语言的过程中以自然的方式习得语法规则

《走遍中国》强调以学习者为中心，以3P教学法（presentation, practice, production，即演示、操练、成果）为指导呈现词汇和语法点，符合二语习得规律。教材倡导在使用语言的过程中以自然的方式去习得语法规则。教材利用表格清晰地展示语法结构并给出相应的例句，并未直接将语法解释呈现在当课的语法单元中，而是在最后的附录中专门给出规则描述，旨在让学习者在学习过程中自己归纳语法规则，并在有意义的交际情境中，在运用所学知识完成任务的过程中隐性地、潜移默化地内化语言结构。这种语法呈现方式注重启发式教学，采用发现式学习法，引导学习者在语法形式、功能和意义之间建立联系。例如：

> 教材强调学习者在大量文本输入的过程中，以自然的方式去习得语法规则，它不过分强调在课堂上解释显性复杂的语法规则，不会给学生造成学习很多枯燥的语法知识的压力，希望学生用一种隐性的、自然的方式来习得语言结构，我觉得这是它灵活性的体现，是很明显的优点，也是不同于其他教材的一个方面。（教师 A）

> 教材是根据西方学习者的语法学习习惯编写的，不是那么突出地单独讲语法，不像其他教材那样显性呈现，而是隐性呈现。语法的注释和翻译不是直接给学生的，而是提供了一组解释，有正确的，也有错误的，让学生选择哪个是正确的，应该在什么情况下使用。（教师 D）

一方面，参与者普遍认为这种方式很灵活，不会给学习者带来压力，符合欧洲学习者的语法学习习惯；另一方面，发现式语法编排模式对于教师来说非常具有挑战性，在教材篇幅有限的情况下需要教师在课堂教学中根据学生水平补充大量语料并引导学生从中发现语法规则。例如，教师 A 认为"教材对教师的要求非常高，我在词汇、语法、句式的讲解方面需要花费很多时间为学生补充大量的典型例句和上下文语境。然而如果教师与教材磨合得很好，也能够把教材的编写理念发挥到极致"；教师 D 则认为"选择正确语法解释"的练习不太适用于初级阶段的学生，"初级阶段的学生还没有能力辨别错误的语法解释，很容易对错误结构留下深刻的印象"；部分教师认为，语法例句中出现了未曾出现过的语言格式，会对学习者造成困扰。

4. 中国文化内容选择和呈现方式非常巧妙

《走遍中国》包含中国社会与人民生活、中国优秀传统和当代中国国情等文化内容。例如第二册的西安旅行、第三册的大学生支教、第四册的求职都从不同侧面体现了中国文化，也展示了中国改革开放四十多年来的变化。参与者普遍认为教材的文化内容编排十分合理，可以帮助学习者理解课文中的知识。例如：

> 教材第三册里边包括了中国整治沙漠、天津大学生去农村支教等内容。我觉得这些话题能够使国际学生对中国政府的环保措施有一定的了解，了解真实的中国；也能让英国大学生了解中国大学生支教的选择，可能和他们的大学生活很不一样。（教师 B）

> 《走遍中国》包含了很多体现中国优秀传统文化的内容，例如第三册中华武术的主题介绍了李小龙是怎么向世界传播和介绍中国文化的。（教师 A）

文化内容不仅呈现在对话和短文中，还呈现在每个单元第三课的"文化角"板块里。参与者普遍认为《走遍中国》的文化呈现方式非常巧妙，在"文化角"部分用学习者的母语来呈现，便于学习者理解文化内容，同时引发讨论兴趣。例如：

> 每一单元第三课的文化讨论是学生最感兴趣的，因为用英语来呈现文化内容，学生很容易理解，也减轻了初学者说中文的压力，所以他们是比较积极的，学习动机就提升了。（教师 C）

> 《走遍中国》在对话中体现了中国文化，例如春节时父母给孩子发红包，体现了中国父母通过给孩子压岁钱祝愿孩子在新的一年里茁壮成长的习俗。（教师 E）

5. 注重学习者自主学习能力的培养

学习者的自主学习能力是对自己的学习负责的能力。[①] QAA《课程标准》和《欧框 2020》中都指出要提高学习者的自主学习能力。《欧框 2020》提出了"面向行动"

---

① Holec，H. Autonomy and Foreign Language Learning [M]. Oxford：Pergamon Press，1979.

的外语教学理念，重视个人综合能力和语言交际能力的培养。该框架把语言使用者和学习者首先定性为社会人，他们需要在某一具体的社会行动范围内，根据特定的条件和环境，完成包括语言活动在内的各项任务。通过发展学习者的自主学习能力，在课程规划和教学方面实现真正的范式转变。

参与者普遍认为《走遍中国》能够有效促进学习者的自主学习能力，在字词学习、听力练习、阅读练习、交际活动等方面实现发现式学习，比如教材的词汇练习具有鲜明的自主学习色彩，图文配对的方式能加强学习者词汇学习的参与度。例如：

《走遍中国》特别能启发和帮助学习者自主学习。每一课刚开始都不是句型，而是词语之类的练习，通过做一些课堂活动，引导学习者自主学习、思考。它的生字不是说老师先讲，而是让学生把图片和汉字联系起来，学生自己去看图片，分组讨论。例如第二册第16页，有上课、起床、睡觉、做作业、做运动、吃饭这些词的拼音和图片，学生要自己联系起来，理解意思，那么学习就自然发生了。教材的这些活动都给学生提供了自主学习的机会。（教师D）

《走遍中国》还为学习者提供了单元测试和自我评估表，让学习者通过自我评价提高自主学习能力。

三、研究启示与建议

（一）充分考虑学习者水平编排语法练习并组织教材使用培训

《走遍中国》采用发现式语法编排模式，强调语言交际和自主学习，倡导在使用语言的过程中以自然的方式去习得语法规则。部分教师表示"选择正确语法解释"的练习虽然是在引导学生自己发现语法规则，但也给初级阶段的教学带来了一定的挑战。初级阶段的学生容易强化错误语法解释的记忆，这就需要教师补充大量例句，帮助学习者归纳出准确的语言结构。另外，教材的部分语法编排对中文学习规律的考虑不足，例如在首次呈现"把"字句时，一次性给出了"把"字句的四种格式，对教师和学习者提出了较高的要求。因此，后续教材修订建议充分考虑母语为英语的学习者掌握中文语法的实际情况，适度调整初级阶段教材的语法练习，减少错误的语法解释，避免对学习者造成困惑。在操练方面，建议提供形式更为多样化的练习，再次审查语法点的出现顺序及对应例句的合理性。

此外，建议出版社组织线上线下培训或工作坊，详细阐释教材教学理念，使赴海外任教的教师更好地理解英国的外语教学理念及教材编写理念，从而更高效准确地使用教材。同时建议在针对英国等欧洲国家孔子学院公派教师的培训中，有针对性地开设教材及教学资源使用课程，邀请教材使用经验丰富的本土教师分享教材应用案例，详细讲解当地外语教育理念指导下的教材应用方法与技巧。

（二）加强配套教学资源建设并补充真言真语教学素材

《走遍中国》配套了练习册、教师用书等教学资源，但是在数字化教学资源建设方面仍有不足。例如，教材配套的数字资源平台内容和功能有限，教材交互性不足，尚未将人工智能等新技术应用于教材建设中，等等。国际中文教育需要更具适应性，应跨越满足"国别化"需求的阶段，进一步实现"个性化"的知识供给。建议充分利用技术赋能配套教学资源建设，开发多样化、多模态、交互性强的数字化教学资源，为学习者提供更具个性化和针对性的语言教育服务。例如，开发基于大数据的学习者需求调查程序，创建与教材配套的虚拟学习平台，建设基于人工智能技术的练习资源，研发数字化的综合评价体系等。建议在 Aha Chinese 应用程序的基础上，面向英国、西班牙、德国等教材使用较多的国家开发便于学习者使用的手机 APP、电脑软件或网页程序，为学习者自主灵活地使用配套数字平台和教学资源提供条件，提升其自主学习能力。教材数字资源研发机构应更重视数字资源宣传工作，将其融入教师培训或教材使用研讨会中，从而保证数字资源能够为更多教师所用。

此外，建议在教材中根据级别选取更多真实语料作为教学内容。可参考英国普通教育证书高级水平考试（General Certificate of Education Advanced Level，简称 A-Level）指定文学、影视作品作为教学主题的做法，避免对真实语料进行不必要的修改，在符合版权保护规范的前提下，选用部分报刊网络上的文章，或者加入文学作品片段等。也可考虑建设由《走遍中国》话题主导的真实语言数字教学资源库，由出版社官方发布真实拍摄的新闻片段、纪录片或短视频片段，为使用《走遍中国》的教师提供一个共享教学资源的平台。

（三）紧跟时代发展，不断更新中国文化内容与话题

《走遍中国》选择了大量中国传统文化和现代中国人的交际文化作为课文内容，使用真实拍摄的照片作为插图，与时代结合紧密，体现了中国文化的多样性特点，每个单元的"文化角"板块也激发了学习者就文化差异展开讨论的兴趣。教材编辑团队在第一册和第二册的最新修订中已经对旧版教材中的许多图片进行了更新，从而更好地展示了"真实、立体、全面的中国"。建议在更新图片时，也随着时代发展不断更新中国文化内容与话题，选择更多能体现当代中国国情文化的内容，如冬奥会、中国航天事业、网络直播带货、当代大学生活等。文化内容的编排可参考中外语言交流合作中心 2022 年发布的《国际中文教育用中国文化与国情教学参考框架》。与时俱进的文化内容和话题也可作为补充资源纳入《走遍中国》线上教学资源库，定期更新，供教师选用。另外，《走遍中国》第三册中历史文化内容较多，距离学习者的现实生活较远，很难激发学生的兴趣；而学生感兴趣的商务话题则出现较晚，在第四册中才有体现，难以满足中文学习者对"中文＋职业技能"的学习需求。因此，建议对第三册和第四册教材中部分话题的内容与编排顺序进行调整。同时，也建议教材在练习和活动中更多地体现中外文化对比，从而有效促进中外文明交流互鉴。

作者：于泓珊，天津师范大学；车文兵，英国牛津大学

审定：丁安琪教授，华东师范大学；

杨飘编辑，外语教学与研究出版社

第五节　23部中国概况课教材内容编写分析

中国概况课是不同层次来华留学学历生（本科生、硕士研究生、博士研究生）的唯一公共必修课①，是高校开展来华留学生"课程思政"教育的重要举措之一，该课程的核心目标是培养学生全面认识中国国情与文化②。据调查，目前国外高校中文专业开设中国概况课的情况可分为三种类型：一是一些国家高校的中文专业普遍开设中国概况课，如越南高校；二是一些国家部分高校的中文专业开设中国概况课，如泰国高校；三是一些国家高校的中文专业没有专门开设中国概况课，但普遍开设与中国概况课专题相关的课程，如美国、日本、韩国等国的高校。本节选取了近30年的23部中国概况课教材，从教材出版现状、教材体例、教材专题三大方面入手进行教材的内容编写分析。23部教材的具体信息见表3-5-1：

表3-5-1　23部中国概况课教材出版信息

序号	编者	书名	时间及版本	出版社	出版社所在地
1	陈仁凤	中国概况	1994	上海教育出版社	上海
2-5	王顺洪	中国概况	1994第1版 2003第3版 2015第4版 2022第5版③	北京大学出版社	北京
6	夏自强	中国概况	1996	北京航空航天大学出版社	北京
7	高雄飞	当代中国概论	2004	暨南大学出版社	广州
8	孙岩、熊瑛、高侠等	中国概况	2007英文版	海洋出版社	北京

---

① 吴成年.近三十年中国概况课教材编写研究[J].华文教学与研究，2022（3）：77-86.
② 胡文华.国际学生中国概况课的定位、目标和教学模式[J].华南师范大学学报（社会科学版），2022（1）：72-82+206.
③ 未查到本书第2版信息。

续表

序号	编者	书名	时间及版本	出版社	出版社所在地
9	胡孝群、吴蕾	新编中国概况	2008	线装书局	北京
10	肖立	中国概况教程	2009	北京大学出版社	北京
11-12	郭鹏、程龙、姜西良	中国概况	2011 中文版 2012 英文版	高等教育出版社	北京
13	莫海斌、邵长超、蔡贤榜、李卫涛	中国概况	2012	暨南大学出版社	广州
14	包文英、刘弘	当代中国概况	2012	华东师范大学出版社	上海
15-16	宁继鸣	中国概况	2013 第 1 版 2018 第 2 版	北京语言大学出版社	北京
17	祁述裕	中国概况	2013	国家行政学院出版社	北京
18	张胜林	中国概况	2014	华中科技大学出版社	武汉
19	吴平	中国概况	2014	旅游教育出版社	北京
20	马莹	中国概况	2017	中国人口出版社、东北大学出版社	北京、沈阳
21-22	程爱民	中国概况	2018 中文版 2019 英文版	上海外语教育出版社	上海
23	吴中伟、胡文华	中国概况	2021	复旦大学出版社	上海

一、中国概况课教材出版现状分析

23 部中国概况课教材出版时间与编者信息见表 3-5-2，从中可以看出以下几个特点：

第一，中国概况课教材数量在三个 10 年[①]呈递增趋势。第一个 10 年出版 4 部，第二个 10 年出版 8 部，第三个 10 年出版 11 部；第三个 10 年的出版数量接近前 20 年的数量总和。这与中国国际地位提高、国际影响力提升、国内留学生学历生规模扩大以及中国概况课作为留学生学历生必修课教材的客观情况密切相关。

---

① 为叙述方便，这里把接近 10 年的时间段均看作 10 年。

表 3-5-2　23 部中国概况课教材出版时间与编者信息

时间段	该时间段出版教材总数及各年份具体出版数量	主编（第一作者）	教材版本数（单位：个）	教材编写者数量（单位：人）	主编（第一作者）单位	书名/出版时间及版本
第一个10年：1994—2003	4部 1994（2部） 1996（1部） 2003（1部）	陈仁凤	1	16	复旦大学	中国概况/1994
		王顺洪	4	1	北京大学	中国概况/1994第1版，2003第3版，2015第4版，2022第5版
		夏自强	1	4	教育部（原国家教委）	中国概况/1996
第二个10年：2004—2012	8部 2004（1部） 2007（1部） 2008（1部） 2009（1部） 2011（1部） 2012（3部）	高雄飞	1	7	暨南大学	当代中国概论/2004
		孙岩	1	6	不详	中国概况/2007英文版
		胡孝群	1	3	中央美术学院	新编中国概况/2008
		肖立	1	1	北京语言大学	中国概况教程/2009
		郭鹏	2	3	北京语言大学	中国概况/2011中文版，2012英文版
		莫海斌	1	4	暨南大学	中国概况/2012
		包文英	1	2	华东师范大学	当代中国概况/2012
第三个10年：2013—2022	11部 2013（2部） 2014（2部） 2015（1部） 2017（1部） 2018（2部） 2019（1部） 2021（1部） 2022（1部）	宁继鸣	2	4	山东大学	中国概况/2013第1版，2018第2版
		祁述裕	1	13	国家行政学院	中国概况/2013
		张胜林	1	5	华中科技大学	中国概况/2014
		吴平	1	7	北京第二外国语学院	中国概况/2014
		马莹	1	5	东北大学	中国概况/2017
		程爱民	2	17	南京大学	中国概况/2018中文版，2019英文版
		吴中伟	1	21	复旦大学	中国概况/2021

第二，中国概况课教材出版频率越来越高。第一个 10 年，1994 年同年出版 2 部教材，此后 2 年、7 年分别只出版了 1 部新教材。第二个 10 年，教材出版时间间隔缩短，平均 1—3 年会出版一部新教材；其中 2012 年出版数量达到高峰，为 3

部。第三个 10 年，几乎每年都会出版新教材；且同年出版多部教材的现象增多，如 2013 年 2 部、2014 年 2 部、2018 年 2 部。

第三，中国概况课教材以合作编写为主，且成为趋势。23 部教材中仅 5 部教材为单人编写，其中 4 部教材（王顺洪，1994、2003、2015、2022）为同一人编写，是不同年代的版本；其余 18 部教材皆为合作编写。

第四，高校研发的中国概况课教材成为主流。23 部教材主编，除孙岩单位不详外，只有一部教材（夏自强，1996）的主编来自教育部，其余 21 部教材的主编来自国内 12 所高校。北京大学、北京语言大学、复旦大学、山东大学、暨南大学、南京大学 6 所高校研发的教材数量达 15 部，占中国概况课教材出版总数的半数以上。

第五，教材整体上不断推陈出新，但同一教材更新少。自 1994 年以来先后出版了 23 部教材，只有王顺洪和宁继鸣主编的教材进行过修订，其余教材皆为第 1 版，后续并未进行更新修订。

第六，中文版教材居多，英文版较少。只有 3 部英文版教材，其中孙岩等（2007）仅有英文版，郭鹏等（2012）和程爱民（2019）为前一年中文版教材的英文版翻译。

二、教材体例结构统计分析

（一）教材整体体例结构分析

由表 3-5-3 可以看出：教材整体体例相对固定，23 部教材整体体例项目总数达 11 项，一部教材整体体例的项目数为 4—7 项。前言、目录、各章内容、各章（单元）练习是中国概况课教材整体体例最主要的部分，参考书目、附录次之；附录多为"中国行政区划图 / 表""中国历史朝代表""中国法定节日"等。

表 3-5-3 教材整体体例构成分布

教材整体体例构成	陈仁凤1994	王顺洪2003	王顺洪2015	王顺洪2022	夏自强1996	高雄飞2004	孙岩等2007	胡孝群等2008	肖立2009	郭鹏等2012	郭鹏等2012	莫海斌等2012	包文英等2012	宁继鸣2013	宁继鸣2018	祁述裕2013	张胜林2014	吴平2014	马莹2017	程爱民2018	程爱民2019	吴中伟等2021	各项分布总数（单位：部）
1. 前言（序、总序、编写说明、修订说明）	√		√	√	√	√	√		√	√	√	√		√	√		√	√	√	√	√	√	21
2. 内容提要（内容简介）					√					√							√						3
3. 使用说明										√												√	2
4. 图片索引	√									√													2
5. 目录	√	√	√	√	√	√	√	√	√	√	√	√	√	√	√	√	√	√	√	√	√	√	23
6. 各章内容	√	√	√	√	√	√	√	√	√	√	√	√	√	√	√	√	√	√	√	√	√	√	23
7. 全书附录（补充资料）	√		√	√			√		√	√					√								10
8. 各章（单元）练习	√	√	√	√	√	√	√	√	√	√	√	√	√	√	√		√	√		√	√	√	19
9. 思考题参考答案													√										1
10. 参考书目（参考文献）	√	√	√	√	√	√	√	√		√	√	√				√	√	√	√	√	√	√	13
11. 后记					√																		4
各教材整体体例项目总数（单位：项）	4	6	6	6	6	5	4	4	4	7	6	6	5	5	5	5	6	5	6	5	5	4	/

（二）教材单章体例结构分析

由表 3-5-4 可以看出以下特点：

第一，23 部教材单章体例项目总数达 17 项，其中总数为 7 项的教材最多，有 5 部；总数为 6 项的教材有 4 部；总数为 5 项、8 项的教材各有 3 部；总数为 10 项、9 项、4 项的教材各有 2 部；少数为 3 项（1 部教材）、2 项（1 部教材）。15 部教材集中在 5—8 项，约占 23 部教材的 65%。

第二，17 项教材单章体例项目中，在 23 部教材中分布超过半数以上的有：标题 23 部；正文 23 部；表格 22 部；练习 19 部；图片 17 部；注释 15 部。分布不到半数的有：延伸阅读、读前思考题、本章节附录 3 部；导入、生词表、小知识、推荐书目 2 部；本节关键词、专名、随文补充资料 1 部。

第三，教材体例形式多样。首先，相同或类似的教学内容，在不同教材中以不同的形式呈现。例如，同是相关文化背景知识，郭鹏等（2011）设置页边注，程爱民（2018）设置"小知识"专栏，吴中伟等（2021）则提供"随文补充资料（二维码）"由学生自主查看。再如，同是内容提示，宁继鸣（2018）设计"内容提要"专栏，吴平（2014）则以"本节关键词"形式进行提示。其次，注释形式多样，有夹注、脚注、页边注、独立小节四种形式。再次，练习题形式多样，共 17 种题型。其中，思考题分布教材最多，达 16 部；再者为小组讨论 6 部，填空题、调研实践各 4 部，选择题 3 部；判断、连线等 12 种题型，各 1—2 部。

第四，体例编写与时俱进，变化明显。中国概况课教材内容多、范围广，前期的中国概况课教材基本没有词语、文化注释，从学习者学习的角度出发，这样的教材阅读起来有较大困难。自郭鹏等（2011）开始，越来越多的编写者注重学习者的学习体验，为学习者提供了更为便利的注释和更加多样的练习，同时还增加了拓展阅读，并随文补充相关资料（采用二维码形式）。

表 3—5—4 教材单章体例构成分布[①]

教材单章体例构成	陈仁凤 1994	王顺洪 1999	王顺洪 2003	王顺洪 2015	王顺洪 2022	夏自强 1996	高雄飞 2004	孙岩等 2007	胡孝群等 2008	肖立 2009	郭鹏等 2011	郭鹏等 2012	莫海斌等 2012	包文英等 2012	宁继鸣 2013	宁继鸣 2018	祁述裕 2013	张胜林 2014	吴平 2014	马莹 2017	程爱民 2018	程爱民 2019	吴中伟等 2021
1. 标题	√	√	√	√	√	√	√	√	√	√	√	√	√	√	√	√	√	√	√	√	√	√	√
2. 内容提要									√	√	√	√					√	√		√	√	√	
3. 本节关键词																							
4. 导入											√	√											
5. 读前思考题	√		√	√	√	√	√	√	√		√		√				√						√
6. 本章正文	√	√	√	√	√	√	√	√	√	√	√	√	√	√	√	√	√	√	√	√	√	√	√
7. 图片														√							√	√	√
8. 表格	√		√	√	√	√	√	√	√	√	√	√	√	√	√	√	√	√	√	√	√	√	√
9. 生词表																							
10. 专名								√															
11. 小知识（相关的背景、文化知识）														√									
12. 延伸阅读（拓展阅读）															√				√		√	√	
13. 夹注注释 – 正文夹注拼音		√	√	√																			
13. 夹注注释 – 正文夹注翻译（中/英）												√											

[①] 统计教材项目总数以及各项目出现次数时，练习题和注释均各作为一大类进行统计。

续表

教材单章体例构成	陈仁凤1994	王顺洪1993	王顺洪2015	王顺洪2022	夏自强1996	高雄飞2004	孙岩等2007	胡孝群等2008	肖立2009	郭鹏等2011	郭鹏等2012	莫海斌等2012	包文英等2012	宁继鸣2013	宁继鸣2018	祁述裕2013	张胜林2014	吴平2014	马莹2017	程爱民2018	程爱民2019	吴中伟等2021
13.注释 脚注（综合性：词语、语言点、背景知识）								√		√	√											
词语释义																√			√	√		√
页边注 关键词解释说明								√		√	√			√			√					
相关背景知识										√	√		√	√	√							
图片										√												
独立小节（综合性：词语、语言点、背景知识）									√									√				
14.推荐书目（参考资料）																		√				
15.本章节附录														√					√			√
16.随文补充资料（二维码）																						
17.练习题 选择题													√		√				√			√
阅读材料填写表格																	√					
阅读材料回答问题																				√		√
根据材料在地图上标注位置																						√

续表

教材单章体例构成	陈仁凤1994	王顺洪2003	王顺洪2015	王顺洪2022	夏自强1996	高雄飞2004	孙岩等2007	胡孝群等2008	肖立2009	郭鹏等2012	郭鹏等2012	莫海斌等2012	包文英等2012	宁继鸣2013	宁继鸣2018	祁述裕2013	张脺林2014	吴平2014	马莹2017	程爱民2018	程爱民2019	吴中伟等2021
填空题（选词填空）	✓												✓		✓				✓			✓
看图说话													✓									
判断																			✓			
连线																						✓
用关键词写短文										✓												
关键词句理解			✓	✓																		
按照时间先后排序		✓	✓	✓				✓	✓													
思考题（问答题、简答题）	✓	✓	✓	✓					✓		✓		✓	✓	✓	✓	✓	✓		✓	✓	✓
辩论																						✓
17. 练习题 小组讨论（思考与讨论）										✓	✓	✓	✓	✓	✓				✓			✓
单章体例 小组活动																			✓			✓
调研实践										✓	✓											✓
个人报告																						✓
各教材单章体例项目总数（单位：项）	2	5	6	6	4	4	3	6	7	10	9	5	10	7	7	5	8	9	8	8	7	7

三、教材专题统计分析

(一)教材专题分布统计分析

由表 3-5-5 可以看出,中国概况课教材的专题分布具有以下特点:

第一,23 部中国概况课教材涉及 25 个专题,各专题在教材中的分布数由多到少依次为:地理、历史(23 部);人口(22 部);民族、政治、经济、科学技术(21 部);教育、艺术(18 部);民俗、外交/国际交往(17 部);文化、法律、文学、哲学/传统思想、城乡(15 部);宗教(13 部);旅游(12 部)(以上专题分布皆超过半数);医疗卫生、语言文字(11 部);人民生活(10 部);环境保护(9 部);军事/国防(8 部);体育/武术(6 部);移民(4 部)(以上专题分布均未超过半数)。

第二,中国概况课教材专题数大多为 15—18 个,最少 9 个(孙岩等,2007),最多 22 个(吴平,2014)。其中包含 17 个专题的教材最多,达 10 部,占 43%;包含 15—18 个专题的教材有 17 部,占 74%。这与目前绝大多数高校实际教学周期较为一致。此外,近 10 年的教材专题总数整体较高,23 部教材中专题总数达到或超过 20 个的 3 部教材皆为近 10 年出版的。

《国际中文教育用中国文化和国情教学参考框架》(以下简称《参考框架》)对中国文化和当代国情的教学内容和目标进行了梳理和描述。本节将中国概况课教材专题与《参考框架》文化项目进行对照,发现了以下两个特点:

《参考框架》中大部分的二级文化项目常作为独立专题出现,如"历史、文学、艺术、传统思想、宗教、科技、地理、中外交流、人口与民族、教育、经济、外交、语言文字"专题;有的则作为某个专题内的项目,如"饮食、居住、衣着、出行、家庭、休闲、购物"等文化项目常归入"人民生活"或"民俗"专题。"语言交际"和"非语言交际"这两个文化项目则鲜有出现。中国概况课教材也有一些《参考框架》以外的文化项目,如"军事/国防、体育/武术、旅游"等。

《参考框架》一级文化项目"传统文化"下有二级文化项目"文学""艺术""发明",一级文化项目"当代中国"下有二级文化项目"文学艺术""科技",这是《参考框架》以传统和现代视角展示中国的体现。在中国概况课教材中,一般以"文学""艺术""科技"专题呈现,专题内容同时涵盖传统与现代的内容。

表 3-5-5 教材专题分布统计

教材专题	陈仁凤 1994	王顺洪 1999	王顺洪 2003	王顺洪 2015	王顺洪 2022	夏自强 1996	高雄飞 2004	孙岩等 2007	胡孝群等 2008	肖立 2009	郭鹏等 2011	郭鹏等 2012	莫海斌等 2012	包文英等 2012	宁继鸣 2013	宁继鸣 2018	祁述裕 2013	张胜林 2014	吴平 2014	马莹 2017	程爱民 2018	程爱民 2019	吴中伟等 2021	专题分布总数（单位：部）
1. 地理	√	√	√	√	√	√	√	√	√	√	√	√	√	√	√	√	√	√	√	√	√	√	√	23
2. 环境保护									√	√			√	√	√				√			√	√	9
3. 人口	√	√	√	√	√	√	√	√	√	√	√	√	√	√	√	√		√	√	√	√	√	√	22
4. 民族	√	√	√	√	√	√	√		√	√	√	√	√	√	√	√	√	√	√	√	√	√	√	21
5. 宗教	√	√	√	√	√				√	√	√		√		√	√		√	√		√	√	√	13
6. 历史	√	√	√	√	√	√	√	√	√	√	√	√	√	√	√	√	√	√	√	√	√	√	√	23
7. 政治	√	√	√	√	√	√		√	√	√	√	√	√	√	√	√	√	√	√	√	√	√	√	21
8. 经济	√	√	√	√	√	√	√	√	√	√	√	√	√	√	√	√	√	√	√	√	√	√	√	21
9. 文化	√		√	√	√				√	√	√	√	√	√	√	√	√	√		√	√	√	√	15
10. 教育	√	√	√	√	√		√	√	√	√	√	√	√	√	√	√	√	√	√	√	√	√	√	18
11. 法律		√	√	√	√	√			√	√	√	√		√	√	√			√		√	√	√	15
12. 军事/国防	√									√	√	√	√	√		√	√					√	√	8
13. 医疗卫生	√	√	√	√	√	√			√			√							√	√	√	√	√	11
14. 民俗	√	√	√	√	√	√		√		√	√	√	√	√	√	√	√		√	√	√	√	√	17

续表

教材专题	陈仁凤1994	王顺洪2003	王顺洪2015	王顺洪2022	夏自强1996	高雄飞2004	孙岩等2007	胡孝群等2008	肖立2009	郭鹏等2011	郭鹏等2012	莫海斌等2012	包文英等2012	宁继鸣2013	宁继鸣2018	祁述裕2013	张胜林2014	吴平2014	马莹2017	程爱民2018	程爱民2019	吴中伟等2021	专题分布总数（单位：部）
15. 体育/武术													√							√	√		6
16. 移民						√				√		√										√	4
17. 人民生活			√	√				√	√				√					√				√	10
18. 语言文字	√	√	√	√	√				√			√		√				√		√	√	√	11
19. 文学	√	√	√	√	√			√			√	√	√		√			√		√	√	√	15
20. 艺术	√	√	√	√	√			√	√	√	√	√	√	√	√	√		√		√	√	√	18
21. 科学技术	√	√	√	√	√				√	√	√	√	√	√	√	√	√	√	√	√	√	√	21
22. 哲学/传统思想	√	√	√	√	√			√	√		√	√						√	√	√	√	√	15
23. 旅游	√	√	√	√	√								√	√				√	√			√	12
24. 外交/国际交往	√	√	√	√	√			√	√	√	√	√		√	√	√	√	√		√	√	√	17
25. 城乡	√												√	√	√	√	√	√	√	√	√	√	15
教材专题总数（单位：个）	16	17	17	17	17	11	9	18	15	17	17	15	18	18	20	17	16	22	12	17	17	21	/

（二）教材专题分布次序统计分析

由表 3-5-6 可以看出：按照本节对各专题分布次序的统计，各专题在 23 部教材中按"该专题最常出现的次序"排列依次为：(1) 地理；(2) 历史；(3) 人口；(4) 民族；(5) 政治、人民生活；(6) 法律、语言文字；(7) 宗教、经济；(8) 城乡；(9) 科学技术；(10) 教育、医疗卫生；(11) 移民、哲学/传统思想；(12) 文学；(13) 艺术；(14) 环境环保、民俗；(15) 旅游；(16) 军事/国防、体育/武术、外交/国际交往；(17) 文化。"地理"包括地理特点、自然资源、疆域、行政区划，常作为教材的第一章内容；此外，部分专题经常同时或先后出现，如"人口"与"民族"、"政治"与"法律"、"经济"与"城乡"、"军事/国防"与"外交/国际交往"、"文学"与"艺术"。

（三）教材专题所占篇幅比例统计分析

由表 3-5-7 可以看出：各专题在 23 部教材的篇幅平均值多低于 10%，由多到少依次为：历史（11.9%）＞人民生活（9.6%）＞旅游（8.2%）＞经济（7.9%）＝艺术（7.9%）＞哲学/传统思想（7.7%）＞文化（7.6%）＞地理（7.2%）＞政治（7.1%）＞民俗（6.8%）＝文学（6.8%）＞教育（6.2%）＞体育/武术（5.7%）＞科学技术（5.5%）＞外交/国际交往（4.9%）＞宗教（4.5%）＞民族（4.4%）＞移民（4.3%）＞环境保护（3.7%）＝人口（3.7%）＞军事/国防（3.6%）＝医疗卫生（3.6%）＞语言文字（2.5%）＞法律（1.7%）＝城乡（1.7%）。其中"历史"篇幅最多，"法律"和"城乡"篇幅最少。

本节将 23 部教材每部教材的总篇幅（去除前言、目录、附录，仅计算与专题相关的各章内容与练习）相加，再除以 23，得出 23 部教材平均总篇幅为 237.3 页。如前所述，教材专题数大多集中在 15—18 个，此类教材各专题平均篇幅占比为 6.3%—7.6%，"文化、地理、政治、民俗、文学"这 5 个专题在 23 部教材所占篇幅的平均值处于该范围。同时，内容的重要性、难易度等都是影响篇幅多少的因素，由表 3-5-7 可知，"历史、人民生活、旅游、经济、艺术、哲学/传统思想"这 6 个专题在 23 部教材所占篇幅的平均值高于 7.6%。

表 3-5-6 教材专题分布次序统计

教材专题	陈仁凤1994	王顺洪1994	王顺洪2003	王顺洪2015	王顺洪2022	夏自强1996	高雄飞2004	孙岩等2007	胡孝群等2008	肖立2009	郭鹏等2011	郭鹏等2012	莫海斌等2012	包文英等2012	宁继鸣2013	宁继鸣2018	祁述裕2013	张胜林2014	吴平2014	马莹2017	程爱民2018	程爱民2019	吴中伟等2021	专题最常出现的次序
1. 地理	9	1	1	1	1	1	1	1	16	1	1	1	1	1	2	2	1	4	2	1	1	1	2	1
2. 环境保护									8	11	14	14	10	15			15		14				6	14
3. 人口	8	3	3	3	3	2	2	3	11	3	13	13	3	4	3	4	3	5	7	9	2	2	3	3
4. 民族	8	4	4	4	4	3	8	2	3	4			3	4	6	5	4	6	10	8	3	3	4	4
5. 宗教	7					4	9	4	2	2	3	3	7	14			5	14	20		7	7	18	7
6. 历史	10	2	2	2	2	2	3	5	17	5	12	12	4	5	6	7	2	3	1	3	5	5	7	2
7. 政治	1	5	5	5	5	5	6	7	1	5	17	17	5	6	1	1	6	1	5	7			1	5
8. 经济	2	7	7	7	7	9	5		4	9	2	2	9	10	8	9	8	7	11				9	7
9. 文化	17	17	17	17	17	12	4		13	15			15	16	13	14	13	9	22	12	11	11	21	17
10. 教育	5	10	10	10	10	10		6	7	13	10	10	6	11	12	14	7	9	12		14	14	11	10
11. 法律		6	6	6	6	8	7	8	7	6				7		8	7		6				8	6
12. 军事/国防						7			12	7	16	16		9			16				15	15	14	16
13. 医疗卫生	6								9					13	13	13			21				12	10

教材主编写出版时间

续表

教材专题	陈仁凤1994	王顺洪1994	王顺洪2003	王顺洪2015	王顺洪2022	夏自强1996	高雄飞2004	孙岩等2007	胡孝群等2008	肖立2009	郭鹏等2011	郭鹏等2012	莫海斌等2012	包文英等2012	宁继鸣2013	宁继鸣2018	祁述裕2013	张胜林2014	吴平2014	马莹2017	程爱民2018	程爱民2019	吴中伟等2021	专题最常出现的次序
14.民俗	16	14	14	14	14	16			10		8	8	13		17	18		15	4	10	17	17		14
15.体育/武术														17	18	19		11			16	16		16
16.移民	11					13	10				11	11	8				9							11
17.人民生活	12	12	12	12	12	14			5	12	5	5		18	5	20		2	8	11	10	10	16	5
18.语言文字	13	13	13	13	13	15					6	6	14		15	6	11	12	16		8	8	5	6
19.文学	14	9	9	9	9	11			18		7	7			16	16	12	13	17	5	9	9	19	12
20.艺术	15	11	11	11	11				14	14	9	9	11	12	11	17	14	10	18	6	13	13	20	13
21.科学技术	4	15	15	15	15	17	11	9	15		4	4	12	2	14	12	10	16	13	4	6	6	10	9
22.哲学/传统思想	15	11	11	11	11						15	15		8	15	3	17		19	2	4	4	17	11
23.旅游	4	16	16	16	16										10	11		16	3				13	15
24.外交/国际交往																								16
25.城乡	3	8	8	8	8				6	10					9	10	10	8	9		12	12	15	8

表 3-5-7　教材专题所占篇幅比例统计[①]

教材专题	该专题在 23 部教材所占篇幅平均值
历史	11.9%
人民生活	9.6%
旅游	8.2%
经济	7.9%
艺术	7.9%
哲学/传统思想	7.7%
文化	7.6%
地理	7.2%
政治	7.1%
民俗	6.8%
文学	6.8%
教育	6.2%
体育/武术	5.7%
科学技术	5.5%
外交/国际交往	4.9%
宗教	4.5%
民族	4.4%
移民	4.3%
环境保护	3.7%
人口	3.7%
军事/国防	3.6%
医疗卫生	3.6%
语言文字	2.5%
法律	1.7%
城乡	1.7%

[①] 若该专题分布教材数为 n 部，则该专题在 23 部教材的篇幅平均值 = (该专题在教材 1 的篇幅占比 + 该专题在教材 2 的篇幅占比 + …… + 该专题在教材 n 的篇幅占比)/n，该数值在表 3-5-7 中由高到低排序。

四、思考与建议

在教材出版方面，中国概况课教材当然要与时俱进，实时展现中国的新变化、新发展，却也不可一味追求出版速度。当前新教材出版速度快，却鲜有在旧版本基础上更新的修订版。研发团队和出版社应首先争取打造可以供教师长期且稳定使用的精品教材，然后再与时俱进地推出修订版教材。

在教材体例方面，整体体例在保有前言、目录、各章内容、各章练习的基础上，可以根据教材需要增加本书内容简介、使用说明、附录、练习参考答案等内容。单章体例以标题、正文、图表、图片、练习、注释为必备项；可以增加围绕正文的附属项目，如导入、内容提要、本节关键词等。教材的练习题应以思考题、小组讨论、延伸阅读、填空、选择为主，不宜设计难度过高、过于复杂的练习，像调研实践、个人报告这类练习题可以有，但不建议多，以免占用学生大量课外时间。

在教材专题方面，根据 23 部教材专题分布频率的高低，可将分布数达半数及以上的 17 个专题作为优先选择专题，即"地理、历史、人口、民族、政治、经济、科学技术、教育、艺术、民俗、外交/国际交往、文化、法律、文学、哲学/传统思想、城乡、宗教"；其他未达半数的 8 个专题则作为候选专题，即"旅游、医疗卫生、语言文字、人民生活、环境保护、军事/国防、体育/武术、移民"。23 部教材的专题数集中在 15—18 个，现有教材中"地理、历史、人口、民族"专题常处于教材前半部分，"历史、人民生活、旅游、经济、艺术、哲学/传统思想"篇幅偏多。建议教材编者在编写教材时，设计、选择符合学习者语言水平、能多方面展示中国国家形象的专题。可以参考《国际中文教育用中国文化和国情教学参考框架》文化教学目标与文化项目，立足于传统与现代的维度、国家与个体的层面、历时和共时的视角，从不同维度全面展示中国全貌，增进学习者对中国的了解与理解。

作者：吴成年、笪舒婷，北京师范大学

第四部分 数字篇

主持人：徐娟，北京语言大学

第一节 国际中文教育数字资源发展概览（2022）

党的二十大报告指出，要"推进教育数字化，建设全民终身学习的学习型社会、学习型大国"。数字化转型有助于促进科技与教育的双向赋能、系统融合，构建起更具柔韧性、永续性、智能性、开放性的教育生态。

为顺应国家教育数字转型和智能升级的号召，国际中文教育迎来了数字化转型的新契机。未来，国际中文教育需要在《国际中文教育中文水平等级标准》（以下简称《等级标准》）等文件的指引下，依托数据智能技术来强化国际中文教育数字教学资源（以下简称"数字资源"）建设，筑强国际中文教育新基建，赋能教、学、管、评、测、服务、治理等全场景、全流程、全要素的创新与变革，最终迈向教学精准化、学习个性化的智慧教育新样态[①]。

一、数字基座助力国际中文教育高质量发展

数字资源作为国际中文教育数字化转型的数字基座，是实现国际中文教育高质量发展的动力源。在全球数字化转型的格局下，2022年涌现出了一批高品质的国际中文教育数字资源。这些数字资源秉持教育部部长怀进鹏提出的"应用为王、服务至上、简洁高效、安全运行"的原则[②]，有效整合了人工智能、学习分析、教育元宇宙、多模态知识表征等新兴技术，营建了"云网边端"一体化的数字学习空间，让

---

① 刘利，刘晓海. 关于国际中文智慧教育的几点思考[J]. 语言教学与研究，2022（5）：1-9.
② 怀进鹏. 数字变革与教育未来——在世界数字教育大会上的主旨演讲[J]. 中国教育信息化，2023（3）：3-10.

中文学习环境呈现出数据的程序化建模、资源的适配性供给和交互的沉浸式体验等新特征。

（一）数字资源设计坚持需求牵引、应用为王

数字资源的设计应始终以满足国际中文教师和学习者的需求为根本遵循，立足具体场景下的教学需求，不断优化资源内容、功能、呈现等的设计。例如，"初级汉语语法点微课62讲"（以下简称"62讲"）是面向1—3级中文语法教学的系列微课。该资源对标《等级标准》对不同等级语法项目的要求，通过教师真人讲解、PPT课件支持的形式，为使用者提供自然的导入、浅显的释义、恰当的例句、典型的图片和丰富的操练。再如，中文联盟平台推出"中文乐园"（英、西、法、俄语）系列微课，设计了适合海外中小学生的故事情节和主线人物，通过动画形式引导学生潜移默化地习得汉语基本词汇，并在生活中学以致用。

（二）数字资源研发坚持系统整合、有效集成

各类数字资源应按照"应联尽联"的原则，集合多种现代教育技术和数字教学素材，实现技术与资源的系统性整合，将散落各处的资源"珍珠"串成"项链"。例如，"国际中文智慧教学系统"有效集成了语音识别、语音评测、自适应推荐、自动出题、数据可视化等智能技术，同时也以"融课件"为核心资源，广泛联通了教材、例句、大纲、视频等不同数字资源；"中文联盟""全球中文学习平台"等数字资源聚集了微课、慕课、直播课等同步、异步场景下的课程资源；在《等级标准》的指引下出现了一批优质数字资源，包括"国际中文学习词典APP""字帖生成器""国际中文水平评测工具""汉字词汇等级查询"等，通过整合多种数字资源，全面赋能国际中文教育"教、学、管、评、测"等全场景和全流程。

（三）数字资源应用坚持开放合作、共建共享

由政府、企业、高校、教师个人等多方参与的数字资源建设共同体日渐形成，包括北京语言大学出版社、华语教学出版社等几十家出版社在内的合作伙伴，合作开发了大量优质数字资源。例如，"全球中文学习平台"汇集多家科研院所、相关高校和企事业单位的研究成果，构建资源共建格局，为海内外中文学习者提供多元的中文学习资源和应用，利用语音识别、测评等先进技术手段，满足中文学习者的

个性化需求。此外，在中外语言交流合作中心（以下简称"语合中心"）的统筹下，通过"国际中文教学资源建设项目"打造了一批规范化、标准化的数字资源，进一步促进了优质资源的共建共享。随着用户数量的不断攀升，各类资源在持续应用中优化供给，在广聚众力中完善提升。

（四）数字资源管理坚持安全为要、服务至上

在线学习带来的个人设备增多、信息采集过度等问题，使得学习者数据隐私的保障成为隐患。各类数字资源应通过强化对学习终端的检测和响应，采用公开、透明的数据采集与管理方式，构建网络安全监管和预警机制等一系列举措，增强数字空间中文学习的安全性。同时，各类数字资源还应积极践行"服务至上"的理念，通过搭建用户体验交流社区，找准资源的进化方向，不断迭代产品版本，持续优化内容供给，及时回应用户关切。

（五）数字资源评价坚持数据循证、科学多维

随着数字资源交互性特征的不断增强，其评价方式也日趋多元。通过对各资源平台注册人数、评分数值、使用时长、评论文本等多模态学习行为数据的采集和分析，可以实现数据驱动的科学化数字资源评价。

二、数字资源建设成果丰硕

总体上看，2022年数字资源建设与应用取得了丰硕的成果。数字资源包括以"中文智慧教室"为代表的数字教室，以"国际中文智慧教学系统"为代表的数字平台，以"JUZI汉语"融媒词典为代表的数字应用，以"62讲"为代表的数字课程，以《体验汉语VR视听说教程（中级）》为代表的数字教材，以及以"汉语助研"为代表的数字教研产品。（图4-1-1）

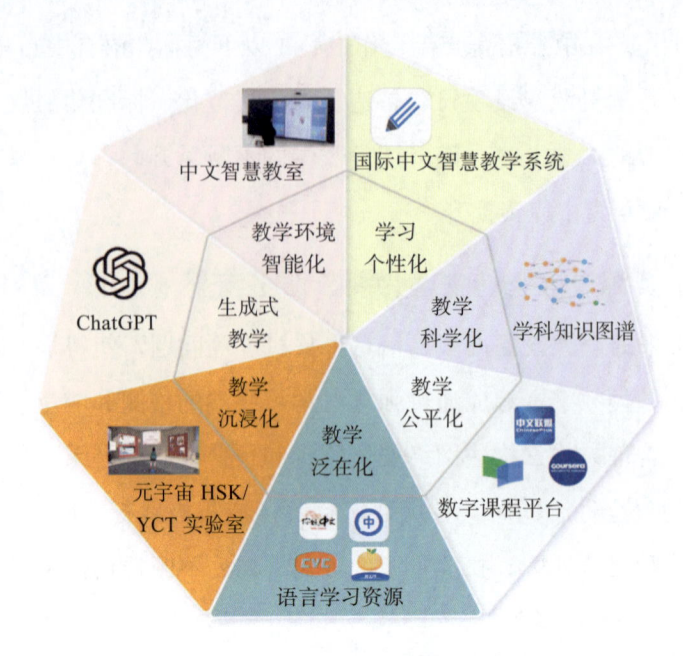

图 4-1-1　国际中文教育数字资源

第一，中文智慧教室助力中文教学环境智能化。"中文智慧教室"是语合中心服务全球中文教学的新品牌，通过精选课程、资源平台与智慧大屏的有机结合，提供了一种适用于互联网时代的全新中文教学解决方案。"中文智慧教室"通过"一师一屏三课"的模式，为国际中文教育创新发展注入了活力[①]。2022年，语合中心在北京语言大学、华东师范大学等设立智慧教室样板间、示范点，同时在10个国家共建11个中文智慧教室[②]，并研发了与之相配套的评价标准和交互课件。

第二，智慧教学平台助力中文学习个性化。北京语言大学 2022 年 6 月 18 日面向全球正式发布"国际中文智慧教育工程"核心成果"国际中文智慧教学系统 1.0 版"。该平台可以精准构建学习者画像，智能定制个性化的学习方案和教学资源，为教师精准开展教学活动提供全流程的信息化和智能化支撑，更加科学有效地对学习者进行评价。截至 2023 年 1 月底，智慧教学系统共开设课程 143 门，服务留学生 546 人，覆盖了来自 55 个国家的高、中、低各学段的国际学生。

第三，教育知识图谱助力中文教学科学化。知识图谱自 2012 年由谷歌提出后，

[①] 网络时代中文教学新方案！一起走进"语合智慧教室"[EB/OL].（2022-01-19）[2023-01-10]. https://mp.weixin.qq.com/s/AGHcVfVlo79gLzzQGSL16A.

[②] 一组关键词，记录国际中文教育不平凡的 2022！[EB/OL].（2022-12-31）[2023-01-10]. https://mp.weixin.qq.com/s/BWTaHEV3tMrOz2m-bCJHuw.

已广泛应用于信息检索、关联查询、智能推荐等场景及教育、医疗、电子等领域。国际中文教育知识图谱通过对学科知识的结构化存储和图形化呈现，可以进一步揭示知识间的语义关系，形成国际中文知识体系，进而服务测试习题、学习资源、学习路径等的个性化推荐。2022年，该领域已经陆续建成了基于《等级标准》的语法点知识图谱、词汇知识图谱、历史文化词汇知识图谱、写作知识图谱等一系列学科知识图谱，并依托图谱设计了多款国际中文自适应学习系统。

第四，数字课程助力中文教学公平化。2022年，"中文联盟""中国大学MOOC""Coursera"等各大数字课程平台持续为全球中文学习者提供各类课程，促进了优质资源的输送，以及中文国际传播的网络化、均衡化。其中，"中文联盟"云服务教学平台服务能力持续提升，2022年已上线《开讲了》、《"字"从遇见你》（第一季）、《我的汉字故事》（第一季）等新品课程，目前平台累计上线课程已达300多个门类1.8万多节，惠及全球200多个国家和地区的逾千万中文学习者，支持中外机构在全球26个国家共建50家网络中文课堂[1]。

第五，数字应用支持中文教学泛在化。"HelloChinese""e学中文"等数字应用为学习者提供了发音、记词、翻译、对话等多功能的语言学习资源，助力学习者随时、随地、随需要开展学习。中文视听语料库（Chinese Video Corpus，缩写为CVC）为用户提供真实语料和真实语境下的可视化、场景化、个性化语言材料检索服务。平台集视频语料采集、标注、检索、播放功能为一体，实现了以多模态、跨媒体语料检索为核心的资源型、智慧化语言教学应用。此外，2022年末，我国首部外向型汉语融媒词典"JUZI汉语"上线并投入使用，该词典能够满足碎片化学习的需求，还为教师提供了贴合教学的语言内容和多媒体资源。

第六，教育元宇宙赋能中文教学沉浸化。随着XR（包括VR、AR、MR）技术与中文教学的不断融合，国内外开始出现国际中文教育元宇宙产品。国内代表案例是由华东师范大学研发的国内首例国际中文教育元宇宙，国外典型案例是泰国清迈大学研发的"元宇宙HSK/YCT实验室"。后者通过打造面向不同等级学习者的"元宇宙+中文"的教学资源，让学习者用游戏化的方式学习汉字、沉浸式阅读、观看中文纪录片、领略中华文化。

---

[1] 一组关键词，记录国际中文教育不平凡的2022！[EB/OL].（2022-12-31）[2023-01-10]. https://mp.weixin.qq.com/s/BWTaHEV3tMrOz2m-bCJHuw.

此外，2022年末OpenAI公司发布了生成式聊天机器人ChatGPT。该智能产品具有较强的自然语言理解和生成能力，能够自动生成符合提问者意图的回答内容，并支持多轮次的人机会话。ChatGPT的介入对国际中文教育生态带来了冲击，在机遇与挑战并存的情况下，将助推国际中文教育的数字化转型。

三、数字技术赋能教学变革

（一）数字技术赋能学习数据的深度挖掘，助力精准识才

随着自然语言处理、人体行为识别、认知神经科学等技术的发展，多模态学习分析技术能够充分挖掘和分析国际中文教育大数据。通过对练习、评论、测验等学情数据的收集、计算与可视化处理，同时结合学习者画像技术，可以帮助我们读懂千差万别的中文学习者。在识准学生的基础上，提供弹性适需、千人千面的语言教育服务。例如，北京语言大学研发的"国际中文智慧教学系统"的学情分析模块可以用可视化的方式呈现学习者的发音情况、练习正确率等学情数据，帮助教师科学决策，从而选择适合学习者的数字资源进行推荐。

（二）数字技术赋能智慧教育的模式创建，助力多元育才

多种智能技术能够支持中文教学模式的创新，智能评测技术能够为学习者提供即时化的语言评价和反馈，XR技术有助于调动学习者的身体感官，开展情境探究式中文学习，等等。通过将多种技术和多元策略有机融合，能够让"机器智能"全面支持"教法智慧"的高效实施，助力学习者全面发展。例如，虚拟仿真实验课程可以创新课堂中文教学的活动形式，用故事化、剧情化的方式讲授语言和文化知识，让学习者身临其境地在虚拟世界中进行交际、操练表达。

（三）数字技术赋能数字资源的智能推荐，助力个性成才

教育知识图谱能够有效联通知识点、学习者和学习资源，并根据知识点间的前驱与后继关系为中文学习者规划个性化的学习路径，推送适配的教学资源。自适应语言测试技术能够量化学习者的语言能力，并为其有针对性地推送难度适宜的习题，

根据学生能力动态发展不断优化推送机制，确保中文学习者学习符合其"最近发展区"的知识内容，获得个性化的成长体验。例如，基于国际中文词汇知识图谱开发的词汇自适应学习平台，可以通过图神经网络的算法，动态计算学习者词汇增长的曲线，为学习者推荐个性化的词汇习题，让其在坡度最缓的路径上学习词汇。

综上，作为教育数字化转型基座的数字资源，能够不断发挥其作为认知中介、媒介手段、环境给养的作用，促进国际中文的知识习得、技能训练、情感认同、策略培养，帮助中文学习者实现全面发展。同时，各级、各类资源之间正不断形成协同机制，可以促进中文教育的物联、数联、智联，以数字技术撬动中文教育的深层次变革和数字化转型，最终实现高质量发展。

作者：徐娟、方紫帆，北京语言大学

第二节　基于用户评论的中文慕课可视化评价[*]

目前，全球中文学习需求持续旺盛，180多个国家和地区开展中文教学，85个国家将中文纳入国民教育体系。慕课已成为海外学习者了解中文的重要载体，更是对外构建中国形象的"金名片"。中外语言交流合作中心2021年12月发布了《国际中文教育教学资源建设行动计划（2021—2025年）》（以下简称《行动计划》）等国际中文教育信息化发展的新政策，为数字资源建设、在线中文教学指明了方向。《行动计划》中指出，未来教学资源建设的主要任务之一是"建设500门优质慕课微课，打造一批国际中文教育'金课'"。

国际中文慕课资源在不断建设与发展的同时，也暴露出了若干问题，如网络辍学率高、资源信息过载、学生参与感差、学习积极性低、内容更新迟滞、教学手段陈旧等。此外，这些慕课的质量如何？是否"好教""好学"？学习者学习后的评价如何？面对海量的学习资源，学生应如何从中遴选出合适的慕课？这些问题都尚待解决。本节秉持"数据循证"理念，探索基于慕课评论文本数据挖掘的评价思路，以期健全国际中文慕课建设和评价标准，助力中文慕课品质的提升。

一、数据视角下的中文慕课评价基本情况

现已建成的485门国际中文慕课主要分布于"中国大学MOOC""Coursera"等

---

[*] 本节内容为2022年度教育部人文社会科学重点研究基地重大项目"国际中文教育数字资源综合评价理论与方法研究"（22JJD740016）、2022年度国际中文教育研究课题重点项目"国际中文读写智能导学系统设计与应用"（22YH50B）、教育部中外语言交流合作中心2022教学资源建设项目"基于《等级标准》的国际中文慕课评价可视化及智能推荐系统"（YHJC22YB001）阶段性成果。

11个国内外平台[①]。目前，可以选修中文慕课的主流平台所显示的课程评价信息主要包括：选课人数、收藏人数、星级分数、评论文本、认证标签等，不同慕课平台的评价数据信息见表 4-2-1：

表 4-2-1　不同慕课平台课程评价数据信息

平台名称	选课人数	收藏人数	星级分数	评论文本	认证标签
国家智慧教育公共服务平台	√				√
中国大学 MOOC	√		√	√	√
Coursera	√		√	√	
学堂在线	√				√
智慧树					
学银在线	√		√		√
优课在线					√
华文慕课	√				
好大学在线	√	√			
融优学堂	√				

由上表可知，在各类慕课平台中，"中国大学 MOOC"平台的评价信息最为多元，包含了 4 类评价数据。具体来看，共有 5 个平台为课程提供了认证标签，最为常见的标签为"一流课程"，"国家智慧教育公共服务平台""学堂在线""学银在线"3 个平台使用了该标签，"一流课程"还进一步细分为国家级和省级。此外，"中国大学 MOOC"主要使用"国家级精品课程"，"优课在线"主要使用"高校推荐课程"两类标签。在各类平台中，仅有"好大学在线"设计了"收藏人数"这一反映用户态度的评价数据类型。总体上看，这些评价信息颗粒度仍较粗，还不足以支持学习者从多个维度了解课程。

---

① 教育部中外语言合作交流中心. 国际中文教育教学资源发展报告（2021）[M]. 北京：北京语言大学出版社，2021.

二、两大平台中文慕课评论文本的采集

（一）两大平台的评论文本数据情况

如表 4-2-1 所示，有评论文本这一数据类型的慕课平台仅有"中国大学 MOOC"和"Coursera"两个，因此，本节选择这两个平台面向中文学习者开设的中文慕课作为爬取对象，在"中国大学MOOC"平台上爬取了相关课程 31 门，在"Coursera"平台上爬取了带有开放评论功能的课程 20 门，共计 51 门。两大平台含有评论文本数据的课程及其评论数量见表 4-2-2 和表 4-2-3。[①]

表 4-2-2　中国大学 MOOC 平台中文慕课评论数据信息

序号	慕课名称	评论数量
1	学成语，知中国	1337
2	初级汉语语法（北语）	160
3	中国文化与当代中国	120
4	走进中国	108
5	中国概况	93
6	汉语精读	79
7	速成汉语语法课堂	72
8	基础写作 I	68
9	你好，中文（中级） Intermediate Chinese	67
10	学汉字，知中国	54
11	初级汉语口语	49
12	汉语 UPUP	46
13	古代汉语入门	41
14	中国文化	38
15	功能汉语速成	28
16	初级汉语口语入门	27

[①] 由于慕课学习平台无法查看用户的国别信息，且本节主要运用大数据挖掘的分析方法，故忽略学习者个体的国别因素对慕课评价的影响。

续表

序号	慕课名称	评论数量
17	跟我学发音——实用汉语语音教程	27
18	初级汉语综合	24
19	HSK 4 级强化课程	21
20	初级汉语语法进阶	18
21	商务汉语（中国商务概览）	17
22	初级综合汉语	16
23	商务汉语（中国经济聚焦）	13
24	汉语初级入门	12
25	通用学术汉语：思辨与表达	11
26	中级汉语视听说	10
27	汉语——直通 HSK	8
28	汉语写作进阶	7
29	初级汉语语法（上外）	6
30	初级汉语听和说	4
31	医学汉语	0
合计		2581

表 4-2-3　Coursera 平台中文慕课评论数据信息

序号	慕课名称	评论数量
1	汉语入门	4934
2	Chinese for HSK 1	658
3	Mandarin Chinese 1: Chinese for Beginners	308
4	More Chinese for Beginners	301
5	Chinese Characters for beginner	265
6	Chinese for HSK 4	223
7	Chinese for HSK 2	215
8	Chinese Culture and Contemporary China	161
9	Chinese for HSK 3 PART I	148

续表

序号	慕课名称	评论数量
10	Chinese for HSK 5	76
11	Translation in Practice	66
12	Mandarin Chinese 2: Chinese for Beginners	59
13	Chinese for HSK 3 PART Ⅱ	56
14	Mandarin Chinese for Intermediate Learners: Part 1	43
15	Mandarin Chinese 3: Chinese for Beginners	34
16	Learn Mandarin Chinese: Capstone Project	28
17	中国人文经典导读	23
18	现代汉语核心语法	19
19	Mandarin Chinese for Intermediate Learners: Part 2	8
20	Mandarin Chinese for Intermediate Learners: Part 3	6
	合计	7631

由上述两表可知，两大平台中，"Coursera"平台学习者的评论数量远高于"中国大学 MOOC"平台，可见，"Coursera"是外国学习者学习慕课的主要平台。"汉语入门""Chinese for HSK 1""Mandarin Chinese 1: Chinese for Beginners"是"Coursera"评论量居于前三的课程，而"学成语，知中国""初级汉语语法（北语）""中国文化与当代中国"则是"中国大学 MOOC"评论量居于前三的课程。但同时，两大平台上不同慕课间的评论数量分布并不均匀，且并未呈现规律性分布，总体上看，初级阶段课程的评论数量要多于中高级。

（二）评论文本的采集

在确定慕课课程时须仔细研判课程的授课对象，如"魅力汉语"是面向母语学习者的，故不将其纳入爬取范围。爬取的内容包括课程名称、课程评论、参与人数、开课状态、课程介绍、师资信息等所有课程相关内容。为确保评论数据的完整性，本节选择 2023 年 1 月 8 日为爬取日期，从而确保 2022 年的所有课程已经全部完成授课。我们最终从"中国大学 MOOC"平台获取评论 2581 条，从"Coursera"平台获取评论 7631 条，合计 10212 条。

（三）评论文本的预处理

由于慕课平台支持多语种评论，我们获得的评论文本除中文外，还涉及英、日、韩、泰、阿拉伯等 13 种语言，故使用百度翻译的 API 接口将不同语言的评论统一译为中文。同时，删除评论中一些表情符号、数字、无意义的字符，以及仅有"棒、很好、不错"等无法准确识别具体意义的评论，最终得到 10050 条计 304519 字符的有效评论文本。在此基础上，本节又搭建了包括课程基础信息表、课程详细信息表和课程评论信息表三张数据表的慕课课程数据库。为提升推荐的适应性，又精细标注了类型、教学理念等课程字段信息。

三、慕课评论文本数据的数据挖掘与情感分析

（一）慕课评价量规构建

1. 语义网络分析

为深入分析学习者对慕课的整体感知情况，本节采用语义网络分析法对评论文本内容句法与概念之间的语义路径进行解构，从而识别出文本词汇的关联和意义。我们使用的是武汉大学虚拟学习团队研发的 ROST 6.0 内容挖掘系统，通过"提取高频词→过滤无意义词→提取行特征→构建网络→构建矩阵"五步操作，可以得出慕课评论的语义网络分析结果，详见图 4-2-1。

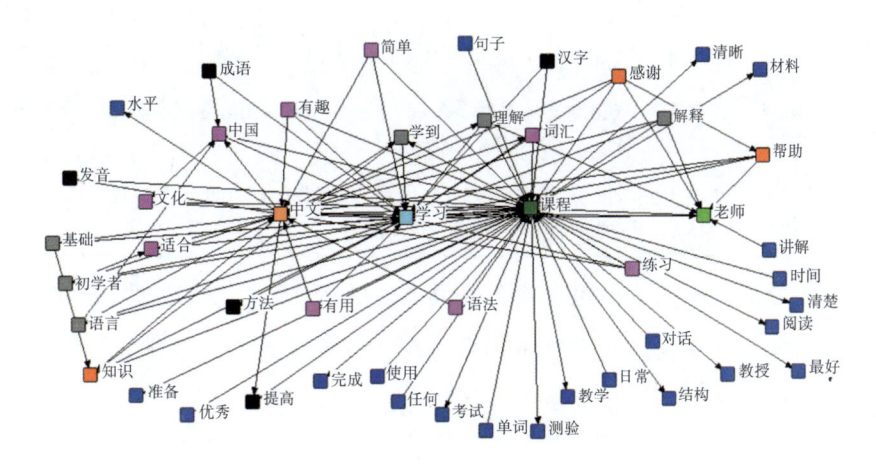

图 4-2-1　慕课评论语义网络分析

从整体上看，慕课评论的语义网络图展现出一种"核心—拓展—边缘"的结构，构成了三个不同层级：第一层为核心层（节点的度大于 10），由"中文""课程""学习""老师"四个词构成（按词频由高到低排列），主要与慕课的教授语种、师资情况、课程内容紧密相关，这些词共同组成了中文学习者对慕课感知的内核。第二层为拓展层（节点的度介于 5—10 之间，节点为红色、粉色），是对核心层四个核心词的扩充。例如，围绕"中文"这一核心词可以拓展出"语法""词汇""文化"等语言文化知识相关词语；围绕"学习"这一核心词可以辐射出"适合""有用"等反映学习结果的词汇。第三层为边缘层（节点的度低于 5，节点为蓝色、灰色和黑色），是学习者对慕课外在因素的感知。例如，围绕"课程"可以进一步引申出"考试""阅读""材料"等描写课程基本内容或学习活动的词语。总之，评论语义网络通过三层结构，将学习者对中文慕课的整体认知和感知直观地展现了出来。

2. 文本聚类与主题分析

本节采用"自下而上"的思路构建慕课评价框架及维度，结合语义网络分析结果，将清洗后的评论数据进行 TF-IDF 值计算、文本聚类、LDA 主题分析后，最终将所有评论文本分为 4 类：教师师资、课程内容、学习支持、学习效果。4 个主题的关键词权重见表 4-2-4，具体表示方式为：权重 × "关键词"。

表 4-2-4　文本聚类及 LDA 权重计算结果

主题	LDA 主题词及权重
教师师资	0.112×"老师"＋0.068×"辛苦"＋0.041×"讲解"＋0.032×"喜欢"＋0.029×"优秀"＋0.027×"有条理"＋0.021×"逻辑"＋0.017×"到位"
课程内容	0.082×"课程"＋0.044×"成语"＋0.039×"非常"＋0.036×"内容"＋0.029×"学习"＋0.023×"丰富"＋0.020×"中文"＋0.014×"不错"
学习支持	0.075×"作业"＋0.025×"课件"＋0.019×"平台"＋0.018×"字幕"＋0.018×"清晰"＋0.017×"播放"＋0.012×"证书"
学习效果	0.068×"很大"＋0.051×"很多"＋0.049×"课程"＋0.040×"帮助"＋0.029×"学到"＋0.025×"受益匪浅"＋0.023×"很棒"

通过上述分析可以构建出包含 4 个一级维度指标、9 个二级维度指标的慕课评价量规。本节对 4 类评论文本进行文本内容分析（词频统计、主题分析），人工选取各指标下所包含的标签词。评价框架及相关特征词见表 4-2-5。

表 4-2-5　评价量规及标签词设计

一级维度	二级维度	标签词示例
教师师资	教师风格	发音清晰、亲切、平和、可爱、有魅力、认真、负责、和蔼等
	讲授方式	语速慢、优秀、出色、清楚、逻辑、透彻、有条理、有趣等
课程内容	教学设计	设计、由易到难、策略有用、通俗易懂、内容、丰富等
	教学实施	照本宣科、容易理解、循序渐进、互动少、枯燥、测试、太快等
学习支持	学习资源	材料、作业、参考资料、练习题、资源、课件、证书等
	技术支持	课件、平台、精美、字幕、播放流畅、卡顿、闪退、脚本等
学习效果	认知领域	获益匪浅、听懂、学到、理解、了解、帮助、丰富、理解等
	技能领域	口语能力、阅读技巧、沟通、写作技法、专业能力、表达方式等
	情感领域	继续、学习、中国、文化、爱上、继续、快乐等

（二）慕课评论情感分析

本节对 10050 条评论进行情感分析，并对结果进行人工检查，得出情感分布情况，见表 4-2-6；同时，还计算出积极情感与消极情感的程度分类结果，见表 4-2-7。

表 4-2-6　评论情感分布情况

情感类型	评论量	占比
积极情感	8496 条	84.54%
中性情感	1174 条	11.68%
消极情感	380 条	3.78%

表 4-2-7　积极情感与消极情感程度分类结果

程度	积极情感 评论量	积极情感 占比	消极情感 评论量	消极情感 占比
低度（0—10）	3641 条	36.23%	282 条	2.81%
中度（11—20）	2514 条	25.01%	72 条	0.72%
高度（20 以上）	2341 条	23.29%	26 条	0.26%

由上述两表可知，整体上看，学习者对中文慕课的总体评价较高，正向情感评论占 84.54%，负向情感评论仅占 3.78%。进一步分析，在两类情感中，随着程度的加深，评论数量呈递减趋势，从两级维度看，积极情感得分高于 20 的评论占总评论

的 23.29%，消极情感则只占 0.26%。通过对评论的词频分析，可以进一步绘制两类情感的词云图（见图 4-2-2 和图 4-2-3）。

图 4-2-2　正向评语情感词词云图　　　4-2-3　负向评语情感词词云图

由上述两图可知，在正向情感评论中，除了几个位于核心的高频词外，还可以看到"有趣""适合""清楚"等有关课程内容的评价词语，以及"受益匪浅""知识""喜欢"等有关学习效果的评价词语；在负向情感评论中，可以看到"难懂""枯燥""困难"等有关课程内容的评价词语，以及"不喜欢""问题""错误"等有关学习效果的评价词语。

四、多维度情感分值的可视化示例

（一）慕课多维度情感值计算

本节使用 SnowNLP 的情感分析功能来计算评论的情感值。由于国际中文慕课评论总量不大，故我们导入了英语、语文等语言类慕课评论 10 万条训练模型来提高其在本任务上的准确性，再用训练后的模型逐条计算评论的情感值[①]，最终将该课程所有评论的情感值均值作为得分，公式如下：

$$\text{Score} = \frac{\sum_{i=1}^{n} x_i}{n} \tag{1}$$

根据公式（1），本节以"中国大学 MOOC"平台三门国家级精品中文慕课为例，

---

① 情感值采用四舍五入的方式，保留至小数点后 4 位。

展示上述方法得出的褒贬情感总分值，见表4-2-8：

表4-2-8　三门国家级精品课课程总分值

课程名称	参与人数	开课次数	平台分数	有效评论量	情感预测值
初级汉语语法（北语）	45411	10次	4.8	151条	0.8808
速成汉语语法课堂	27109	10次	4.8	67条	0.9075
功能汉语速成	14648	9次	5.0	28条	0.9401

由上表可见，"初级汉语语法（北语）"和"速成汉语语法课堂"同样开课10次，但从学习者人数上看，前者明显多于后者。同为速成类中文慕课，"功能汉语速成"虽然开课次数比"速成汉语功能语法"少一次，但其情感总分值更高。究其原因，从学习者的评论中发现，该课程以新颖的形式和情境化的对话教学获得了学习者的青睐。例如，有学习者评论认为，"小情景、小对话的进行，更易于理解与学习"。

为获取各课程更多维、更详细的评价信息，我们以前文设计的不同维度的标签词为索引，靶向地与评论文本逐一匹配，从而将不同评论归属到特定的评价维度下，并将该维度下所有评论的均分作为该课程在这一维度的得分。若评论数量较少，导致某一维度的分数无法计算时，则用"unknown"表示缺省。

本节以"中国概况"慕课为例，展示其多维度评价结果。经过爬虫抓取，共得到该课程相关评论93条，数据清洗后共获得有效评论81条，情感评分均值为0.9388。再运用上述方法自动分类，得到"教师师资"相关评论24条、"课程内容"相关评论25条、"学习支持"相关评论5条、"学习效果"相关评论30条。[①] 多维评价结果见表4-2-9。

表4-2-9　"中国概况"慕课多维度评价情感计算结果

一级维度	情感预测均值	二级维度	情感预测均值
教师师资	0.9736	教师风格	0.9764
		讲授方式	0.9640
课程内容	0.9374	教学设计	0.9320
		教学实施	0.9999

---

① 由于部分评论内容涉及两个或多个维度，故同时将其归入所涉维度，各维度的评论数量加和大于或等于总评论数。

续表

一级维度	情感预测均值	二级维度	情感预测均值
学习支持	0.8394	学习资源	0.8528
		技术支持	0.7335
学习效果	0.9359	认知领域	0.9340
		技能领域	0.9759
		情感领域	0.9354

由上表可知，在"中国概况"慕课 4 个一级维度中，"教师师资"的好评度最高，足见该课程拥有强大的教学团队，其中学生对教师个人风格的评价要优于讲授方式。学习者对该慕课课程内容和学习效果的情感值整体趋高，表明学生对课程较为满意。而学习支持维度下的技术支持好评度最低，进一步挖掘评论文本可以发现，学生反馈部分章节的课件存在缺失情况，这为未来的课程建设指明了方向。

（二）基于评论文本的评价结果可视化呈现

为可视化呈现上述情感分析结果，帮助学习者从更为多元的维度深入了解课程，本节基于每门课程 4 个一级维度和 9 个二级维度的评价预测值，再调用 Python 中的 numpy、matplotlib 等可视化工具包，利用雷达图、柱状图、折线图等手段加以表征，从而完成课程评价结果的可视化呈现，助力学生精准选课。慕课评价可视化结果见图 4-2-4。

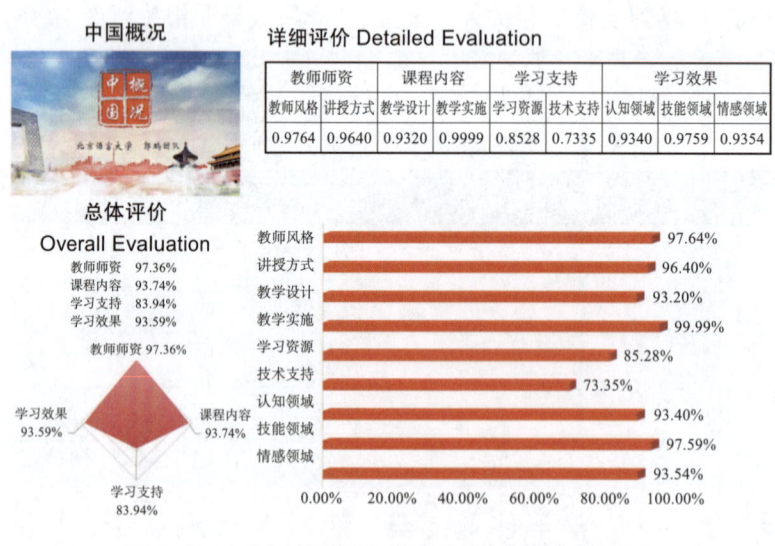

图 4-2-4 "中国概况"慕课评价可视化结果展示

五、数据驱动的中文慕课改进策略建议

为推动中文慕课的高质量发展,应尝试构建"以评促建、数据驱动"的慕课建设机制,从而推动其可持续优化与高质量发展。下面重点从内容、师资、服务、评价四个方面提出建议。

(一)内容为王,提升课程内容品质

总体上看,42.52%的评论与课程内容相关,可见课程内容是学生最为重视的核心要素,也是中文慕课育人性和科学性的重要体现。中文慕课开发者需要结合课程时长、体量等特点,将识记类、理解类知识的讲解任务交由慕课来承担,同时遵循多媒体认知规律、二语习得规律,精心择定教学内容,巧妙设计互动活动,以增强慕课学习的体验感和临场感,最终促成在线深度学习。

(二)赋能师资,增强教师数字素养

中文教师的数字素养和能力与教学质量直接相关。从已有慕课评论中可以看出,学习者对能够灵活、合理运用数字媒体来讲解学科知识的中文教师具有较高的评价。因此,国际中文教师需要树立终身学习理念,在TPACK思维结构框架下积极开展技术整合的创新教学实践,不断增强自身在线教学的数字胜任力。

(三)服务至上,优化学习过程服务

为打破当前中文慕课"重建设、轻服务、弱评价"的现状,构建"以服务驱动建设,以应用改进体验"的慕课发展模式,慕课建设者应不断优化课程作业、学分兑换、证书获取、资料补充等学习支持服务,通过智能评阅、留言评论等方式,尽可能地为学习者提供即时化、个性化的学业辅导。

(四)留存数据,推动慕课评价改革

从已有慕课数据看,参与课程的人数远高于评论留言人数,因此中文教师和平台可以鼓励并引导学习者在慕课学习过程中主动留下学习文本数据,从而更好地支持研究者汇聚学习大数据来支持文本挖掘、认知诊断等挖掘与分析行为,进一步优化慕课资源的评价方式。

作者:马瑞祾、王淼、连维琛,北京语言大学

第三节　基于典型案例的中文学习 APP 用户评论分析[*]

随着移动技术在语言教育领域的深入应用，移动语言学习（Mobile-assisted Language Learning，缩写为 MALL）正焕发蓬勃生机，教育类移动应用程序（APP）的开发也受到更多关注。在中文成为一门国际化语言的过程中，中文学习 APP 已成为国际中文教学资源的重要组成部分。

近年来，对应用商店 APP 的分析成了新兴的研究话题。通过使用一些应用商店在线分析工具，研究者可以收集到大量关于教育类 APP 的信息。这些信息形成了一个巨大的信息仓库，对这些信息的挖掘可以使研究者获取有价值的教学信息。[①] 这种信息反馈对于软件开发者来说也尤为重要，因为它通常包含了错误报告和功能请求等有用信息。[②] 学习者在评论 APP 的过程中会留下他们对课程内容、自身学习体验、学习过程等的描述，因此 APP 用户评论具有很高的研究价值。本节将概述中文学习 APP 的发展和研究情况，并基于一款在国际上表现突出的中文学习 APP——HelloChinese 的用户评论数据，分析学习者使用 APP 进行中文学习时的关注焦点和需求偏好，以及他们对 APP 的情感取向，以期推动 APP 类中文数字教学资源的科学化、高质量发展。

---

[*] 本节内容为 2022 年度教育部人文社会科学重点研究基地重大项目"国际中文教育数字资源综合评价理论与方法研究"（22JJD740016）、国家语委"十三五"科研规划 2020 年度一般项目（全球中文学习联盟研究专项）"基于大数据分析的国际中文移动学习行为及教学方法研究"（YB135-154）阶段性成果。

[①] Godwin-Jones, R. Scaling up and zooming in: Big data and personalization in language learning [J]. Language Learning & Technology, 2017, 21（1）: 4-15.

[②] Haering, M., Bano, M., Zowghi, D., et al. Automating the evaluation of education Apps with App Store data [J]. IEEE Transactions on Learning Technologies, 2021, 14（1）: 16-27.

一、中文学习 APP 基本应用情况

APP 已经成为外国学生学习中文的重要工具。据程娟、鲁媛统计，在其调查范围内，有 98% 的学生使用 APP 辅助学习中文。[①] 这表明国际中文学习者已经进入移动学习、泛在学习的时代。表 4-3-1 和表 4-3-2 展示了安卓应用商店（Google Play）和苹果应用商店（App Store）最受欢迎的五款中文学习 APP 的用户评价情况，其中 HelloChinese 的平均评分始终位列第一，且拥有超过 1000 万的庞大用户群体[②]，因此本节将其作为中文 APP 的典型代表来展开研究。

表 4-3-1　Google Play 应用商店中文学习 APP 用户评价情况[③]

序号	APP 名称	用户积极情感	情感分数	评论数	平均评分
1	HelloChinese	98.98%	97	134935	4.9
2	ChineseSkill	97.96%	96	60103	4.8
3	Duolingo	94.99%	93	4670758	4.6
4	Rosetta Stone	89.86%	89	97669	4.5
5	Busuu	82.35%	84	173793	4.2

表 4-3-2　App Store 应用商店中文学习 APP 用户评价情况

序号	APP 名称	用户积极情感	情感分数	评论数	平均评分
1	HelloChinese	97.34%	97	11923	4.8
2	ChineseSkill	96.57%	95	13957	4.8
3	Busuu	85.89%	87	60637	4.3
4	Duolingo	80.50%	84	360556	4.2
5	Rosetta Stone	74.58%	80	23891	4.0

---

① 程娟, 鲁媛. 对外汉语学习 APP 现状探究 [J]. 东华理工大学学报（社会科学版）, 2020（4）：384-389.
② 参见 HelloChinese 在苹果应用商店的相关介绍，网址：https://apps.apple.com/us/app/hellochinese-learn-chinese/id1001507516?platform=ipad。
③ 表 4-3-1 和表 4-3-2 中的各项数据（含情感分析）均来源于 Appbot 平台，数据采集时间为 2022 年 1 月。官方网址为 https://appbot.co/。该平台于 2011 年发布，擅长聚合并分析应用程序的用户评论，对海量数据拥有强大的分析能力。在有关移动学习的研究文献中，国外也有学者选择使用 Appbot 分析用户评论。

二、HelloChinese 用户评论数据采集及预处理

（一）数据采集

本节借助专业 APP 分析平台 Appbot 进行数据采集，采集时段为 2016 年到 2022 年。Appbot 平台覆盖安卓应用商店和苹果应用商店两大国际主流应用商店，可以对目标应用的数据进行实时监控，跟踪应用程序的下载榜单，对同一类型的移动应用程序（也称"竞品"）进行对比分析，抓取用户评论。

安卓应用商店和苹果应用商店是国际上用户数量最多，最具代表性和广泛性的两大移动应用商店。这些商店中的 APP 摘要部分主要展示其基本功能、教学理念、采用的教育技术等，用户评论则包含用户体验、用户需求、故障报告等方面的信息。千万用户积累下来的针对 APP 的评论可以形成一个庞大的数据集合。

本节利用 Appbot 平台对 HelloChinese 在安卓应用商店和苹果应用商店上的用户评论进行爬虫收集，在剔除无效字符或符号后，最终得到评论 23672 条。

（二）数据预处理

数据预处理包括三个步骤：

1. 数据清洗：去除表情包、特殊符号等，只保留英文字符，因为英语评论占据主体地位，且研究者更熟悉英语这门外语，因此在后文的主题聚类中只分析英语评论。

2. 对评论文本进行去除停用词以及词形归并（lemmatization）处理。"停用词"一般指那些出现次数过高但信息量非常低的单词[①]，如代词、介词、助词等。停用词的设置可以减少这些词对研究结果的干扰，从而提高搜索效率。词形归并处理是一种将一个词的不同屈折形式简化为其基本形式并作为单个项目进行分析的方法。例如，将词形"walked、walks、walking"归并为"walk"。

3. 文本分词：运用公共词库，结合自定义词典对评论文本进行分词处理；利用 Python 中的 NLTK 包对评论文本进行英文分词处理，以构建实验语料库。

[①] Müller, A. C., Guido, S. Python 机器学习基础教程 [M]. 张亮，译. 北京：人民邮电出版社，2018：259.

三、HelloChinese 用户评论主题聚类及情感分析

（一）基于海量评论数据的 LDA 主题聚类

本节在对 HelloChinese 用户评论进行分析时使用了大数据分析工具 Spark 的机器学习套件 MLlib，计算引擎 Spark 的所有计算过程均采用分布式处理方式，以实现针对海量评论数据的大数据机器学习和分析。分析模型采用的是 LDA 主题模型，它可以将每条评论的主题以概率分布的形式进行输出。[①] 在具体实现层面，首先，使用 Spark MLlib 大数据分析工具和 LDA 算法进行主题聚类；其次，在 LDA 主题聚类的基础上，识别关键主题后，回归本文，进行人工质性分析，发掘 APP 用户在学习中文时的关注焦点及需求偏好。具体分析结果如下：

1. 用户评论"主题—词项"分布

图 4-3-1 显示了基于 LDA 模型的用户评论"主题—词项"分布，共显示出三个主题："主题 1"下的词项与课程有用性以及课程涉及的语言知识和技能相关；"主题 2"下的词项主要为用户基于使用体验对课程做出的特征评价；"主题 3"下的词项主要描述了产品用户体验、产品优劣势以及用户对产品的偏好。表 4-3-3 展示了 HelloChinese 用户评论的一级主题、对主题的类别描述及典型关键词。

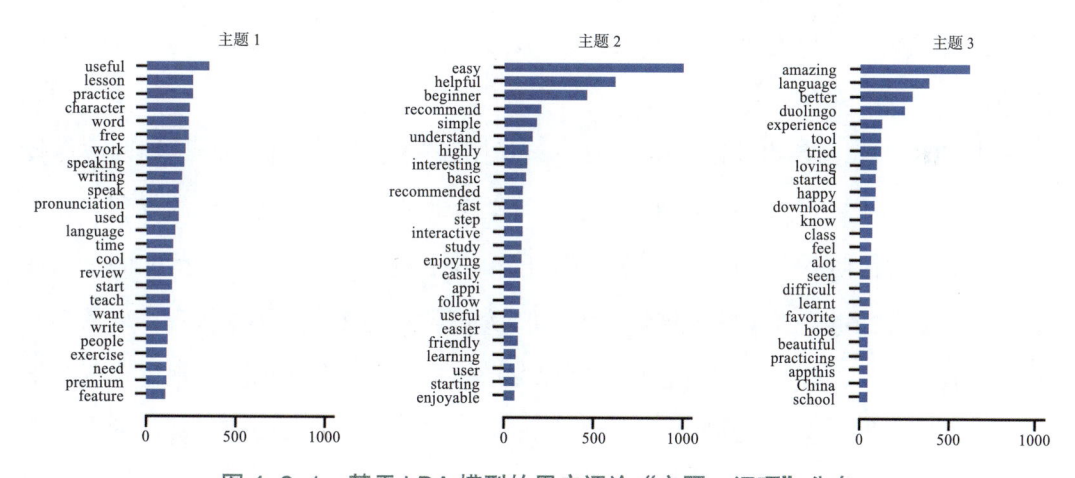

图 4-3-1　基于 LDA 模型的用户评论"主题—词项"分布

[①] 伯德，孟席斯，齐默尔曼. 软件数据分析的科学与艺术[M]. 孙小兵，李斌，汪盛，译. 北京：机械工业出版社，2020：201-202.

表 4-3-3　HelloChinese 用户评论的主题归纳及典型关键词

一级主题	类别描述	典型关键词
课程内容	课程内容评论	useful（有用的）
	课程内容包含的语言知识	lesson（课程）、character（汉字）、word（词汇）、pronunciation（发音）
	课程内容涉及的语言技能	practice（练习）、speaking/speak（说）、writing/write（写）
课程评论	易学性	easy（简单）、beginner（针对初学者的）、simple（容易）、basic（基础）、easier（更简单的）
	互动性、趣味性	interactive（互动的）、friendly（友好的）、enjoyable（令人愉悦的）、interesting（有趣的）
	实用性	helpful（有用的）、useful（有用的）
竞品对比	产品使用体验	amazing（令人惊喜的）、loving（钟情的）、happy（快乐的）、beautiful（漂亮的）、experience（体验）、feel（感受）
	产品优劣排序	better（更好的）、favorite（最喜欢的）
	竞品劣势	difficult（难的）

2. 主题聚类结果分析

（1）课程内容

如表 4-3-3 所示，基于 LDA 模型的"主题 1"指向课程内容这一主题。下面主要结合关键词中出现的"汉字、词汇、发音"以及它们所关联的"写、说"进行分析。

① 汉字：根据用户评论，HelloChinese 在汉字教学的个性化和宜读性两方面较好地满足了用户的需求。个性化指的是"教学活动应给予学习者一定的权利，控制其自身的学习活动……，允许学习者根据自身的安排完成学习任务"[①]。HelloChinese 在汉字教学方面的个性化特征体现在该 APP 允许学习者在学与不学汉字，以及学简体字还是繁体字之间自主进行选择。宜读性指的是教学资源的内容呈现形式符合学习者的阅读习惯，能够做到图文并茂，生动活泼。[②] HelloChinese 字词教学的宜读性体现在该 APP 通过象形插图以及动画来展示字词的意义以及汉字的历史演变过程，用户认为这样的汉字教学形象、直观、有用，有助于识记汉字。

---

① 吴军其，李智. 移动微学习的理论与实践 [M]. 北京：北京大学出版社，2015：142.
② 吴军其，李智. 移动微学习的理论与实践 [M]. 北京：北京大学出版社，2015：141.

HelloChinese在汉字教学中未能满足学习者需求的方面是汉字教学的系统性。关注汉字系统性问题的学习者认为，该款APP的汉字只是随机地出现在语法教学中。学习者认为最好设置独立的汉字书写模块，并进行汉字分类教学或部件教学。目前HelloChinese部分吸取了学习者的建议，单独设置了汉字书写模块，但是在系统性方面仍有待提升。

汉字教学与"写"技能的训练密切相关，但是用户所指的"写"是指字词的书写问题，而非语篇写作。语篇写作在APP中受局限这一情况与移动学习终端在语篇写作方面的功能局限性有关，如手机屏幕尺寸小、字符输入能力有限等。目前HelloChinese已经内置了一套比较成熟的手写识别系统来检验汉字书写的准确性和笔画顺序的规范性。然而，该系统在汉字结构模式的呈现上比较零散，也缺乏相关的明示教学，学习者难以建立起汉字之间的联系。一部分用户明确希望HelloChinese能够提示部件意义，展示部件义与字义之间的关系，以及形音义相似的汉字之间的联系与区别，以帮助他们更好地掌握和记忆汉字。

② 词汇：在词汇教学方面，用户非常认可每节课前列出的词汇列表，它可以清晰地展示每节课的学习目标。此外，用户还十分关注词汇的复习，认为HelloChinese的词汇复习系统很实用。词汇复习系统建立在间隔重复系统（SRS）之上，这种系统结合了艾宾浩斯遗忘曲线，在对抗词汇遗忘、强化记忆方面很受学习者的欢迎。

③ 发音：发音与"说"的技能密切相关，HelloChinese关于发音的评论都密切关联着"说"的技能，而且"说"是除"写"之外最受关注的语言技能。"说"在用户评论中更多指的是教学材料中发音人"说"的情况，而非学习者"说"的情况。关于"说"的以下两个特征在用户评论中关注度最高，即清晰度和真实性。清晰度是听说材料的一项重要指标，HelloChinese在其教学材料中加入了一系列中文母语者的街拍真人视频，但是由于户外拍摄的视频质量较低，后期剪辑未能消除户外噪声，因此学习者反馈难以听清真人发音，导致评论趋于负面。例如有用户评论道：

> The videos of locals pronouncing things are terrible quality. Birds squawking, traffic noise, terrible editing, etc. Really bring the whole program down and make it feel like someone's half-hearted school project.

（翻译：当地人发音的视频质量很差。有鸟叫声、交通噪声，视频编辑也很糟糕。这些问题真的拖累了整个节目，让人感觉像是个草草了事的学生作业。）

可见，学习者对于视频制作的质量极为看重，制作者今后应给予重视。在"说"的技能训练中，听说材料的真实性也广受关注。虽然在第二语言教学界，"真实性"的界定角度多种多样，但是从HelloChinese用户评论中主要看到的是两方面的真实性：一是指真实的母语者产出的言语，二是指语用文化上像目的语社团成员一样表现和思考。[①] 简言之，用户偏好真人发音而非机器发音，偏好自然发音而非刻意的慢速发音，偏好多人发音而非单人发音（即提供多种不同的发音示例，如男女发音人皆有）。有用户明确指出，正常的语速代表了自然的语音面貌，放慢的语速是不自然的"教师语言"，是非真实的。语用文化上的真实性体现在学习者对使用场景真实性的关注上。很多用户非常认可该APP既教授正式说法也教授非正式说法的设计，认为非正式说法代表了日常会话中真实的一面，认为教材及传统课堂的许多对话过于正式，而HelloChinese设计的"教师谈话"（Teacher Talk）播客教给学习者如何根据年龄、环境和会话双方的关系调整自己的会话，体现了一种语用上的真实性。例如，有学习者提到HelloChinese在"教师谈话"中介绍，"再见"在中国人日常生活中是一种比较正式的道别方式，多用于交际双方不太熟悉或对对方比较尊重的场合，日常可以根据不同场景使用不同的道别语，如"拜拜""慢走""我走啦"等。学习者认为这种讲解很有必要。

（2）课程特征

基于LDA模型得到的"主题2"，其词项多直接或间接地指向课程特征这一主题。在学习者对HelloChinese课程的评论中，高频出现的词语与以下语义维度有关：易学性（简单化）、趣味性、实用性、互动性。

① 易学性（简单化）：教学内容通俗易懂，以便保持学习者的积极性。移动学习具有微型学习的特点，知识点不能过于庞大，知识组块以及每个组块的容量要小，小的知识单元要以一定的逻辑结构松散但有序地组织起来，学习过程要一点一点循序渐进地进行。这种设计能够降低学习的难度，强化易学特征。此外，移动学习的特点之一是学习可以随时、随地、随需要而发生，与传统的课堂面授教学相比，移动学习具有快捷、方便的特点。

② 趣味性：在移动学习环境下，学习者的注意是非持续的，移动学习设计者会

[①] Gilmore, A. Authentic materials and authenticity in foreign language learning [J]. Language Teaching, 2007, 40 (2): 97-118.

尽量让学习过程比较轻松，充满趣味性，所以语言学习 APP 很重视将语言学习的过程游戏化。如 HelloChinese 使用的通关、角色扮演、奖章奖励以及漫画卡通等设计都带有游戏化特征，增加了学习过程的趣味性。

③ 实用性：教学资源应结合学习者的需求。HelloChinese 用户评论显示，学习者关心所学习的生词、短语、句子、会话甚至语境等是否满足他们将来完成日常交际任务的需求。

④ 互动性：指教学活动中的人机交互和人人交互。[①] 在 HelloChinese 的程序设计中，主要实现的是人机交互，学习者之间的人人交互设计较少。

（3）竞品对比

基于 LDA 模型得出的"主题 3"，其词项多直接或间接地指向竞品对比这一主题。竞品指的是产品在同一领域的竞争对手。竞品对比之所以会成为用户关注的焦点之一，是因为在对比这类产品的过程中，用户可以指出产品的价值及缺陷，表达自己的评价和需求，从而引起开发者和用户群体的关注。HelloChinese 用户评论中经常提及的竞品有 Duolingo（多邻国）、Rosetta Stone、Memrise、ChineseSkill、LingoDeer、Busuu 等，其中最主要的竞品是 Duolingo。HelloChinese 是一款单语 APP，专注中文教学；Duolingo 是一款多语学习 APP，提供 40 多种语言课程，在全球知名度很高。Duolingo 在 APP 语言教学中的"先锋"地位是 HelloChinese 用户将其作为主要参照物的重要原因。关于 HelloChinese 与 Duolingo 的对比，用户群体主要持两种看法：克隆关系、超越关系。持克隆观的用户多认为 HelloChinese 与 Duolingo 在课程结构、UI 设计、教学模式方面高度相似，比如两者在结构上都是分主题学习，都具有练习对象简单、覆盖主题量少、所需学习时间短等特征，且均采用路线图闯关的学习模式。持克隆观的用户对 HelloChinese 整体持负面态度。持超越观的用户认为 HelloChinese 在多个方面超越了 Duolingo，比如，产品使用体验"令人惊喜"，课程简单易学，充满趣味性，等等。下面节选的是一位持超越观的用户对两者的比较：

> Absolutely the best language learning app I've used! I love Duolingo, but it is not good for learning Chinese (although I recommend it for Spanish). This app has

---

[①] 吴军其，李智. 移动微学习的理论与实践 [M]. 北京：北京大学出版社，2015：142.

everything you need for free, and a premium model for advanced learning.

（翻译：这绝对是我用过的最好的语言学习软件。我喜欢多邻国，但它不适合学习中文〔尽管我推荐用它学习西班牙语〕。这款软件〔作者注：指HelloChinese〕有你需要的一切，而且是免费的，还有高级的学习模式。）

（二）基于海量评论数据的情感分析

用户评论所反映的情感是用户评论分析的重要内容之一。情感分析结果可以显示所选时间段内用户对APP的情感态度如何。情感时间线（Sentiment Timeline）还可以反映随着时间的推移，用户对APP的情感是越来越积极还是越来越消极。本节利用Appbot的人工智能算法对HelloChinese的用户评论进行情感分析。虽然目前流行的做法是将情感区分为积极、消极、中性三类，但是Appbot采用的是情感四分法，加入了第四个情感维度：矛盾情感（mixed sentiment）。在Appbot平台中，矛盾情感指的是评论文本既有积极情感，又有消极情感；或是用户评论呈现的情感与星级评分所反映的情感极性是相反的，如用户评论呈现积极情感，但星级评分却给了最低分1星。下面是一个含有矛盾情感的例子：

This was my top Chinese app but after the most recent update, I'm not sure it will get as much use as before. The features I used are gone.

（翻译：这是我最喜欢的中文应用，但在最近的更新之后，我不确定我会像以前一样经常使用它。我以前使用的功能消失了。）

图4-3-2显示的是2016—2022年HelloChinese用户评论[①]所反映的用户情感取向，图中绿色代表积极情感，红色代表消极情感，橙色代表中性情感，灰色代表矛盾情感。结果显示，用户对HelloChinese的情感取向非常积极，占比高达92.3%，负面情感占1.0%，中性情感占4.5%，矛盾情感占2.2%。

---

① 这里指安卓应用商店中的用户评论，因为Appbot只能分别计算安卓与苹果应用商店中的数据，而安卓用户远超过苹果用户，因此此处选择安卓用户评论作为分析对象。

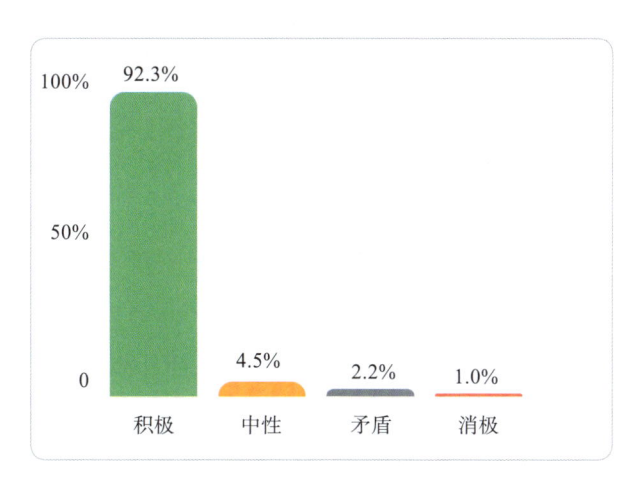

图 4-3-2 HelloChinese 用户评论情感分解（2016—2022）

图 4-3-3 显示的是 2016—2022 年安卓应用商店中 HelloChinese 用户评论的情感变化趋势，图中颜色所代表的情感取向与图 4-3-2 中的一致。从图 4-3-3 可以看出，在 2016—2022 年，用户对 HelloChinese 的情感取向始终以积极情感为主导，表明用户对 HelloChinese 的满意度一直维持在较高的水平。

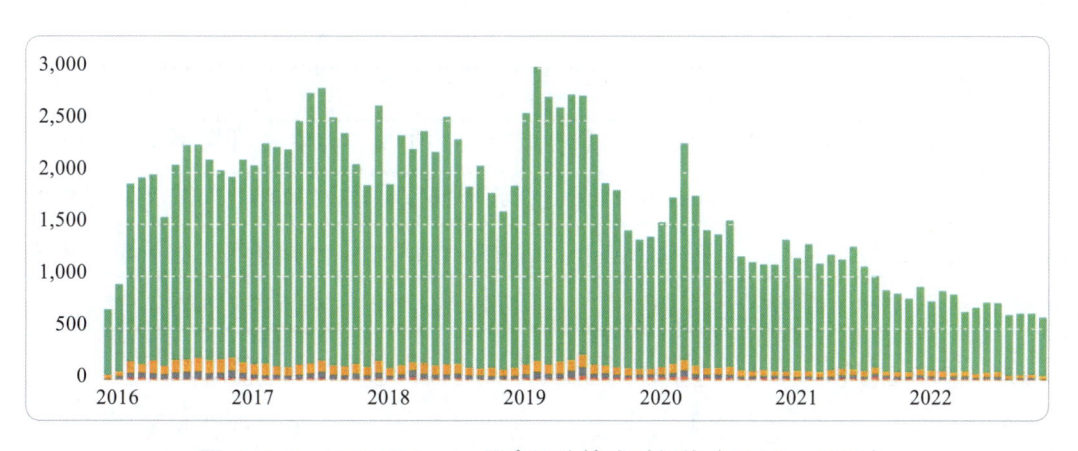

图 4-3-3 HelloChinese 用户评论情感时间线（2016—2022）

根据图 4-3-3 以及 Appbot 平台提供的数据，HelloChinese（初创于 2015 年）的用户评论量在 2019 年 3 月达到峰值，2020 年之后增速逐渐下降。这可能预示着虽然 2020 年后 HelloChinese 依旧有新的用户增长，但整体的用户规模趋于饱和，新用户获取难度增加。造成这种情况的原因可能是市场竞争加剧，用户需求转移，等等。

四、HelloChinese 软件改进建议

（一）加强音视频材料的制作品质

在用户评论中，学习者对听说技能的关注度很高。但是由于听说材料（主要是真人视频材料）制作质量较差，学习者难以听清视频发音，导致学习体验不佳，产生负面情绪。今后应加强音视频材料的制作质量，保证其清晰性。

（二）提升语音评测技术的准确性

在训练学习者"说"的技能方面，HelloChinese 的录音功能和自动纠错功能受到了学习者的欢迎。录音功能方便学习者回听，可以将自己的发音与正确发音进行比较；纠错系统可以针对学习者的说话练习进行反馈，纠正错误发音。但是，APP 语音评测技术的准确性还有待提高，用户一旦质疑语音评测的准确性，就将大大降低他们使用该技术进行口语练习的意愿，开发者对此应当给予高度重视。

（三）增强汉字教学的系统性

虽然不是所有的学习者都将系统学习汉字作为其需求目标，但是展现汉字构造的规律以及汉字之间的系统性，对于那些有需要的中文学习者提升汉字学习的速度和效果是非常有用的。建议 HelloChinese 在已有汉字模块的基础上，在汉字的知识链接中增加部件意义提示，在趣味游戏设计中有意识地引导学习者注意不同汉字之间形、音、义的关联性，也就是加强音近（同）字、形近字、义近字等字族内汉字之间的对比和联系。例如，可以通过添一笔变新字的游戏（如"日"变"旦"）、偏旁替换游戏（如"晒"变"洒"）训练学生对形近字的识别；通过连连看游戏训练学生识别同音字的能力；通过部件拼字游戏（如"口""十"组成"叶"）培养学生的汉字部件意识。这里所说的系统性并不是要求一个 APP 囊括所有汉字，揭示所有规律，而是可以将某一水平级别（如 HSK 一至三级）形、音、义相近的汉字提取出来，加强认读训练。当学习者发展出汉字系联意识，他们就会自主运用这种意识学习更多汉字，触类旁通，大大提升学习效能。

（四）突出比较优势，提升课程黏性

用户对课程教学的整体评论以及对同类竞品的对比评论显示，课程的易学性

（简单化）、趣味性、实用性、互动性等特征受到了学习者的高度关注。HelloChinese 的开发者可以在这些原则的指导下进行课程内容开发，以增强自身的竞争优势。这同样会给其他中文学习 APP 带来启发，因为这些特征会使用户获得更好的产品体验和更积极的情感态度，有利于提升其持续使用产品的意愿，从而更好地运用移动学习的理念和方法促进中文知识的全球传播。

作者：李姝姝，北京语言大学

第四节　知识图谱在国际中文教育中的应用[*]

知识图谱是一种结构化的语义知识库，是以"实体—关系—实体"或者"实体—属性—属性值"的三元组为基本组成单位而构成的网状知识结构。应用知识图谱技术能够生成可解释性更强的人工智能模型，增强模型对现实世界的认知能力。鉴于知识图谱独特的应用价值，谷歌、微软、百度等许多国内外企业，清华大学、中国科学院计算技术研究所等一批科研院所，都相继创建了不同的知识图谱项目[①]。在国际中文教育中引入该技术，构建国际中文教育知识图谱，形成一类特殊的数字化、智慧化教学资源，能够为规模化、个性化、自适应的中文学习平台提供动力引擎，促进国际中文智慧教育的高质量发展。

一、教育知识图谱价值分析

教育知识图谱是利用知识图谱技术，描述教育领域知识及知识点关联关系的集合。教育知识图谱能够模拟知识的创生、传递、接收、加工过程，是一种关键的认知智能技术，其应用价值主要体现在学科知识组织、教师教学、学生学习三方面。

1. 知识结构化表示

学科知识图谱是一种以"图"的形式表示学科知识的数据模型，由节点和边组成，节点表示学科知识的概念，边表示概念之间的关系。学科知识图谱将学科知识

---

[*] 本节内容为中外语言交流合作中心2022年度《国际中文教育中文水平等级标准》教学资源建设项目"基于《国际中文教育中文水平等级标准》的语法自适应游戏学习平台建设"（YHJC22ZD082）阶段性成果。
[①] 刘峤,李杨,段宏,等.知识图谱构建技术综述[J].计算机研究与发展,2016（3）:582-600.
赵军,刘康,何世柱,等.知识图谱：算法与实践[M].北京：高等教育出版社,2022.

层次化、结构化，可以帮助学习者更好地理解和吸收，提高学习效率。学科知识图谱是领域知识及领域知识间的关联所形成的知识体系，可以促成智能化的知识抽取、融合、存储，实现学科知识的语义搜索、智能问答等。

2. 教师精准化教学

基于学科知识图谱可以构建智能教学系统，从而帮助教师动态调整教学策略，完成日常的备课、出题、练习、作业布置和检查、考试测评、个性化答疑辅导等任务。例如，知识图谱给学科知识、教材、图片、视频、试题等内容建立关联后，可以根据教学进度，精准分析学情，为教师规划后续的讲课内容，设计教学活动方案，推荐适需的教学资源，实现智能化备课，有效提升教研效率。

3. 学生个性化学习

通过建立学习者"学前—学中—学后"三个阶段的能力素质图谱，可以反映学生个体的认知动态，分析并预测学生的学习兴趣、知识水平、学习风格、学习进度，帮助学生构建知识体系、把握知识结构、理解知识概念、查阅知识要点、规划学习路径、推送学习资源、培养个人能力，最终实现个性化发展。比如，以牛顿平台为代表的自适应学习平台，使用知识图谱作为数据模型，能够实现精准定位学生的学习状态。[①]

二、知识图谱在国际中文教育中的应用情况

目前，知识图谱在国际中文教育中的应用已逐步展开。下面将从学科知识、标准与政策、教学资源、学习者几个方面分别介绍，相应的知识图谱之间形成的关联如图 4-4-1 所示。

---

① 万海鹏，余胜泉.基于学习元平台的学习认知地图构建[J].电化教育研究，2017（9）：83-88+107.

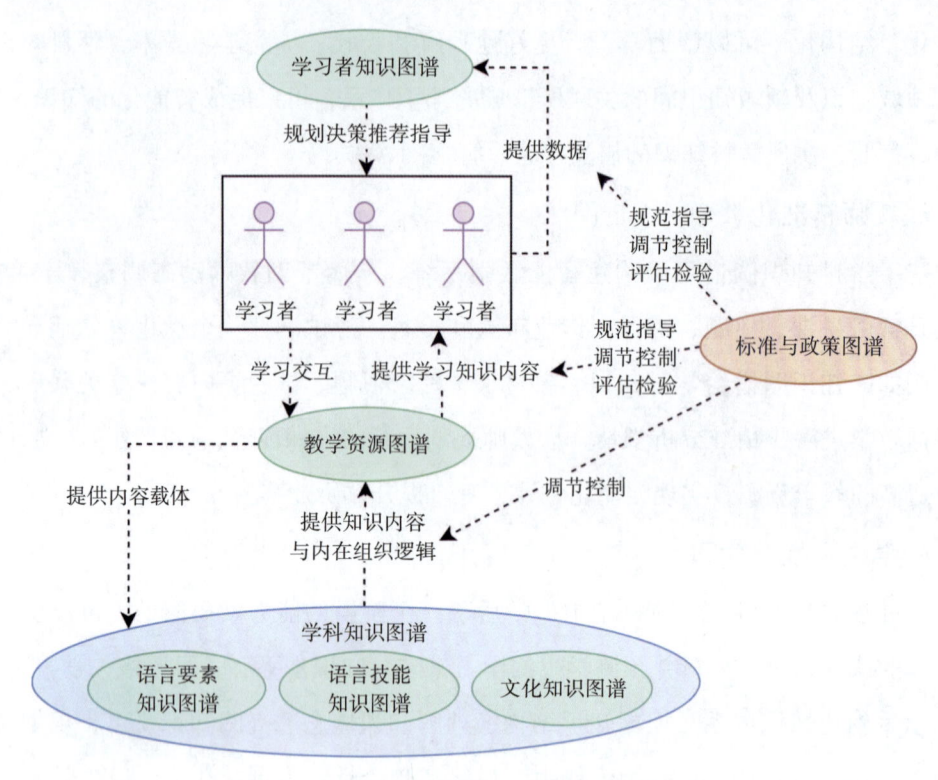

图 4-4-1　国际中文教育知识图谱的类别与关联

（一）知识图谱与国际中文教育学科知识的结合

国际中文教育学科知识图谱可以细分为语言要素知识、语言技能知识、文化知识等三大类别。

1. 语言要素知识

（1）语音

根据汉语语音的特点，依据音素、音位、音节等不同层级的语音单位及声母、韵母、声调，可以构建面向国际中文教育用的汉语语音知识图谱。依托该知识图谱，能够科学合理地进行语音学习路径规划、语音知识推理，并可以有针对性地为学习者提供语音音频示范、发音部位图、发音动作演示视频等多样化的学习资源。例如，学习者出现 sh 和 x 混淆的偏误时，教师可以借助音素图谱，将偏误归因为二者的发音部位存在差异：sh 为舌尖后音，x 为舌面前音；同时可为学习者提供与之关联的发音方法的口肌演示视频，辅助学习者反复进行操练。

（2）词汇

将汉语词汇知识图谱化，关键在于有效利用词汇之间多种多样的关系类型，比如，结构维度的同素关系（如"出租车""汽车"等）、同构关系（如复合、派生等），语义维度的同义关系、反义关系、互存关系、类属关系、顺序关系、整体—部分关系、主题关系等，功能维度的搭配关系、共现关系、互释关系等（图4-4-2）。借助汉语词汇知识图谱的网络化结构特征，通过量化的方式（如词频、等级、语义距离、共现频率、搭配紧密度等）确定汉语词汇学习的先后次序，可以让词汇教学更加有的放矢，实现个性化学习路径生成，并建立学习者专属的词汇增长模型。

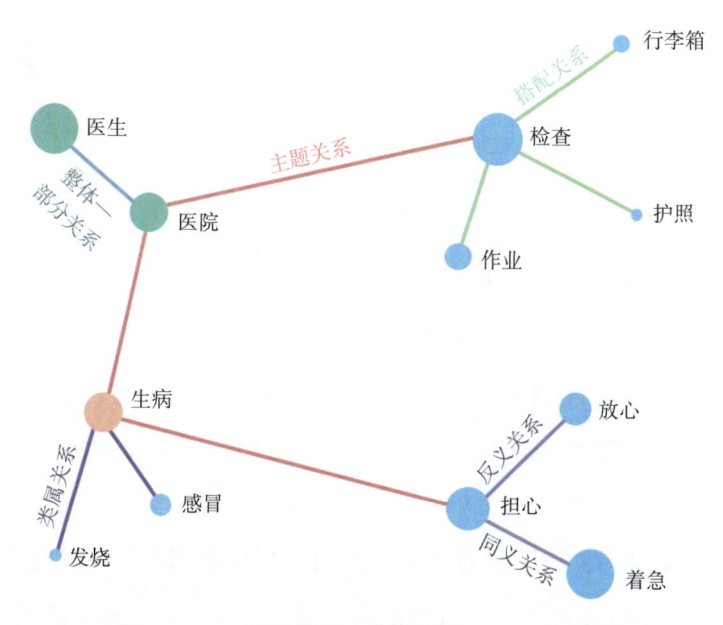

图4-4-2　关系类型丰富的汉语词汇知识图谱

（3）语法

通过对汉语语法知识点的梳理，明确语法点之间的学习次序关系、结构相似关系、语义相关关系、功能相近关系等，可以构建出汉语语法知识图谱，建立起语法知识本体和图谱之间的映射，促进语法项目形式结构、功能作用、典型语境三者的有机结合（图4-4-3）。例如，存现句"处所＋有＋数量短语＋名词"这一语法点，与表示领有的"有"字句具有结构相似关系，与"处所＋动词＋着（＋数量短语）＋名词"具有先后序关系、语义相关关系。

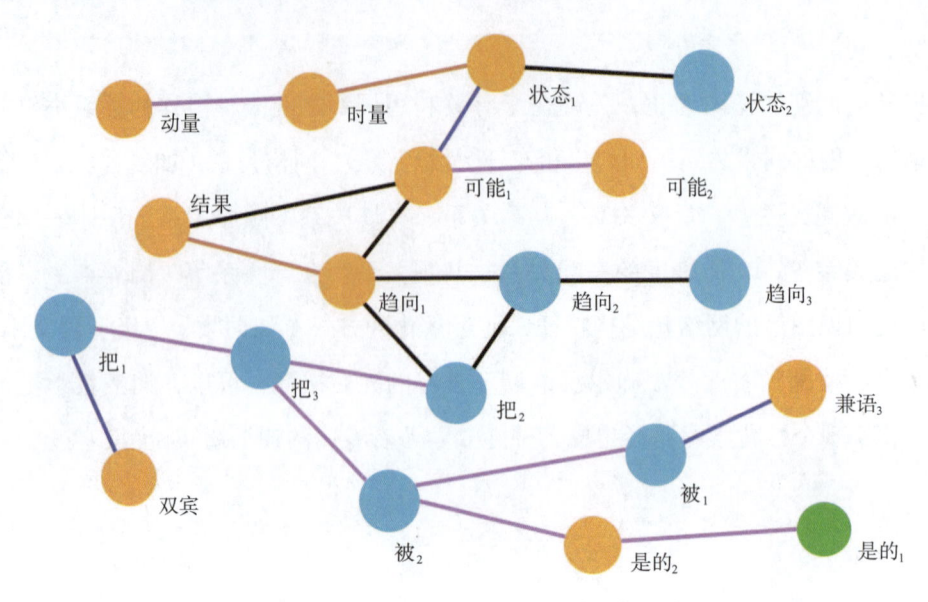

图 4-4-3　汉语语法知识图谱（部分）

（4）汉字

汉字知识图谱以汉字为节点，以同部件（如"江""河""湖"）、同笔画数（如"句"和"它"）、同源（如"古"和"故"）、同结构（如"问"和"凤"）、同六书类型（如象形、形声）等关系作为连接条件。依据字形关系，汉字知识图谱可以为学习者推荐形近字辨析等练习资源，符合"以部件为中心"的合体字教学原则。根据字音关系，图谱可以为学习者推荐同音字、多音字辨析等练习资源。此外，中文的汉字基本与语素相对应，通过联通汉字知识图谱与汉语词汇知识图谱，还可以实现构词理据的检索，有利于培养学习者的语素意识，发展其基于规则的词汇能力。

2. 语言技能知识

结合知识图谱技术构建听、说、读、写、译五项语言技能的知识图谱，能够梳理各项技能之间及内部微技能之间的关系，同时与上述语音、词汇、语法、汉字等语言要素知识图谱，以及文化知识图谱等交互，从而提升语言交际能力训练的质量与效率。例如，利用写作技能知识图谱，将写作过程涉及的语言知识、文化知识、策略知识、写作知识（如文体知识、技巧知识）等关联起来，对教师教写作和学生学写作都能起到有效的辅助作用（图 4-4-4）。

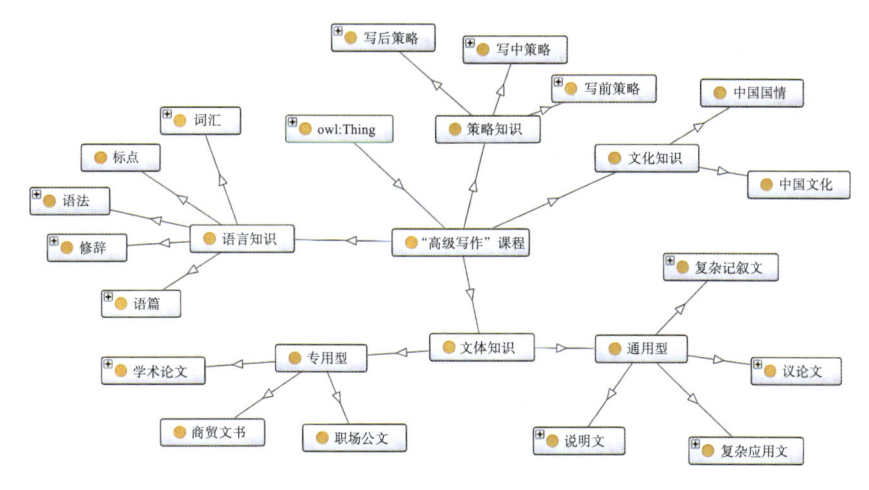

图 4-4-4　中文写作技能知识图谱

3. 文化知识

世界知识图谱以存储现实世界的知识为主，文化知识是世界知识的一个子集。在文化知识图谱中，知识点之间具有上下位关系、包含关系、先后序关系、前提关系、因果关系、主题相关关系、地理空间关系等。例如，对某一时期的历史文化知识进行主题聚类，可以构成主题相关关系的知识图谱（图 4-4-5）。将文化知识图谱与语言要素知识图谱关联，可以促进文化知识的自动识别和抽取，在一定程度上解决图谱更新、知识发现、知识补全等问题，提升图谱的自适应性能。

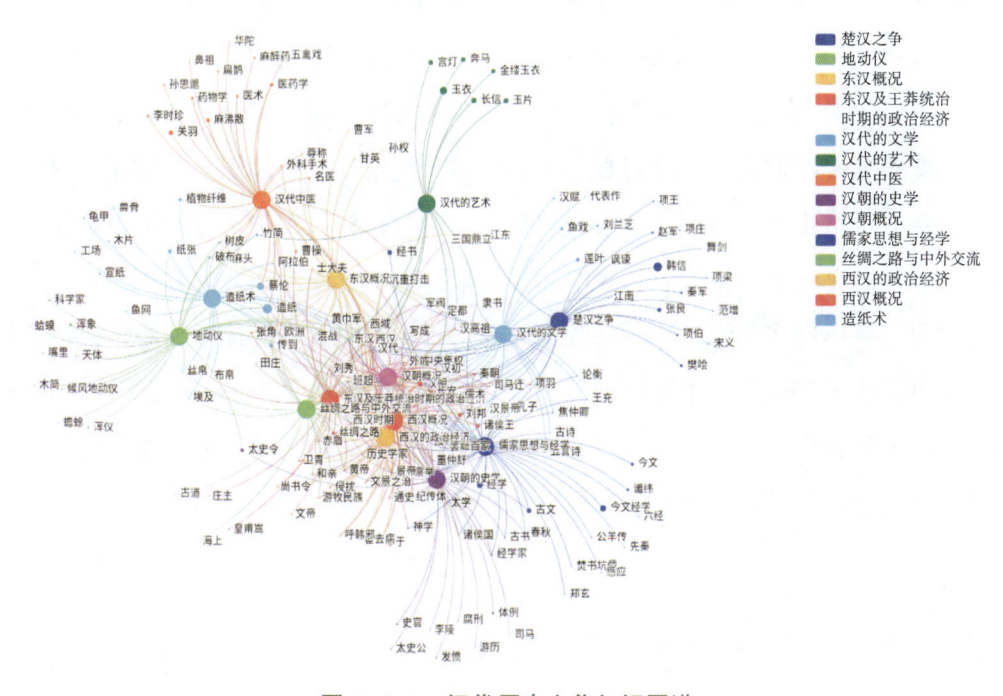

图 4-4-5　汉代历史文化知识图谱

（二）知识图谱与国际中文教育学科标准、政策的结合

《国际中文教育中文水平等级标准》（GF 0025—2021）、《国际中文教师专业能力标准》（T/ISCLT 001—2022）、《国际中文教育用中国文化和国情教学参考框架》、《新汉语水平考试大纲》（HSK 一级至六级）、《国际汉语教学通用课程大纲》，以及各国的本土教学大纲等一系列指导性标准、政策、大纲，为构建国际中文教育标准与政策知识图谱打下了基础。标准与政策知识图谱的主要作用是规范指导、调节控制、评估检验，确保教学过程符合预定的目标、规范、进度。

（三）知识图谱与国际中文教育教学资源的结合

知识图谱与国际中文教育教学资源结合，构成教学资源知识图谱，便于组织教学资源，可以解决教学资源的检索质量、检索效率等问题。将不同教学资源的名称作为知识图谱的节点，在标注节点属性时可增加媒体格式（如文本、图像、视频等）、资源属性（如教材、教案、讲义、练习题、试卷、课件、教学视频、VR/AR、游戏等）、教学功能（如语法点讲解、易混淆词辨析、HSK 备考等）。教学资源知识图谱的节点之间，可以依据不同的关系建立连接，比如图像节点之间可以根据主题、场景等关系建立连接。

（四）自适应知识图谱与国际中文教育学习者模型的结合

国际中文学习者知识图谱主要包含两方面的信息：一是学习者特征，如年龄、国籍、性格、学能、态度、动机、认知风格等，可通过调查问卷、测验、智能感知设备采集等途径获取；二是学习数据，如学习历史情况、答题记录、作文语料、学习过程的行为数据等，可通过学习平台记录、学习材料收集、学习行为采集等方式获取。

学习者特征所涉及的实体，以及学习数据所反映的数据统计指标等，通过多样化的关联关系形成连接，主要有等于关系、大于关系、小于关系、属于某区间关系等。学习者知识图谱可以量化学习者的语言能力水平，描摹学习者画像，追踪学习兴趣，规划学习路径，推荐教学资源，从而减轻认知负荷，缩短学习迷茫期，提升汉语交际技能的习得效率。

三、自适应知识图谱在国际中文教育中的应用模式分析

（一）国际中文教育知识图谱构建过程

1. 构建原则与重点

国际中文教育知识图谱的构建原则是以应用为导向，以知识服务中心。构建过程需从宏观上把握以下五个方面：

（1）服务内容，即学科知识和教学资源，需要做好划分知识节点颗粒度、确定连接关系（对象属性）、确定权重（数据属性）等工作。

（2）服务主体，即服务提供者，一般是实施国际中文教育的主体，如高校、孔子学院和孔子课堂、中小学、国际学校及其他中文培训机构等。服务主体的需求会对知识图谱的构建产生直接影响。

（3）服务技术，包括信息采集、语料建设、大数据、自然语言处理、深度学习等底层技术，以及知识抽取、知识推理、知识发现、知识存储、知识呈现等图谱相关技术。

（4）服务对象，即服务的受益者，如教师、学生、科研工作者、管理者等。服务对象的需求满足程度是衡量知识图谱质量的核心标准。

（5）服务环境，即国际中文教育知识图谱在开发、应用过程中的社会、政治、文化等背景。

2. 构建方式

国际中文教育知识图谱的构建方式主要分为两种：

其一，"自上而下"的构建方式。该方式需要经验丰富的领域专家参与，采用一定的技术辅助手段，定义适宜的本体规范，要做到概念齐备、基本关系明确，然后在此基础上添加数据内容。例如，标准与政策知识图谱涉及国际中文教育的总体标准、课程标准、考试大纲等，需要定义相关概念，梳理概念的属性、概念的关系及相关约束条件。

其二，"自下而上"的构建方式。该方式从数据源中自动提取资源模式，完成知识抽取，选择其中置信度较高的新模式，经人工审核后加入知识库中，从而完成图谱的半自动构建，并根据知识的扩增不断迭代图谱。文化知识图谱属于世界知识图

谱的一种，适用的自动化模型较多，可以采用这种方式构建。

3. 构建流程

国际中文教育知识图谱的构建流程如下（图4-4-6）：①领域专家参与构建学科知识图谱的本体，确定数据描述的规格。②收集学科知识、标准与政策、教学资源、学习者数据，完成数据预处理。③基于学科知识本体，采用众包标注，经本体映射，从结构化、半结构化数据中转换生成三元组，从非结构化数据中基于不同的算法模型抽取三元组。④将不同数据来源、用不同方法抽取的知识三元组进行实体对齐、属性对齐等，完成知识融合。⑤经过质量控制和迭代，完成国际中文教育知识图谱的构建。⑥通过知识连接建立国际中文教育知识图谱中各种学科知识、教学资源和学习者的关联。

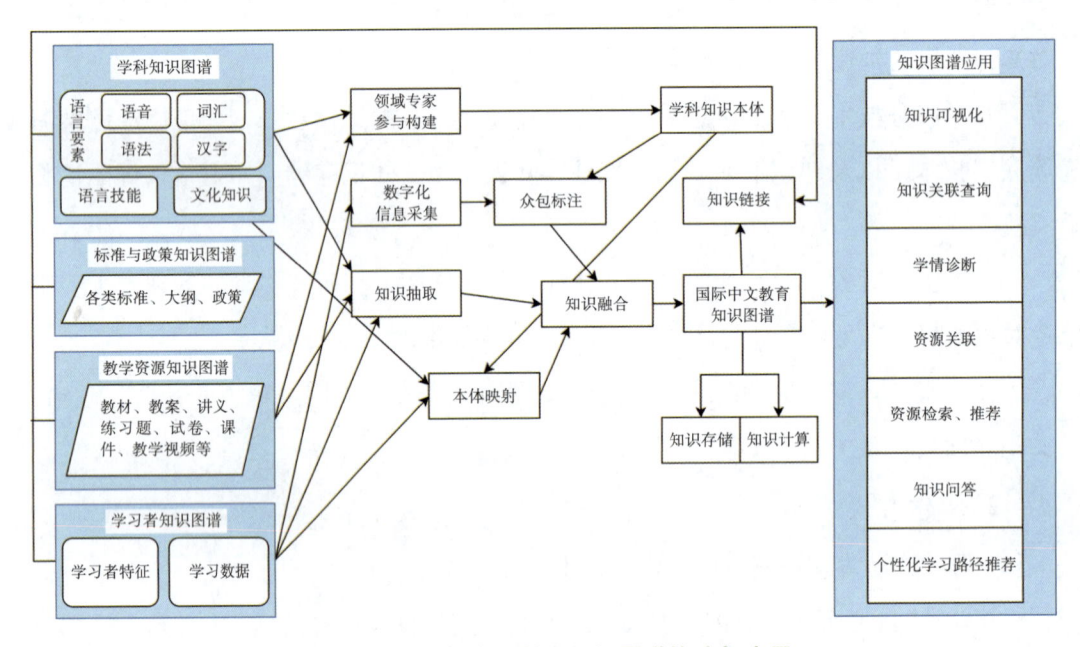

图4-4-6 国际中文教育知识图谱构建与应用

构建流程中有几步较为关键：

（1）数据获取

在国际中文教育领域，数据获取多采用众包、网络爬虫、德尔菲法等方式[1]。例如，汉字、词汇的节点数量往往较大，构建汉字图谱、词汇图谱时可以主要采用众

---

[1] 孙飞鹏，于淼，汤京淑. 基于知识图谱的汉语词汇学习资源推荐研究——以HSK三级词汇为例[J]. 现代教育技术，2021（1）：76-82.

包的方式。网络开源的教材语料库、百科知识网站、新闻网站等，则可使用爬虫自动抓取。采用德尔菲法邀请领域专家参与，一是用在不同类型知识图谱的本体架构设计时，如确定节点类型、边关系类型等，并据此制定有针对性的构建方案；二是用在对自动构建的知识图谱进行审阅和校对，特别是对属性信息进行复查时。

（2）信息抽取

信息抽取从多源异构的数据源中自动抽取信息，得到实体、属性及其相互关系等知识要素，从而形成本体化的知识表达。在国际中文教育领域，信息抽取可以采用模式匹配的方式，如抽取特定语法格式（如"说×就×""VV+看"），也可以采用基于深度神经网络的方式，从大量无结构数据中发现知识，如完成阅读文本的主题分类任务等。

（3）知识融合

知识融合是指将多源知识进行整合、汇总，从而提升知识的逻辑性和层次性，突破原有不同知识图谱的界限，形成具有丰富节点类型和连接属性的一体化图谱体系。比如，将考试大纲与试题资源进行连接，可产生"考点""考纲要求程度"等连接属性；将学习者的学习数据与练习题、试题资源进行连接，可产生"难点""易错点"等连接属性。

（二）国际中文教育知识图谱应用案例分析

国际中文教育知识图谱可以应用于传统的线下课堂教学，也可以应用于线上课堂教学、线上自主学习、线上线下混合式教学等多种教学场景。下面以"汉语词汇自适应学习平台"为例，展示知识图谱在词汇教学中的应用。

该平台的研制目标为：科学确定词语学习顺序、合理处理超纲词问题、生成个性化学习路径。具体做法是：①利用汉语教材语料，借助词语的前后相邻关系构建词语共现网络，采用复杂网络方法考察并量化词语节点在词汇网络中的重要性；②通过大规模开源语料训练得到词向量，进一步计算词语之间的语义距离，再与词汇共现网络中的词语重要性、共现频率等信息相结合，同时参照《国际中文教育中文水平等级标准》词汇表，构建出具有丰富特征信息的汉语词汇知识图谱；③基于该知识图谱最终建成集词汇释义、词汇共现以及例句检索功能为一体的自适应词汇学习平台（图4-4-7）。

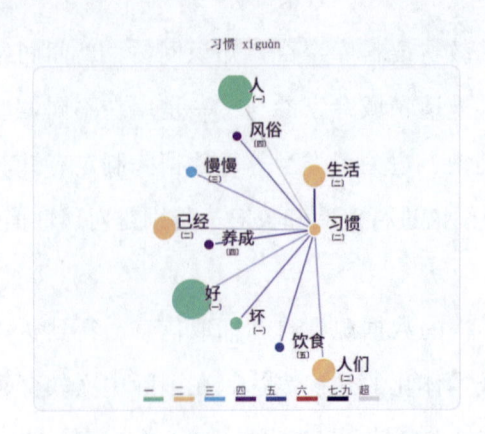

图 4-4-7　汉语词汇自适应学习平台

四、知识图谱在国际中文教育应用中的展望

（一）构建高质量的国际中文教育知识图谱

高质量的国际中文教育知识图谱，能够助力构建国际中文智慧教育新形态，优化国际中文教育领域知识的创生、传递、接收、加工。提升国际中文教育知识图谱的质量，促进学科的数字化转型，开启智能化知识服务的新局面，可以从以下几方面入手：

（1）中文知识点的颗粒度。在保证知识内容局部完整性的前提下，以"可定义、可测量、可传授"为标准，保持合理的知识点颗粒度，确保图谱的灵活性和个性化。

（2）中文知识点本身、知识点之间关系的丰富程度。明确知识点间关系的有无、强弱，并注意关系的方向性、相互性和传递性。

（3）中文知识点属性值及知识点关系特征的刻画细致程度。属性值及关系特征刻画得越细致，知识图谱整体的语义功能就越强大。

（4）中文学习资源与知识点之间的标准化程度。做好前期规划，注重系统架构，统一数据获取、编码、存储的标准，可以降低数据治理成本，保障知识图谱构建效率。

总之，知识图谱的构建应坚持领域专家全程参与，确立完善的需求采集、设计规划、服务构建、服务应用和服务评估等环节，做好过程管理，注重质量监控，将质量监控融入每个环节。

（二）创建知识图谱赋能的国际中文教育新模式

构建新一代可解释的人工智能离不开知识图谱的支持。知识图谱不仅是一种数据结构，更是一种发现新知的算法模型，能够使人工智能具备强大的认知现实世界、表达交流信息的能力。以知识图谱为代表的技术发展，必将推动国际中文教育领域产生新的教学模式，促进培养目标、育人手段、教学方法、教学资源、评价工具等多个维度的变革。正因为如此，未来的中文学习将面向人人、适合人人。在智慧学伴、智能导学系统等智能技术与产品的支持下，未来的国际中文教育将自适应推荐更符合学生认知规律的知识内容，并与更具交互化的教育游戏相结合，使学习过程更加轻松、愉快、高效。

作者：曹钢，赣南师范大学

第五节　国际中文智慧教学系统学情反馈*

学情反馈是教学实践中的重要环节，对教师了解和掌握教学效果、调整教学行为起到至关重要的作用。与国际中文教学的智慧化发展相适应的是更加智能的学情反馈。因此在设计学情反馈功能时，应要求反馈功能不断优化，数据收集和分析方法有所改革，反馈模式与呈现方式不断升级。基于反馈功能的分析更是对其价值的进一步挖掘，其目的是借助智能技术实现"师—生—机"之间的互动交流，让学生更加积极主动地参与到学习过程中来。

一、国际中文智慧教学系统基本概况

开发国际中文智慧教学系统是近年来业内重要的智慧教学实践。唐风汉语、长城汉语、全球中文学习平台等智慧教学系统都引起了很大反响，其中唐风汉语较早开发出了国际中文智慧教育平台。2022年，北京语言大学发布了"国际中文智慧教学系统"，该系统在智慧教学的技术应用和模式创新方面具有较强的代表性。本节基于其反馈功能和数据进行分析和讨论。

（一）开发背景与设计理念

1. 开发背景

国际中文智慧教学系统[①]（以下简称"智慧教学系统"）是国际中文教育集成创新实践的成果。它注重多学科交叉，涉及国际中文教育、中国语言文学和信息科学等

---

* 本节内容为国家自然科学基金"中文意合图的表征与生成方法研究"（62076038）阶段性成果。
① 网址：https://class.blcu.edu.cn/。

多个学科门类，是信息技术与语言教学、语言学习深度融合的产物。系统主页如图 4-5-1 所示：

图 4-5-1　国际中文智慧教学系统主页

面对国际中文教育长期以来难以突破的瓶颈问题，发展智慧教育的重要性和迫切性进一步凸显：

（1）为打破教育的时间、空间限制，从业者亟须开发线上直播教学、录播教学等多样化的中文教学方式和学习方式。

（2）学习群体持续多样化，从业者需要满足学生个性化的学习和辅导需求。

（3）学生规模增速超过教师群体，机械性劳动压力增大。各方都期待解放教师，令其可以投入教学创新、人文关怀等非替代性劳动。

（4）智能技术无法落地，从业者亟须构建精标互联的语言要素资源，以支撑智能技术在教学中的运行。

（5）从业者需要深入教与学的微观层面，更为深刻地认识学习过程的诸多具体需求。

然而现有的技术平台与教学实践基本脱节，尚未完成以教学为核心的信息化教育生态体系构建，教学效率、学习效率和学校管理都难以得到智能技术的支持。国际中文教育事业亟须向数字化、信息化、智能化方向转型。

北京语言大学（以下简称"北语"）立足语言教学规律和学习规律，利用语言智能技术，盘活多年教育资源，进行教学模式的全面创新，提出了开展国际中文智慧教学的主张。在思想上，智慧教学聚焦教与学两方面的核心要素，力图对国际中文教育形态进行系统性变革，实现教与学的智慧化[①]；在实践上，智慧教学要求打造融通教师、学生、技术三位一体的智慧教学系统，以解决线上语言教学存在的语言技能训练不足、互动性差等种种现实问题。智慧教学系统应与现有视频、教务、教辅等信息化平台充分融合、高度垂直，赋能国际中文教育"教与学"，为学生学习、教师教学、学校管理提供一体化解决方案。

2. 设计理念

智慧教学系统采用以教师为主导、以学生为中心的教育观，强调因材施教、个性化教学，主张构建学习者、教育者、教学资源等各个部分之间的联系。其实现基础是利用大数据和深度学习技术赋能个性化教与学。

智能技术赋能国际中文教育的具体实践体现在内容、环境、手段和课程设计四个方面。内容方面在于构建精标互联的语言要素图谱，升级转化教材形态；环境方面在于打破传统教学的时空限制；手段方面是要构建支持听说读写自动命题、评测的服务系统；在课程设计上则力图将名师教学经验和学生学习动机结合起来，在互动教学、情境教学、任务教学中完成对学生知识和能力的建构等。

智慧教学系统的用户主要有三类：教师、学生、学校。教师利用智慧教学系统实现融课件制作、分发、动态展示、统计分析等功能，开展教学设计、实施、反馈、评估等活动。学生以融课件为工具，在教师指导下通过情境互动、同伴协作等方式进行知识建构。学校利用融课件所承载的教学行为大数据，监督教学过程，动态跟踪学情质量和教情质量，评价教学结果，推动教务教学管理工作升级，提升整体教学和学习效果。

（二）开发实践与试用

2022年6月18日，北语面向全球正式发布"国际中文智慧教育工程"核心成果"国际中文智慧教学系统1.0版"；2023年2月28日，发布2.0版。本部分将简要介绍智慧教学系统的部分实践与应用情况。

1. 资源建设

过去的信息化教学系统，常常存在资源建设规模不足、加工深度欠缺、知识联

[①] 刘利，刘晓海.关于国际中文智慧教育的几点思考[J].语言教学与研究，2022（5）：1-9.

结稀疏等问题。为此，研发团队构建了面向智慧教学的国际中文教育资源体系，打造了"数据—技术"的正反馈闭环，以便开展"精标互联"原则指导下的资源构建，汇集教学资源，构建不同层级语言要素之间的关系并支持智慧教学实践。截至 2023 年 1 月底，词语和语法点搭配资源已达 200 余万条，精标例句 10 万余句，分类文本资源数十亿字。

2. 课程服务

截至 2023 年 10 月底，智慧教学系统上共开设课程 143 门，涵盖综合课、语言技能课和通识课三大类。这些课程主要包括：汉语综合课、语言要素单项训练课（包括初级语音训练课、基础汉语词汇专项训练课、HSK 词汇专项突破等）、语言技能课（包括初级汉语听、说、读、写课，速成口语课等）、通识课（包括理解当代中国、经贸汉语、社交媒体建设与运营等）。以上课程由 65 位教师开设，服务留学生 546 人，学生群体来自 55 个国家，覆盖高、中、低各个学段。

3. 教学模式

研发团队将融课件作为技术和资源的桥梁，探索多模式教学、多样态学习和多角色团队合作模式：技术人员和教师紧密合作，做到技术与教学相融合；资源团队和教师紧密合作，做到教学需求与资源供给相结合；主讲教师和助教团队紧密合作，以高效的分工协作支援教师的个性化教学。在此过程中，直播、录播和 MOOC 社区混合学习同步推进，积累教学实践经验和学情数据。其模式如图 4-5-2 所示：

图 4-5-2　融课件使用模式

二、智慧学情反馈与分析的开发与建构

（一）反馈模式

学情反馈是传统教务工作的重要组成部分，是构建教学行为闭环不可缺少的内容。传统的学情反馈模式包括问卷调查、考试/作业、交流反馈等[1][2]，不同模式各有其优缺点。

针对传统学情反馈方法和模式中的弊端，智慧教学系统的学情反馈采用了双模并行的策略，即数字化学情反馈与智能技术支持的学情反馈两种模式。

1. 数字化学情反馈

数字化学情反馈是一种利用数据采集技术和数据分析技术来收集、分析和提供个性化学习反馈的模式。数字化学情反馈首先要收集学生的学习数据，如作业成绩、测试成绩、课程参与度、在线学习活动等，在语言教学中，这些指标都有助于了解学生的学习进展、困难和需求。通过数据分析和信息可视化技术将这些数据转化为个性化的学习反馈，能够帮助教师了解学生的学习状况，更好地指导学生学习，同时也能帮助学生了解自己的学习情况，从而更好地调整学习策略和行为。

2. 智能技术支持的学情反馈

智能技术支持的学情反馈是在数字化实现的基础上，使用智能技术进一步深入分析和辅助决策。两者关系类同于数字化与智能化。人工智能技术在收集、分析和提供个性化学习反馈方面都能实现赋能。这种方法要基于学习者的数据，如在国际中文智慧教学中，利用语音识别和自然语言处理等技术，自动分析学生的学习状态和行为，并根据分析结果生成个性化的学习反馈。

（二）分析方法

为实现上述两种分析模式，研发团队采用了统计分析、单元分析、课程分析、个体分析、质量评估分析、能力评估分析和学习风格分析七种具体的分析方法，其中统计分析是基础方法，后六种则是按照分析对象和用途划分的分析方法，这些方法基本都会采用统计分析作为其实现环节之一。

---

[1] 周荣政.把握"学情"的策略[J].江西教育，2002（2）：21.
[2] W.迪克，L.凯瑞，J.凯瑞.系统化教学设计：第6版[M].庞维国，等，译.上海：华东师范大学出版社，2007.

1. 统计分析

统计分析是一种常用的学情分析方法。通过对学生成绩数据的统计，可以获得学生成绩的平均数、中位数、极差等统计数据，由此对学生的学习情况进行概括和评估，并对可能异常的数据进行警示，对异常发展趋势进行预警。统计分析是一种基础分析方法，在下面提到的几种分析方法中均会采用。

2. 单元分析

单元分析是一种关注学生学习进度的学情分析方法。通过分析每个学习单元的成绩数据，可以了解学生在不同学习单元的学习情况，发现学生在学习过程中的困难和改进空间。

3. 课程分析

课程分析是一种重要的学情分析方法。课程的本质是教学资源的投放过程。以课程为颗粒度进行整体的资源投放情况分析，有助于教师和管理者获得比单元分析更加宏观的学情视野。单元分析所不具有的历时性、整体性在课程分析中均能得到体现。对每门课程的成绩数据进行分析，可以了解学生在不同课程中的学习情况，再结合学生的学习特点和学习兴趣，可以对学生的课程选择和学习方向提出建议。

4. 个体分析

个体分析是一种关注学生个体学习情况的学情分析方法。通过对每个学生成绩数据的分析，可以了解学生个体的学习情况，并针对学生个体的学习特点和学习需求提出有针对性的教学建议。

5. 质量评估分析

质量评估分析是一种关注学生学习质量的学情分析方法，旨在通过对学生课堂表现、作业情况等的评估，了解学生学习的效果和质量，并为其学习提供有效的反馈。

6. 能力评估分析

能力评估分析是一种关注学生学习能力的学情分析方法，通过对学生产出质量的评估分析，系统将具体行为表现映射到"听、说、读、写、译"五个技能方面。这里包括但不限于练习题类型映射、学习表现映射、资源产出映射等，由此可从技能层面指导教师调整教学计划。

7. 学习风格分析

学习风格分析是一种关注学生学习风格的学情分析方法，通过对学生学习习惯、学习兴趣、材料使用偏好、活跃时段偏好等方面的分析，可以了解其学习风格，并为其提供有针对性的指导。

（三）学情反馈特色

基于在线平台的智慧教学环境，大数据和智能技术能帮助教师团队突破传统学情反馈的弊端，具有便捷、客观、高效等优点。

（1）便捷性：数字化学情反馈可以通过网络移动设备实现，方便快捷。学生和教师可以在具有网络环境的任何地点、任何时间获取并反馈信息。

（2）客观性：数字化学情反馈可以通过程序化评估算法和数据分析技术来保证评估结果的客观性，大大降低了教师和学生在教学过程中因情绪、生理反应所产生的影响。

（3）高效率：数字化学情反馈可以自动生成报告和统计数据，随时进行反馈，极大地提高了学情反馈的效率。

（4）全面性：数字化学情反馈可以收集学生的多维度信息，如预习情况、作业完成情况、练习作答过程和历史作答记录等，提供全面的学情分析。

（5）可视化：数字化学情反馈可以通过雷达图、柱形图、曲线图等图表或学习报告等形式呈现学习情况，使教师更容易把控学习进度和难度。

（6）智能化：智能技术支持的学情反馈可以通过语音识别、文本分析等技术，对学生的学习情况进行实时分析和反馈，方便教师做出更明智的教学决策。

（7）个性化：智能技术支持的学情反馈可以根据学生的学习特点和需求，提供个性化的学习指导和建议。

三、智慧学情反馈与分析的案例及其解析

（一）智慧学情反馈

智慧教学系统通过融课件将教师、学生和知识点连接起来。一方面，融课件携

带知识点；另一方面，分发后的融课件可以关联学生的学习情况并进行学情反馈。学情统计指标主要包括知识点（如字、词、句和语法篇章等内容）统计、正确率统计和学习时长情况统计。几类典型的融课件如图 4-5-3 所示。

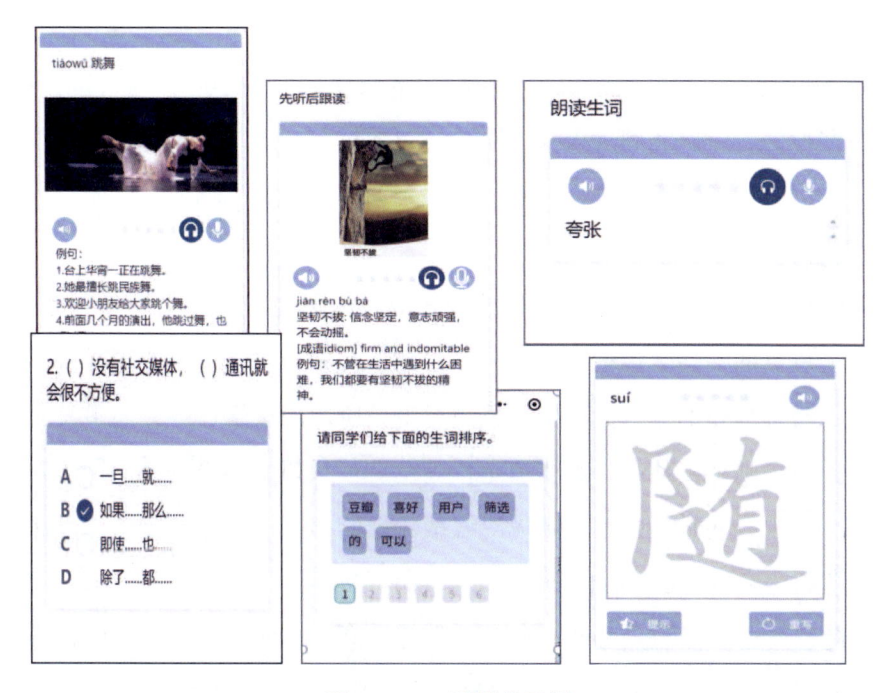

图 4-5-3 融课件示例

需要注意的是，这里谈到的"反馈"实现了前文所述的"分析方法"。但反馈是智慧学情系统中的真实模块，以满足教学前线需求为驱动，反馈采用分析方法的思想，但并不与各类分析方法一一对应。

1. 正确率反馈

正确率反馈主要通过学生作答某类题型或某个知识点的正确率来推断学生在特定题型或知识点上的掌握程度。正确率屏蔽了练习数量，从而可以更加直观地反映练习成效。由于每一知识点必然从属于某一类或某几类能力侧面（即参与了能力评估分析和个体分析），因此它也具有推断能力掌握情况和分析学情画像的潜力。正确率是一种基础反馈数据，经常作为知识点学情中的参数加以呈现。

显然，正确率反馈是统计分析方法的直接应用。在不同颗粒度的学习资源中使用正确率反馈，可助力不同的分析途径，如在课程和课程中使用，就体现了单元分析和课程分析的特点。

2. 知识点学情反馈

知识点学情反馈主要通过查看成绩来分析相应的学习情况（成绩中的一类表现形式就是前文提到的正确率）。以知识点练习为例，从单个学生维度看，系统会根据练习的成绩分析该学生对当前练习中知识点的大概掌握情况。如果得分比较高，说明这个学生已基本掌握这些知识点，可以进入下一阶段的学习；如果得分特别低，则需要更多地练习，以达到进入下一阶段学习的标准；如果得分比班级中位数或平均值低，可以对特定知识点进行专项练习，帮助学生达到平均值，以便进入下一阶段的学习。

从班级维度看，练习的成绩统计分布能清楚地呈现班级的平均分和方差分布。平均分代表班级的平均掌握情况，方差显示学生对知识点掌握的差异程度。如果平均分达到了教师预想的分数，教师可以进行下一阶段的教学任务；如果没有达到预想的成绩，教师则可以从统计里快速定位到没有被掌握的知识点，进行该知识点的专项教学。如果方差过大，教师则应对成绩较低的学生进行专项指导，以保证全班学生的成绩均达到预期水平，以便进入后续课程的学习。

在实际教学中，知识点必然属于某一课程的某一单元（尽管不同课程，尤其是"无师值守"的自学资源包并不一定如此划分，但也有类似结构），因此以不同的颗粒度对知识点反馈的数据进行汇总，就体现了课程分析和单元分析的方法。知识点是某一类或某几类语言能力的具体实现，因此按照能力维度整合知识点反馈的信息，就构成了能力评估分析。如果将特定范围的个人知识点反馈情况，尤其是历时知识点反馈数据进行整合，就能够实现个体分析、质量评估分析和学习风格分析。

3. 学习时长反馈

学习时长反馈主要通过学生作答时长统计推断学生的学习效果。系统通过直方图显示学生每个练习题的作答时长，对比实际的作答时长与预想的作答时长即可分析学生对知识点的掌握程度。

对学生而言，作答时间过长说明知识掌握不牢靠，课后多练习与此知识点相关的题目即可达到熟练掌握的程度；对班级而言，如果某知识点的平均作答时间比较长，则说明当前知识点没有被大部分同学掌握，教师可以增加类似的题目训练，以达到预定的学习效果。

通过保留历次数据，教师不仅可以利用系统快速掌握当前的学情状况，还能根据历史数据，快速了解历时数据的变化，追踪到某个人、某个班级甚至某个学科的学情变化情况，为个性化教学和课程安排提供数据支撑和智能服务。所有系统上开设的课程和所有分发的课件均具有上述知识点统计和学习时长统计功能。

此外，我们在实践中也意识到，时长是确保知识点反馈有效性的重要环节，熟练掌握程度对于反映知识点习得质量十分重要。时长反馈也巩固了个体分析、质量评估分析和能力分析的质量。

（二）智慧学情反馈与分析案例——"当代中国语言文化：社交媒体建设与运营"课程实践

利用智慧教学系统，教师可创建融课件，然后将其分发或推送给学生；学生随即在学生端（小程序或APP）进行学习，并将学习过程回传系统。基于学生作答数据，学情报告、成绩统计等数据可以自动生成。教师可以根据反馈的数据部署或调整下一次的教学和练习内容。我们在使用智慧教学系统进行教学的实验课中选取了面向本科三年级留学生的"社交媒体建设与运营"课程。图 4-5-4 是第十五讲"2020年十大流行词"练习题的学情统计页面。

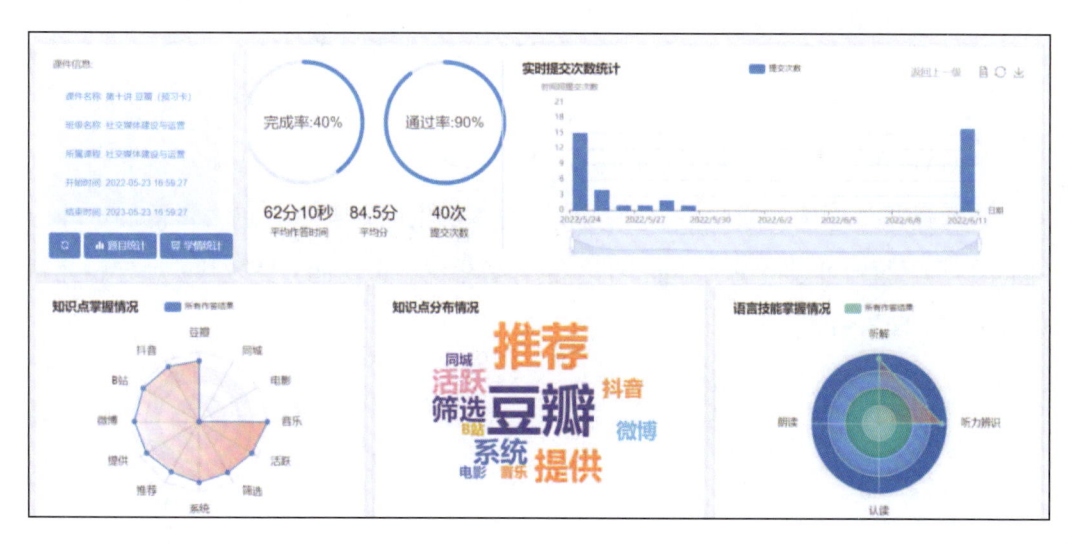

图 4-5-4　学情统计页面

如上图所示，在学生提交作答数据后，学情页面会自动生成若干统计数据。环形图显示作答分数、时长和通过率的简要信息，柱状图显示提交频次，雷达图显示需加强的知识点，云图呈现的是学习内容重要性排序。此页面体现了一个小型班级的学情，年级和全校的学情也可依此结构进行叠加。此外，环形图可以显示班级整体学习情况，如平均分和平均作答时长。当数据偏低时，教师在下次授课时应增加对已学内容的回顾；如果数据符合预期，教师则可按照正常的教学计划进行授课。

图 4-5-5 为分数分布图，该图能清晰地展示出不同分数段的学生人数。教师可根据不同得分的人数分布及时调整后续教学重点和特定人员的教学重点。图中高分人数和低分人数基本相当且较少，说明该班学生整体上已初步掌握了当前知识点。如果低分的人少，高分的人多，则说明班级里的学生大部分掌握了当前知识点；而如果情况相反，则说明只有少部分学生掌握了知识点，教师还需要对当前知识点进行详细讲解。

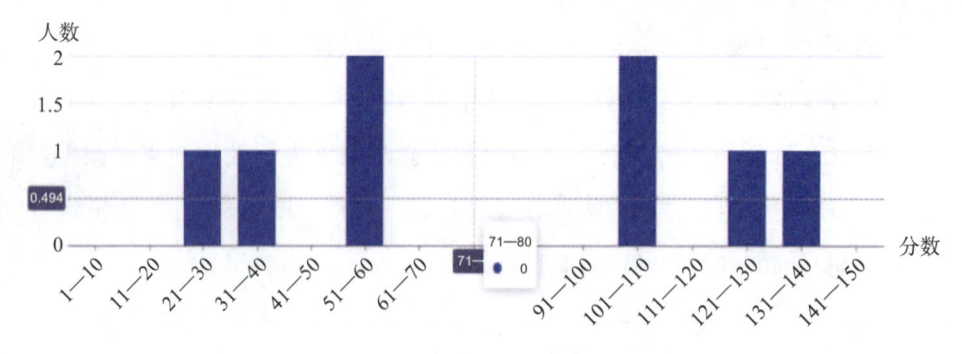

图 4-5-5　分数分布图

图 4-5-6 展示了融课件中每道题作答的平均分、得分率、正确率和平均作答时间。通过排序功能，教师可以快速掌握全体学生的薄弱项。点击详情展示界面（图 4-5-7），教师可以快速浏览单个学生的作答情况，该功能方便教师快速定位此题中知识点掌握不牢固的学生。

题号	类型	平均分	得分率 ⇅	正确率 ⇅	平均作答时间	操作
1	朗读	4.8 / 5	96%	87%	3分51秒	详情
2	朗读	4.7 / 5	94%	87%	3分59秒	详情
3	朗读	4.5 / 5	90%	80%	7分39秒	详情

图 4-5-6　单题平均作答情况

姓名	分数	作答时间
覃迦文	5	7分29秒
赵德续	5	3分32秒
李莹	5	10分2秒
谢雨雯	5	9分33秒
陈奕仁	5	6分15秒
黄金铢	5	10分16秒
业利珵	3	6分20秒
雅娜	5	7分8秒
朴惠彬	5	5分56秒

图 4-5-7　单题详细作答情况

图 4-5-8 是学生作答朗读题的界面。图中绿色表示学生朗读正确的内容，红色表示朗读错误的内容，黑色表示还未朗读的部分。学生提交后的朗读音频通过语音识别技术自动评阅后，其结果会一并反馈给教师，以方便教师更加迅速地定位每个学生的问题。

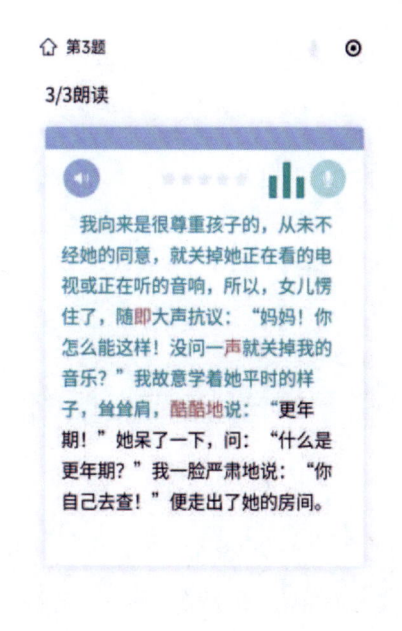

图 4-5-8　朗读题页面

图 4-5-9 为学生端的听写界面。学生通过手机或其他移动设备输入汉字后，笔迹信息自动提交给教师，教师端显示如图 4-5-10 所示。点击其中任何一个字会复现学生的书写过程。与传统的纸质方式相比，这种方式更方便教师纠正学生书写过程中的笔画、笔顺错误。

图 4-5-9　学生端听写题　　　　　图 4-5-10　教师端听写题显示界面

四、智慧学情反馈与分析的展望

（一）当前局限

目前智慧教学系统所实现的智慧学情各项功能已经初步完善。功能的全面性、智能性、易用性和稳定性已经可以满足教师线上教学或混合教学的基本需要。但是，我们也要清醒地认识到，智慧学情只是智慧教学工程的一部分，不能脱离智慧教学系统的整体而独立存在和发展。它必须与智慧教学资源建设、资源投送分发渠道、智慧学习模式等形成协同，不断完善自身功能，才能促进系统的整体健康发展。

目前智慧学情本身的发展亟须解决模块协同、数据技术、分析能力、应用模式四个方面的问题。

1. 模块协同

智慧学情是智慧教学系统的重要组成模块，需要与其他模块（资源、分发、激励、讲授/自学等）形成紧密的正反馈关系。其中较为重要的业务有：打破数据孤岛，与全系统形成统一数据池；完善数据确权和隐私管理；有效引导资源精准分发；激励师生进行自主探究式学习。

2. 数据技术

当前智慧学情仅能通过用户手机端的触摸和语音操作行为来获得学习数据，仍无法充分利用智能终端的多模态数据，如前后摄像头数据、手环体感数据、校园环境数据以及各类传感器的历史回溯数据等。多源异构数据的综合存储和分析是进一步提升学情反馈效度和信度的关键。

3. 分析能力

当前智慧学情重数据呈现，轻数据分析。基于多源异构数据的整合、分析，做出预警、评判和资源推荐，是该模块未来发展的必由之路。其中的关键问题除了前文所述数据相关技术外，还包括可靠的教育行为预测分析模型。这类模型的构建和部署对教育科学和工程实现都提出了挑战。

4. 应用模式

随着人工智能技术的不断发展和应用，智能化教学系统将实现更加精准高效的个性化教学支持。学生的学习过程和表现将得到更加全面深入的分析和评估。这使教师和学生可以更好地把握学习的节奏和方向。未来，智慧教学应用模式将持续创新，为教育改革和发展提供新的思路和方法。教师和学生应积极探索并应用智慧教学技术，不断提升教学和学习的效果和质量。

（二）从智慧学情走向智慧教务

教务行为的本质是安排和调节教学行为，以实现教学目标。传统的教务管理重视班级、学生、课程的衔接搭配。但是受限于技术与数据能力，传统教务只能通过诸如期末考试、期中考试等十分有限的考查来记录学生学情，因而无法深入到学生学习的流程之中，更不能精确描述其能力分布。智慧学情所实现（包括计划实现的）的"知识点—表现—能力"监测流程，有助于给学生推荐他们真正需要的知识服务和教学活动，从而提高整个教学过程的效率和质量。虽然目前智慧教学系统并不涉及分班、排课、学籍等传统教务功能，但是智慧学情恰恰补齐了传统教务所缺失的核心内容，即对学生学习行为的实际画像和有针对性的调节。智慧学情所包含的过程监测、内容推荐、行为跟踪、学情预警和能力预测等功能将有力地改变传统教务的面貌，使其向着更加敏捷、精准的智慧教务方向转型。

作者：于钟洋、王雨、杨兆勇、饶高琦，北京语言大学

第六节　中文智慧教室创新教学模式构建[*]

随着 5G 和物联网技术的不断发展，有关智慧教室的新应用层出不穷，且普及程度也越来越高。智慧教室既能提升教学效果，激发学生的兴趣和参与度，也有助于实现个性化教育，根据学习需求和特点定制教学内容和路径。智慧教室打通了线上与线下，扩展了学习空间，实现了同步融合式教学，因此带来了更多的机遇和可能，推动了国际中文教育的创新和发展。

一、智慧教室发展现状

智慧教室作为一种典型的智慧学习环境，学界普遍将其定义为：运用人工智能、人机交互等信息技术来增强教学内容呈现效果，使整个教学环境具备感知化的特征，并利用物联网、互联网等通信技术协助教师和学生的沟通交流，最终构建个性化、开放式的泛在教学空间。它涉及内容呈现（Showing）、环境管理（Manageable）、资源获取（Accessible）、及时互动（Real-time Interactive）、情境感知（Testing）五个维度，简写为"S. M. A. R. T."，可称为"SMART"概念模型[①]，如图 4-6-1 所示：

---

[*] 本节内容为中外语言交流合作中心 2022 教学实践创新项目"依托中文智慧教室的国际中文智慧教学模式研究及示范——以'中国概况'课程为例"（YHJXCX22-099）阶段性成果。
[①] 黄荣怀，胡永斌，杨俊锋，等.智慧教室的概念及特征[J].开放教育研究，2012（2）：22-27.

```
                    内容呈现
                    Showing
                      S

  情境感知                              环境管理
  Testing    T              M      Manageable
              SMART
              CLASSROOM
              智慧教室
              R         A
         及时互动       资源获取
    Real-time Interactive  Accessible
```

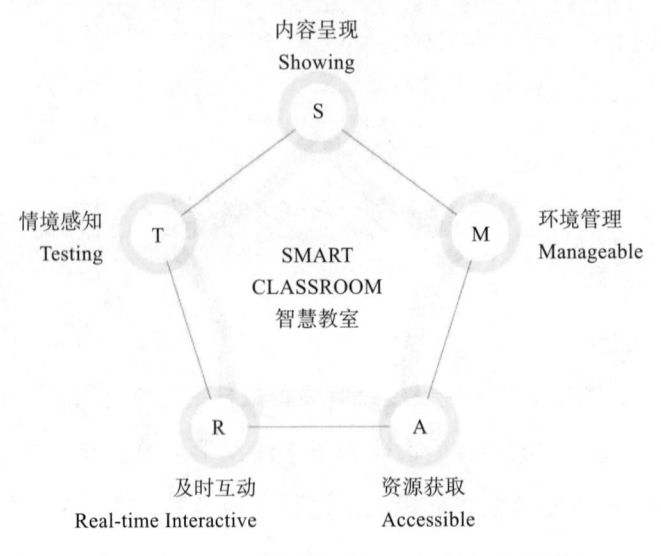

图 4-6-1　智慧教室"SMART"概念模型

智慧教室旨在为教学活动提供人性化、智能化的互动空间；通过物理空间与数字空间的融合、本地与远程的结合，改善人与学习环境之间的关系。[①]

智慧教室不仅是教育技术的体现，也是一种推动教育改革的重要工具，对于提高教育质量和学生素养具有十分重要的意义。依托智慧教室的教学模式创新是教育技术不断迭代和智慧教育理念落地生根的必然结果。

二、目前国际中文教育的痛点和难点

（一）线下教学的痛点和难点

1. 新冠疫情期间，很多国际学生难以进入中国境内学习，线下教学无法正常开展。

2. 由于海外不同国家和地区的经济发展程度、安全状况等存在差异，一些艰苦地区"外派教师难"的情况一直存在。

3. 受到多种因素的限制，中文教师已具备的数字素养难以将新兴技术有效整合到中文课堂中，因而较难实现技术赋能的课堂教学创新。

---

① 杨红云，雷体南. 智慧教育：物联网之教育应用 [M]. 武汉：华中科技大学出版社，2016.

（二）线上教学的痛点和难点

1. 国际中文教学所需要的物理空间和社会文化环境欠缺，语言学习氛围不足，导致学生学习动机不强，语言能力提升缓慢。

2. 由于不同国家的网络状况、教学环境差异较大，教学资源获取不均衡，难以实现教育公平。

3. 在线上课堂教学有限的时间内，师生互动、学生操练、生生互动及小组活动都严重受限。

4. 一般情况下，多数学生不喜欢开摄像头，教师授课体验不理想，课堂气氛不活跃，学习效率较低。

（三）线上线下同步混合式教学的痛点和难点

线上线下同步混合式教学可以说是一种很有前景的教学方式，它可以将传统的线下教学和新兴的线上教学相结合，使学生在线下和线上两种环境中都能得到充分的教育。然而在实施过程中，这种模式仍然存在一些痛点和难点：

1. 学生管理问题：教师难以兼顾线下与线上学生，这可能会导致部分线上学生课堂表现不佳。

2. 教学内容的一致性：网络或其他原因会导致线上线下教学内容不同步，影响学生的学习效果。

3. 教师的肢体语言、眼神沟通、情感交流以及相关教具的展示都受到很大的限制，很难做到线上线下完全同步。

4. 交互性不足：线上学生难以实现面对面的课堂交互，这可能导致线上学生与线下学生的疏离感增加。

综上所述，面对目前遇到的困难，国际中文教育事业亟须创新教学模式，找到应对之策，以满足线上线下同步教学的新需求。

三、基于中文智慧教室的教学模式创新

中文智慧教室（图 4-6-2）是语合中心服务全球国际中文教学的新样态，它将互

联网、大数据、云计算、物联网、人工智能、虚拟现实等新兴技术应用于国际中文教学，通过精选课程、资源平台与智慧大屏三者的有机结合，提供了一种适用于互联网时代的全新中文教学解决方案。

图 4-6-2 北京语言大学的"中文智慧教室"

（一）基本理念："一师一屏三课"

中文智慧教室确立了"一师一屏三课"的基本理念，为国际中文教育创新发展注入了活力。"一师"指中文教师或助教，"一屏"指智慧教学屏，"三课"指中文语言学习、中国文化与国情、中华文化体验三类课程。[①] 根据使用者的需求，中文智慧教室不仅可以用于教学，还可开展课程研发、教学研讨、教师培训，以及组织夏令营及 HSK、YCT 中文考试等。中文智慧教室的出现为解决国际中文教育智慧环境的搭建带来了新的思路。

（二）异地协同合作与"一师"辅助教学

国内主讲教师与海外本土教师可以协同合作，进行学情分析，利用智慧教室的软硬件资源，制定符合当地国际学生特点的教学内容和教学设计。在网络条件允许的前提下，两位教师可以在课堂上同步授课，图 4-6-3 模拟了两间中文智慧教室通过网络进行远程协作教学的场景。两位教师分工明确，配合默契，共同引导、组织和实施各类课堂活动，促进了师生之间和生生之间的立体互动，营造了良好的语言学习氛围，促进了"三课"的知识转化。

[①] "一师一屏三课" 2021 国际中文教育交流周研讨"语合智慧教室"[EB/OL].（2021-12-14）[2023-01-20]. http://www.chinanews.com.cn/cj/2021/12-14/9629627.shtml.

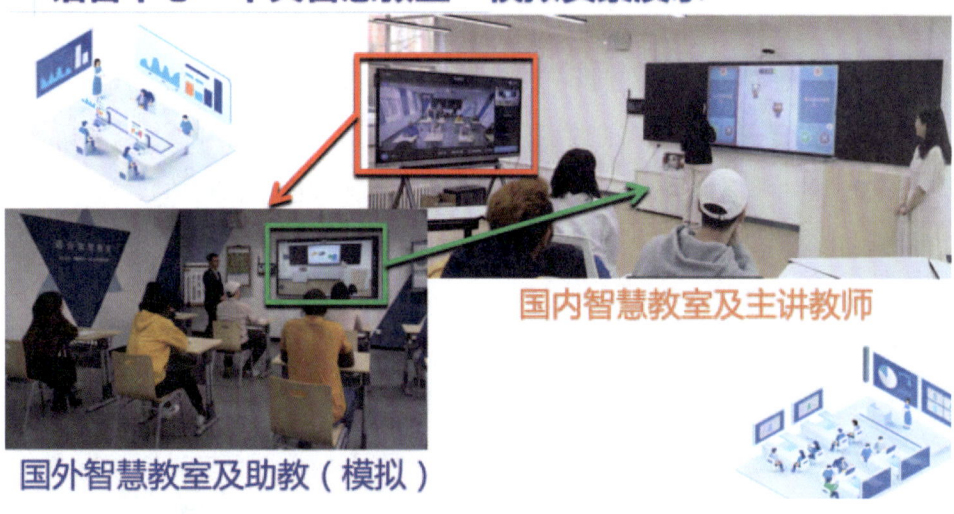

图 4-6-3　两间"中文智慧教室"通过网络进行远程协作教学

（三）"一屏"与动态开放式的教学环境

智慧教室本质上是一个动态开放的系统。利用智慧教学屏、可移动桌椅，可以搭建一个自由灵活的教学空间（图 4-6-4），这一智慧学习环境能够有效支持教师设计并开展各类协作式活动，从而促进学生之间的合作，提高学生的开口率和参与度，让学习者成为中文知识的主动建构者。总之，中文老师通过鼓励学生积极参与课堂活动、表达自己的见解，来帮助学生激发潜能、发展智慧。

图 4-6-4　动态开放式的教学环境

（四）丰富的"三课"教学资源和应用场景

首先，中文智慧教室内置了海量的多媒体教学资源和丰富的学科工具，可供教师自由选择，随意搭配，灵活建设"三课"。同时，中文智慧教室的应用场景十分广泛，依托种类丰富、功能齐全的数字教学资源，不仅可以支持开展综合、听说、读写等传统课型的中文教学，还可以辅助"中文＋职业技能"课程的教学，如"经贸中文""旅游中文""科技中文"等，如图4-6-5所示：

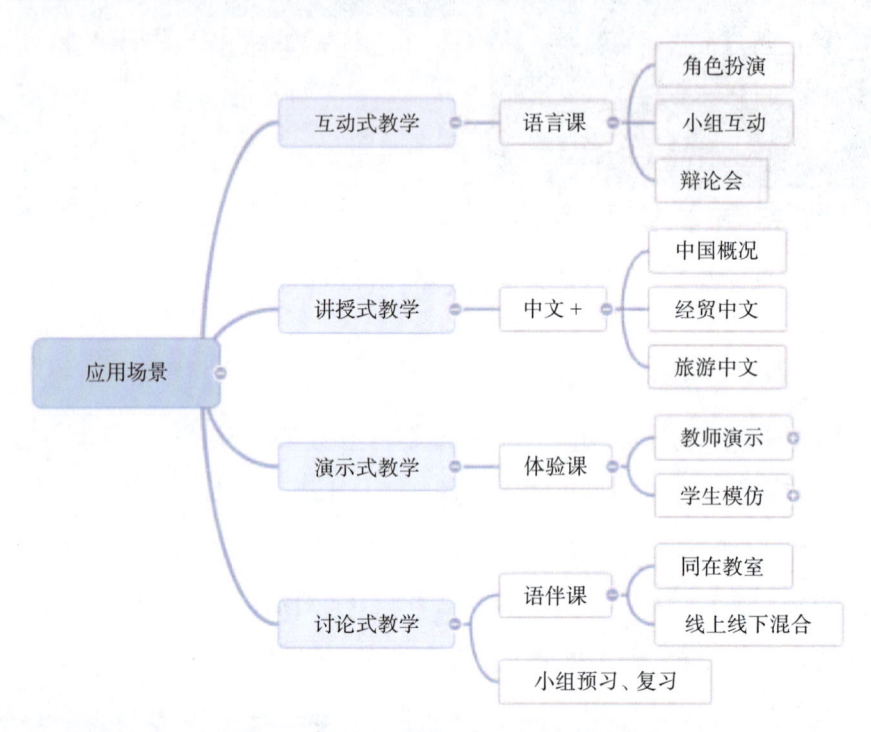

```
应用场景
├── 互动式教学 ── 语言课 ── 角色扮演
│                        ├── 小组互动
│                        └── 辩论会
├── 讲授式教学 ── 中文＋ ── 中国概况
│                       ├── 经贸中文
│                       └── 旅游中文
├── 演示式教学 ── 体验课 ── 教师演示
│                       └── 学生模仿
└── 讨论式教学 ── 语伴课 ── 同在教室
                         ├── 线上线下混合
                         └── 小组预习、复习
```

图 4-6-5 "中文智慧教室"应用场景

其次，利用智慧教室的自由空间，还可以组织丰富的"文化体验课"，如中华厨艺、剪纸折纸、乒乓球、广播体操课等；也可以安排学生体验中国传统的休闲娱乐活动，如抖空竹、抽陀螺、打太极拳、练功夫等。而且，利用教室内的摄像头还可以全程记录活动过程。

再次，利用网络视频会议软件和智慧教室的摄像头，可以组织线上线下学生的互动课或者中外学生交流课、语伴课等。

由此可见，"中文智慧教室"的应用场景十分广泛，只要师生们善于探索，一定能发掘出更多的应用场景。

四、基于中文智慧教室的"中国概况"课教学实践

本部分依托语合中心的中文智慧教室,选取"中国概况"课中的"互联网+"专题作为教学案例。该专题主要向学习者介绍移动互联网时代中国各行业的发展现状,特别是传统行业如何积极拥抱互联网,以及互联网给普通消费者的生活带来了哪些便利。该课信息量较大,涉及的内容包括电子商务、快递物流、O2O、团购、网约车、共享经济、移动支付、金融科技、区块链等诸多方面。对于中文学习者来说,在两课时内学完全部内容将是一次巨大的挑战。因此教师通过三段式教学法,采用"翻转课堂"的教学策略,帮助学习者快速高效地吸收和消化教学内容。整个教学过程可以分为课前、课中、课后三个阶段(图 4-6-6):

课前阶段 → 课中阶段 → 课后阶段

- 课前阶段:
  · 生词预习推送
  · 智慧课件制作
  · 课堂活动设计
  · 视频材料准备

- 课中阶段:
  · 课堂教学演示
  · 课堂教学互动
  · 课堂教学流程(字词句段篇)
  · 个体学习与小组协作

- 课后阶段:
  · 课后测验与教学评价
  · 课后拓展知识推送

图 4-6-6 "中文智慧教室"教学流程

(一)课前阶段

在课前准备阶段,教师需要提前准备好学习材料,并保证其科学性和准确性,还要考虑何种格式便于学生接收和存储,教师制作完成后即可将学习资源分享给学生。

1. 生词预习环节

在生词预习环节,教师一般可将其分为生词、拼音、翻译、例句四个步骤,制作成 PDF 文档后,附上生词录音文件,通过聊天软件或者电子邮件发送给学生。

此外,教师还可以将生词预习题转换为中文智慧教室手机端的小测验推送给学生,以供学生课前预习和自测。教师可以根据学生的预习情况,有针对性地设计课堂教学的重点,更好地利用有限且珍贵的课堂时间来完成教学。

图 4-6-7 是中文智慧教室教师电脑端的题库编辑界面，题库中提供了单选题、多选题、判断题和简答题四种题型，教师可以按需将制作好的习题推送给学生。

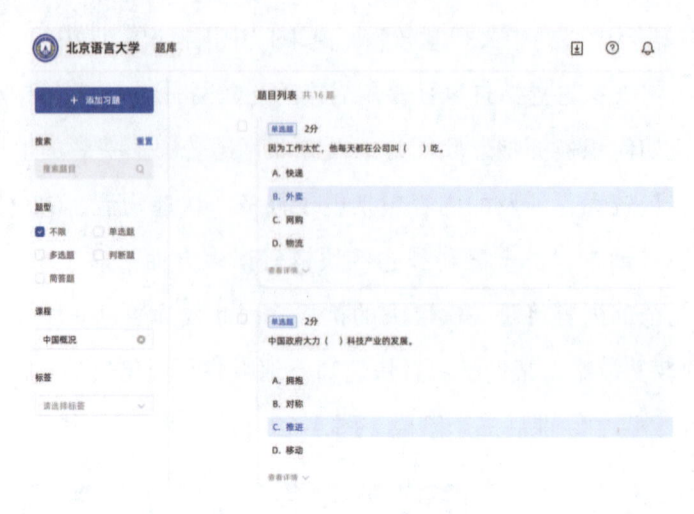

图 4-6-7 "中文智慧教室"教师电脑端题库编辑界面

2. 教师利用中文智慧教室软件备课

中文智慧教室内置的软件"希沃白板"非常适合智慧教学场景，教师可以利用这款软件来制作课件或者导入原有的 PPT，课件会自动存储到云端，教师不需要携带 U 盘即可在教室内授课。

此外，该软件除了跟 PPT 一样具有编辑功能外，还内置了很多适合国际中文教育的功能模块，如拼音标注、汉字展示、笔画笔顺、英汉翻译、课堂活动、思维导图、学科工具等，实用性很强。具体如图 4-6-8 所示：

图 4-6-8 "希沃白板"操作界面

3. 课堂活动的设计

"希沃白板"软件提供了丰富的课堂活动模板，包括趣味分类、选词填空、知识配对、分组竞争、判断对错、趣味选择等多种类型。这些模板使用难度较低，中文教师只需在模板内输入与课程相关的语言要素就可以自动生成课堂活动或游戏。因此，教师可以根据教学需要，发挥想象力，设计多种生动活泼的课堂活动。具体模板如图 4-6-9 所示：

图 4-6-9 "希沃白板"课堂活动模板

4. 视频材料的准备

在智慧教学过程中搭配一些短视频是必不可少的。视频材料的准备可以分为 PC 端专用视频和移动端专用视频两种类型：PC 端视频为横屏，适合电脑全屏播放；移动端视频为竖屏，适合手机全屏播放。

（1）PC 端专用视频准备

PC 端视频可以在授课过程中通过教室的大屏幕播放，也可以课后在学生的电脑上播放。在选择视频的时候，尽量选择画面比例为 16∶9、分辨率在 720P（1280×720）以上的视频，格式尽量选择 AVI 或者 MP4 格式。

（2）移动端专用视频准备

手机作为学生日常生活中接触最多的电子产品，也是学生移动学习的第一入口。随着越来越多的教学环节都搬到线上，教学资源变得日益丰富，线上教学在传统文字、图片、录音的基础上增加了短视频、小程序、闯关语言游戏等多种教学资源。为了方便学生单手使用，所有的教学资源都应该考虑"竖屏化"，以便于学生单手观看和移动学习。

以上就是课前的准备阶段，准备完毕后，教师可以根据需要在课堂展示或者分享给学生。此时翻转课堂教学的第一步就完成了。除此之外，在分享到班级教学群之后，教师也要实时关注学生反馈，及时回答学生的问题和疑问。教师应以学生为中心，积极与学生互动，让学生在课堂之外学到更多有用且有价值的东西。

（二）课中阶段

在课堂教学中，中文智慧教室可以在教学演示、实时互动、个体学习、小组合作等多个方面满足教师的多样化需求，帮助教师提升教学智慧，帮助学习者有效理解和迁移所学知识。

1. 课堂教学演示

在教学演示中，教师可以将课堂展示分为四个模块：白板、PPT、音频和短视频。如果用普通电脑来展示这些内容，老师需要不停地切换，费时费力，而且可能会导致教学过程不顺畅。利用中文智慧教室就可以完美呈现教学内容，并实现屏幕的自由切换。

2. 课堂教学流程

在"中国概况"课的教学过程中，遵循的是"字—词—句—段—篇"的基本教学流程，如图 4-6-10 所示：

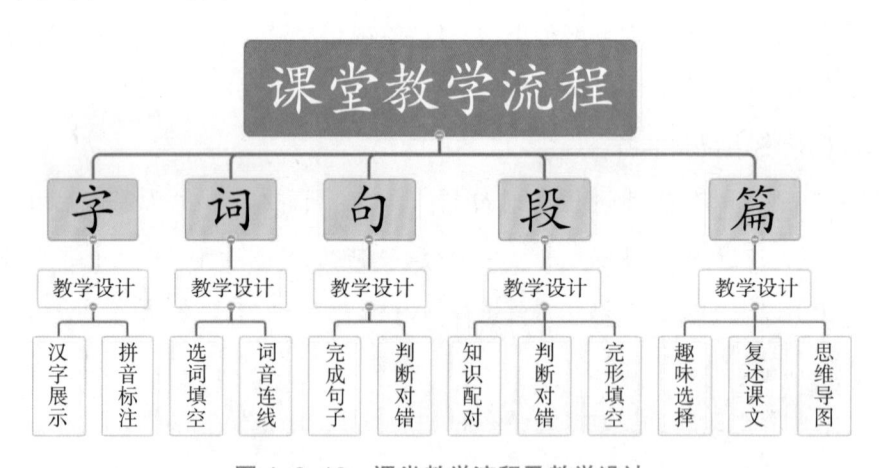

图 4-6-10　课堂教学流程及教学设计

在不同的教学演示阶段，教师可以利用中文智慧教室软件中不同的课堂活动模板来设计教学。采用不同的教学工具，可以丰富课堂活动的形式，激发学习兴趣，让学习者获得沉浸式的学习体验，在潜移默化中习得语言。

（1）字词与拼音

智慧教学模式并没有彻底推翻传统教学模式，而是在传统教学模式的基础上加入了先进的技术手段和教学理念，以实现更为理想的教学效果。

即使学生在课前已经完成了生词的预习，传统的字词展示、讲解环节仍然需要保留。中文智慧教室与传统教室的不同之处在于，教师可以在智慧大屏上通过点击、拖拽等交互操作，灵活调整生词大小，便捷地查看拼音、声调、笔顺等信息，如图4-6-11 所示：

图 4-6-11 "中文智慧教室"生词展示模块（含拼音、声调、笔顺等信息）

生词展示与讲解环节完成后，教师可以搭配一个生词的小测验活动，该活动可以利用中文智慧教室内置的"希沃白板"软件来完成。教师使用软件中内置的模板，可以轻松设计各类词汇小测验。这些测验不仅画面精美、生动有趣，能够消除学习者的抵触心理，而且具有很强的交互性，可以提高学生的参与度和开口率。

比如，在小测验环节，教师选择了两个课堂活动，一个是词音连线（知识配对模板），一个是词性分类（趣味选择模板，如图 4-6-12 所示），那么学生就可以在智慧教室触摸大屏上进行拖拽操作，完成生词的词性分类。教师也可以将学生分成两个小组，每组选一位代表进行小组竞赛，这样的活动能充分调动全体学生的积极性，活跃课堂气氛，促进知识的内化。

图 4-6-12 词性分类练习（趣味选择模板，词语可拖拽到相应词性中）

（2）重点句子讲练

在讲练重要的语法点时，教师一般会使用完成句子和判断对错两种课堂活动，完成句子的练习可以通过中文智慧教室内置的模板"选词填空"来实现，如图 4-6-13 所示。教师让某位学生登台拖拽恰当的词语到合适的位置来完成练习，其他学生则可以通过手机端来完成，整个过程十分高效、流畅。

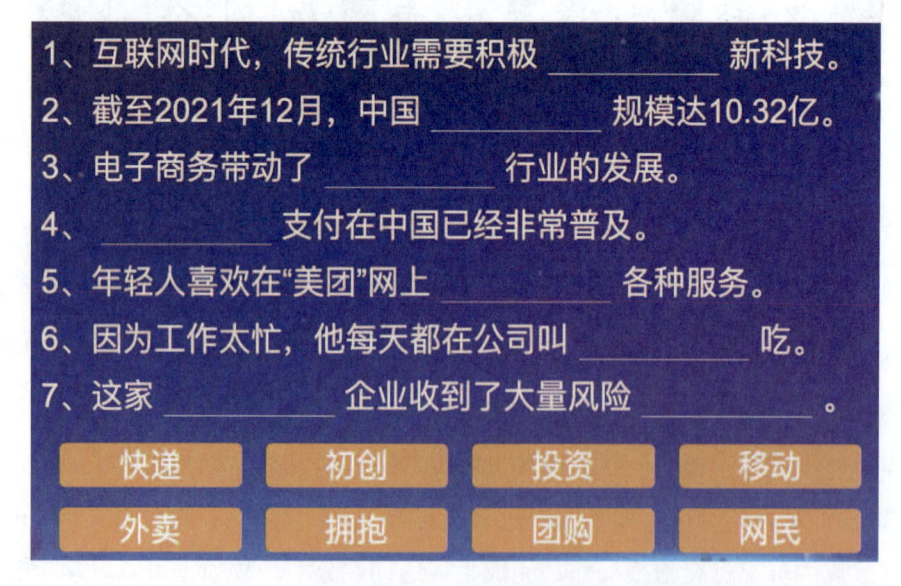

图 4-6-13 完成句子练习（选词填空模板，可触摸拖拽）

"判断对错"这类课堂活动可以让学生在改正错误的过程中完成句子的操练，培养学生的批判性思维。判断对错有三种形式：一是单独邀请一位学生上台，二是邀请两位学生上台比拼，三是采用小组竞赛的形式。具体界面见图 4-6-14：

图 4-6-14　判断对错类习题界面

由于中文智慧教室的大屏支持多点触控，因此可以开展竞赛式学习活动。比如，教师将全体学生分成两队，各队选出代表参与"判断对错"的小组竞赛。该活动有时间限制，用时越短、正确率越高的小组获得胜利。通过此类课堂活动，可以有效调动学习者的学习兴趣。

（3）段落的处理

教师可以采用完形填空、知识配对、复述段落、判断对错四种课堂活动来进行语段操练。除了复述段落内容的环节没有与之配套的模板以外，其他三项课堂活动都可以直接调用现成的模板。以课堂活动"知识配对"为例，图 4-6-15 和图 4-6-16 分别展示了后台的编辑界面和课堂的展示效果。

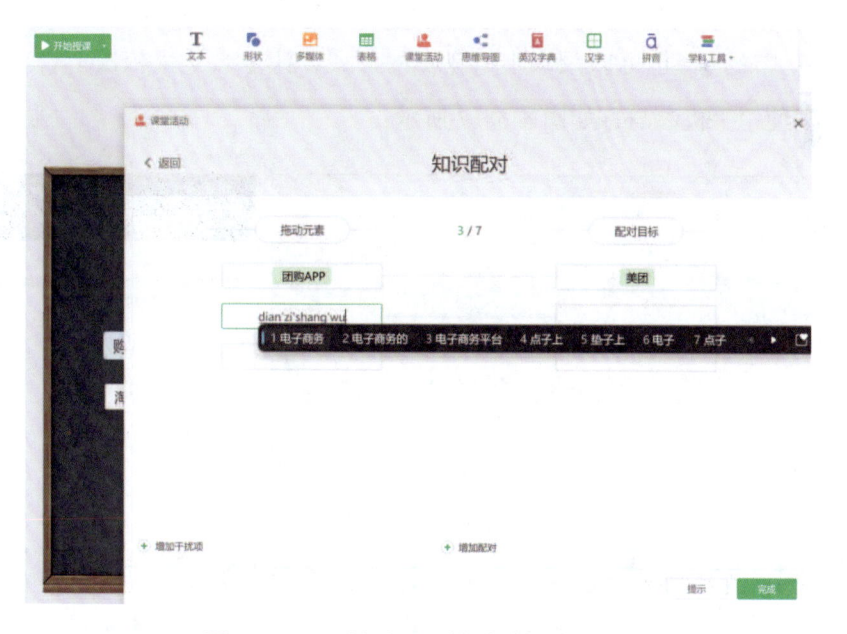

图 4-6-15　"知识配对"教师编辑界面

图 4-6-16 "知识配对"课堂展示效果

由上两图可知，教师进入后台编辑页面后，只需输入文本信息即可自动生成知识配对，最高支持 10 对。此外，还可以增加干扰项，提高知识配对的难度。在课堂教学中，学生可以登台触摸智慧教室大屏，拖拽左侧蓝色选项与右侧红色选项搭配，完成知识配对的操练。

（4）课文的梳理

在完成课文的逐段讲解后，为增强学生对课文内容的整体性理解、夯实课堂所学知识，教师可以采用趣味选择、思维导图、复述课文三种课堂活动来达到预期目标。其中，趣味选择也可以采取小组竞赛的形式，让多名学生依次上台参与活动，其他学生则使用手机参与，如图 4-6-17 所示：

图 4-6-17 趣味选择：小组竞赛（左图）+ 手机参与（右图）

此外，教师还可以利用思维导图工具对课文进行梳理，使学生对课文结构和总体知识的把握得到进一步的提高和深化，如图 4-6-18 所示：

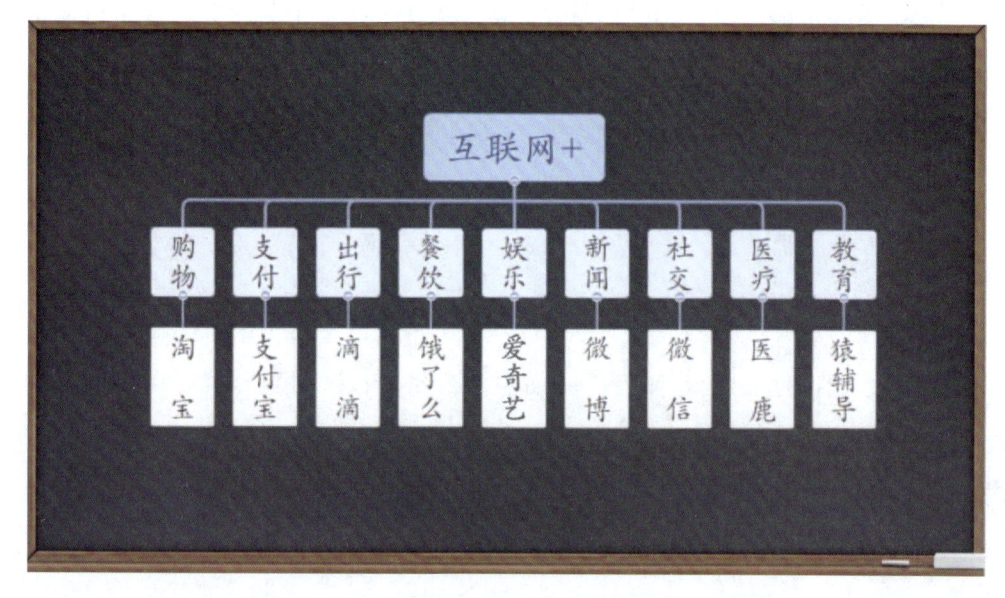

图 4-6-18　中国概况课"互联网+"思维导图

在中文智慧教室中，教师应更多地扮演引导者和指导者的角色，鼓励学生自主学习和探究。同时，教师也要成为学生的合作伙伴，与学生共同探讨问题，分享经验和心得。教师需要把握好教学的节奏，并及时调整教学策略，以便让每一个学生都能够充分发挥自己的潜力。

3. 个体学习与小组协作

（1）个体学习：在教学过程中，教师可以根据课程的需要，随时从中文智慧教室内置的教学资源里调用合适的学习内容；然后通过客户端推送教学内容和学习任务，组织学生进行自主学习。学生可以安装中文智慧教室配套的手机客户端，通过客户端随时提出问题，教师在收到学生的问题后进行针对性解答或者个别化辅导。

（2）小组协作：教师提出课程任务并发布到学生学习客户端，每组学生使用学习客户端完成小组任务，并在平台上分享或进行课堂演示，教师给予反馈评价。学生也可以利用智慧教室的现场投票功能，对小组演示进行现场投票，选出最优秀的小组。在群体协作学习模式中，教师将问题解决与群体合作紧密结合，可以促进知识的协同建构。

此外，智慧教室内置了手机投屏功能，可以将手机上的内容投射到大屏幕上，让教师和学生更清晰地看到所展示的内容。教师可以通过手机投屏进行实时的教学演示，展示教学视频、图片等多种多样的内容，提高教学互动性；学生可以通过手机投屏将自己的作品、思路和想法展示给大家，这样既能促进学生之间的互动和交流，又能增强学生的自信心和表达能力。

（三）课后阶段

1. 课后测验

课后测验的主要目的是了解学生掌握知识的情况，针对中国概况之"互联网+"专题这节课，选择时下最热门的话题，如共享经济、社区团购、O2O、外卖等内容，学生既会感兴趣，也可以通过课后测验获取知识。

2. 课后推送

课后推送与课前推送的目的不同，教师一般会将教学课件的部分内容分享给学习者，让其可以温故知新。课堂上的短视频也会通过链接的形式分享给大家，以便在课后进行师生互动和学习反馈。

以中文智慧教室为基础的创新中文课堂，保证了课前、课中、课后各教学环节师生之间的实时互动。它还能收集与学生学习行为相关的数据，帮助教师量化学生的学习效果，掌握学生的学习轨迹，及时调整教学进度和重点，从而改善教学。

五、总结与展望

语合中心的中文智慧教室不但能有效帮助教师提升教学质量和效率，激发学生的课堂积极性和创造性，还能帮助教师更好地了解学生的学习情况，促进教师与学生之间的互动与反馈。此外，中文智慧教室能自动生成课程回放，还能方便地实现教学资源的共享，有助于学生进行自主学习。总体而言，语合中心的中文智慧教室对国际中文教育创新教学模式具有很大的推动作用，因此在教学实践中获得了师生的一致好评。

当然，中文智慧教室在教师培训和资源建设等方面仍然存在不足。为了帮助教师更好地运用现代教育技术和中文智慧教室，可设计一些灵活高效的在线培训课程，以便让教师适应不断变化的智慧教育环境。此外，中文智慧教室的评估和反馈机制目前也不太完善，需要建立有效的教学评估和反馈机制，帮助教师了解学生的学习进度和理解程度，并根据反馈调整教学策略，从而满足不同学习者的个性化需求。

未来，如果中文智慧教室能够与生成式人工智能（AI）和虚拟现实技术（VR）相结合，将会给学习者带来更加个性化的学习体验和实践机会。学习者可以通过AI和VR技术获得定制化的学习内容和沉浸式的学习环境，提高中文的实际运用能力。AI智能评估和反馈能帮助学习者了解自己的学习进展，并提供个性化的学习建议。虚拟实践和虚拟交流能够让学习者在虚拟现实环境中体验中国语言和文化，培养口语表达和社交能力。同时，结合AI和VR技术可以实现中文教育资源的共享和跨文化交流，促进中国语言和文化的传播与交流。

作者：陈闻，北京语言大学

第五部分　国别篇

主持人：李敬欢，新疆师范大学

第一节　奥地利中文教学资源发展状况*

奥地利中文教育发端于近代，进入 21 世纪后发展较为迅速，涉及基础教育阶段、高等教育阶段、中文学校等多个教育层面。奥地利第一位汉学家是 19 世纪初的植物学家史蒂芬·恩德利希（Stephan Endlicher）。他自学中文，开设了私人中文课堂①，这一举动被视为奥地利中文教育的萌芽。1843 年，奥古斯都·费茨梅尔（August Pfizmaier）在维也纳大学开设中文课程②，此后由数位汉学家任教，但持续时间较短。1973 年，奥地利维也纳大学东亚系设立汉学专业，标志着奥地利的中文教育步入正轨。奥地利中文教育经历了本国独立发展与中奥共建两个阶段，这两个阶段以 2006 年维也纳大学孔子学院的成立为分界线。前期的中文教育师资主要为本土教师或当地华人，教学机构除了维也纳大学汉学专业外，还有维也纳中文学校等。维也纳大学孔子学院成立后，由原孔子学院总部/国家汉办向奥地利派出中文教师志愿者，奥地利中文教育自此进入中奥共建阶段。截至 2022 年，奥地利有十余所高等学校开设汉学系或中文课程，有孔子学院 2 所、孔子课堂 1 个，另有其他中文教学机构和组织 100 余家。

一、发展背景

奥地利允许中文教育进入国民教育体系。2005 年，奥地利教育部将中文列入中

---

* 本节内容为 2023 年度国家社会科学基金项目"中文教育促进新时代中欧全面战略伙伴关系的路径研究"（23BYY173）阶段性成果。
① 参见维也纳大学汉学系官网：https://sinologie.univie.ac.at/die-sinologie/institutsgeschichte/。
② 徐美德. 奥地利汉学的奠基人——奥古斯都·费茨梅尔 [J]. 古典文学知识，2010（4）：107-111.

学语言选修课，但当时开设中文的中学不足10所。[1]

教育部从外语教育政策的角度保障中文教育的地位和功能，小学生从一年级起便可选择中文作为外语进行修习。此外，奥地利的外语教育政策强调对母语的支持和鼓励。虽然当前奥地利使用德语的人数众多，但学校呈现出语言多样性的特点。2018—2019学年，奥地利超过26%的中小学生在日常生活中使用除德语外的其他语言。[2]考虑到这一情况，奥地利教育部制定了母语课政策，规定中小学开设母语课，鼓励学生学习多种语言。母语不是德语的学生，以及在双语家庭中长大的学生，无论是何国籍、在奥地利停留时间和德语水平如何，都有资格参加。2019年，母语课涉及超过25种语言。从2016年开始，奥地利教育部为中国华侨的子女设立了中文母语课。中文母语课分为三个等级，教师根据学生需求进行授课。中文母语课的设立极大地促进了奥地利中文教育的发展，越来越多的华侨华人子女有机会正式学习除口语外的中文读写知识。根据奥地利的语言政策、外语教育政策而开设的各层级中文课程，为奥地利中文教育的深入发展提供了广阔的平台。

随着2016年中文母语课的设立，奥地利中小学纷纷根据需求开设相应的中文课。2018—2019学年，奥地利教育部母语课统计表明，有5名教师为奥地利4个州的279名学生开设了43门中文课，课程数量较前一学年增长43%，学生人数较前一学年增长54.1%。基础教育中中文母语课的开设，在一定程度上提高了奥地利中文教育的普及程度，为中文教学资源的发展及中文教学本土化提供了契机。

二、发展情况

（一）纸质教材开发情况

奥地利目前有两套本土中文教材，一套是维也纳大学汉学专业自编的《在汉学系学汉语》，另一套是维也纳大学孔子学院与德国CBT出版社合作编写的《回见》。

---

[1] 曾祥喜.奥地利汉语教学现状与发展——以维也纳地区为例[C]// 第九届国际汉语教学研讨会论文选.北京：高等教育出版社，2008：42-47.
[2] 参见奥地利教育部官网：https://www.bmbwf.gv.at/Themen/schule/schulpraxis/ba/sprabi/msmuib.html.

1.《在汉学系学汉语》

（1）教材概况

《在汉学系学汉语》（*Chinesisch Lernen am Institut für Sinologie*）是维也纳大学汉学系自编的中文教材，也是奥地利具有代表性的一套自编教材。该校是奥地利最早开设汉学专业的综合性大学，其汉学系成立于1973年，也是奥地利最大的现代中国研究科学中心。汉学系拥有本科、硕士和博士学位授予权，研究方向包括政治与法律、历史与社会及对外汉语与外语教学法。汉学系完备的教育体系与研究传统为自编教材提供了资源与经验保障。

2017—2018学年冬季学期后，汉学系考虑到此前使用的教材不符合奥地利学生中文学习的特点，由教师Xia Baige与Dr. Wolfang Zeidl编写了《在汉学系学汉语》（上、下册），此后该教材被汉学系用作主要的中文教材[1]。

教材在编写说明中指出，该教材根据《欧洲汉语能力基准项目》（*European Benchmarks for the Chinese Language*）要求[2]，参考HSK考试标准，结合汉学系的语言教学特点，循序渐进地训练学生的听说读写技能，可用于综合课、口语课（听说）、语音课、写作课和阅读课。奥地利没有全国性的中文教学大纲，这些标准能基本满足欧洲中文教育的要求。

教材分为上下册，供无语言环境的初级水平学生使用。两册共24课，上册（12课）包括听说、语音、阅读等内容，分为正音辨音、识字写字、课文、词汇、语法、练习六大板块，供新生第一学期使用，适用的课型包括综合、语音、口语；下册（12课）在上册六大板块的基础上增加了写作，供第二学期使用，适用的课型包括综合、语音、听说、写作、阅读等。

该教材的基本体例为，首先根据课文内容学习本课所需掌握的词汇，然后阅读课文（有带拼音和不带拼音两种形式），学习并操练语法点，最终通过练习进行巩固。以上册为例，书中涉及的话题十分广泛且与学生的学习生活密切相关，既包括日常生活内容，如问候、学校生活、姓名、国籍、方向、家庭成员的介绍等，也包括具体的学习内容，如数字、汉字知识与书写等。

---

[1] Gastegger, J. Lehrbuch und Motivation im Chinesisch-Unterricht—Eine Analyse am Beispiel des Lehrwerks 在汉学系学汉语—Chinesisch Lernen am Institut für Sinologie [D]. MA thesis at Universität Wien，2018.
[2]《欧洲汉语能力基准项目》（2012年）由欧洲委员会资助，旨在基于《欧洲语言共同参考框架》对中文作为外语建立相应的评价标准。

（2）教材特点

第一，本土化程度较高。该教材编写说明中指出，此前使用的《汉语教程》（修订本）（杨寄洲编著，北京语言大学出版社，2006）不能满足奥地利学生的学习需求，且使用时间较长（2学年），不符合维也纳大学的教学安排。在《在汉学系学汉语》的教材编写中，编者充分考虑了本土学生的需求，包括语言环境、教学对象及专业。

吴应辉指出，汉语教材"本土化"包含的要素有"教材容量本土化""部分话题本土化"。[①] 其中"教材容量本土化"体现在教材的编写应与该国的教育体制、政策相衔接。《在汉学系学汉语》的编写说明指出，维也纳大学汉学系的周课时为2学时，每周完成1课，每学期12课。此前使用的教材（《汉语教程·第一册》）共有15课，教材内容量较大，与该校的教学安排不符。因此，新的本土化教材能够适应汉学系的课时安排。"部分话题本土化"体现在除了与中国相关的话题，还应编入学生熟悉的本土话题，以激发学生的学习兴趣。《在汉学系学汉语》针对的是无语言环境的汉学系学生，因此教材内容围绕维也纳大学、汉学系的基本情况，以及校园环境、同学、师生和家人间的对话展开，如"汉语课与讨论""在维也纳大学"等。原先所用教材（《汉语教程》）的部分主题（如"我换人民币""我们都是留学生"）并不适用于汉学系缺乏中文生活环境的学生，因此这套本土教材受到了汉学系师生的欢迎。

第二，使用范围有限。《在汉学系学汉语》本土化的特点也在一定程度上限制了其推广。由于维也纳大学汉学系的专业性与学习的特殊要求（如教材容量、话题），这套教材目前仅在该校使用，由汉学系教师完成基本编订，没有联系出版社正式出版，使用范围有限，这在一定程度上限制了奥地利本土中文教材的发展。

2.《回见》

奥地利另一套本土教材是2012年维也纳大学孔子学院与德国CBT出版社合作出版的针对德语区青少年的中文教材《回见》。该教材基于HSK汉语水平考试及《欧洲语言共同参考框架》编写，包括课本及练习册，侧重中学生中文交际能力的培养。但此教材使用范围较小，受众有限，仅限于维也纳大学孔子学院的青少年学习者。

[①] 吴应辉.关于国际汉语教学"本土化"与"普适性"教材的理论探讨[J].语言文字应用，2013（3）：117-125.

（二）数字资源开发情况

维也纳大学汉学系的自编教材《在汉学系学汉语》在课本中注明，会提供部分线上教学资料，如练习、参考答案、音频文件、语法注释等，供学生自学或课后使用。提供线上教学资源的初衷是学生购买教材的能力有限，网络资源相对纸质教材更为方便，但该教材配套线上资源目前仍处于开发阶段。

（三）纸质教材使用情况

1. 基础教育阶段中文教学资源使用中国引进教材

奥地利基础教育阶段的中文教学主要使用纸质教材，多从中国引进，多数学校使用《中文》（暨南大学华文学院编，暨南大学出版社，2007年）。可见，基础阶段的教学资源使用情况较为单一，这与奥地利基础教育阶段的课程设置（包括中文母语课、中文选修课）有关。虽然奥地利已将中文纳入国民教育体系，但没有颁布全国性的中文教学大纲。中文母语课的开展促进了中文教育的快速发展，但基础教育阶段的中文教育在奥地利呈散点式分布，学习中文的人数有限，因此本土中文教材的编写尚未提上日程。

2. 高等教育阶段主要使用中国引进教材，本土研发教材有限

奥地利高等教育阶段的中文教育分为两类，即高校中文系或语言中心及孔子学院。前者大多使用的中国引进的教材（表 5-1-1），另如前文所述，维也纳大学汉学系还使用自编的《在汉学系学汉语》。奥地利两所孔子学院中，维也纳大学孔子学院使用《成功之路》系列教材（张辉、牟世荣等编著，2008年），格拉茨大学孔子学院暂无教材信息。

表 5-1-1　奥地利部分高等教育机构教材使用情况[①]

机构名称	主要使用教材	中文课程类型
维也纳大学汉学系	《汉语教程》（修订本）（杨寄洲主编，2006年）、《在汉学系学汉语》（Xia Baige & Dr. Wolfang Zeidl 主编，2017年）	现代汉语概论、口语、写作等中文语言课

---

① 表 5-1-1 资料来源：各大学及其语言中心官网。

续表

机构名称	主要使用教材	中文课程类型
维也纳经济大学商务语言中心	《环球汉语——汉语和中国文化·学生用书1》（Encounters: Chinese Language and Culture, Student Book 1, Cynthia Y. Ning & John S. Montanaro 编著，2011年）《环球汉语——汉语和中国文化·汉字练习本1》（Encounters: Chinese Language and Culture, Character Writing Workbook 1, John S. Montanaro & Rongzhen Li 编著，2011年）	初级汉语（1、2）
维也纳工业大学继续教育中心	《汉语教程》（修订本）《科技汉语读写教程》（白晓红主编，2012年）	初级汉语课（1、2）、工业汉语课程（3、4）
维也纳外交学院	《成功之路》（张辉、牟世荣等编著，2008年）	初级汉语
因斯布鲁克大学语言中心	《新实用汉语课本》（第2版）（刘珣主编，2010年）	汉语初级课程（1、2）
萨尔茨堡大学中国中心	《新实用汉语课本》（第2版）	中文初级（1、2）、中文中级（1—3）、中文中级会话

3. 华文学校

奥地利的华文学校主要由当地华侨华人创办，教学对象既包括华裔子女，也包括部分非华裔儿童和成人。此类学校以中国的传统文化和中文教学为主，为对中文感兴趣的中奥青少年、社会人士提供学习中文的机会。此外，华文教育为华人融入当地社会提供了语言和习俗方面的帮助，有助于赴奥华人更好地在奥地利社会工作和生活，最终为中奥之间的民间交流和合作以及文化互信和理解做出一定的贡献。如表5-1-2所示，华校多集中于维也纳与萨尔茨堡地区，开设的课程包括各级中文课、商务汉语课、书法绘画才艺课等，使用的教材有《新实用汉语课本》（第2版）、《中文》等。

表 5-1-2 奥地利部分华文学校教材使用情况

机构名称	主要使用教材	是否为海外华文示范学校
维也纳中文学校	《新实用汉语课本》（第2版）（刘珣主编，2010年）	是
维也纳中文教育中心	《中文》	是
维也纳中文学院	《新实用汉语课本》（第2版）	否
萨尔茨堡中文学校	《中文》、《长城汉语——生存交际》（马箭飞主编，2005年）、《快乐汉语》（第2版）（德语版）（李晓琪等编，2014年）	否

（四）数字资源使用情况

新冠疫情期间，奥地利的中文教育多采用线上教学形式。据了解，数字资源多为纸质资源转化而来，缺少全新研发的资源。

除前文所说《在汉学系学汉语》的配套线上教学资源外，一些教学机构（如维也纳大学孔子学院）存有图书影像资源，如《舌尖上的中国》《你好！中国》等光盘。这些数字资源能够极大地提升学习者的学习兴趣，提高学习效果。但此类数字资源多为中国视频资源的汇总，缺乏本土化的研发。

三、主要特点

（一）本土中文教材兼具适应性与挑战性

奥地利官方语言为德语，虽然市面上有不少德语版中文本土教材，但多在德国使用。现阶段奥地利使用的教材基本从中国引进。维也纳大学汉学系的《在汉学系学汉语》作为目前奥地利具有代表性的自编中文教材，在教学容量、话题等方面具有较高的本土化特征。此类本土中文教材对于奥地利中文学习者具有一定的亲和力和适应性，能够使其尽快通过具有本土特色和文化交流的内容获得中文知识和交际技能。

然而，过于本土化的性质也使得此类教材的发展受到一定限制。此套教材仅关注本校学生的学习、语言环境，因此无法为更广泛的奥地利中文学习群体所使用。同时，由于教材的适应面主要是院校的专业学生，因此教材的社会受众面也会受到限制。但该套教材无疑是一次有益的尝试，为奥地利教材的本土化发展提供了新思路，具有典型的中奥文化交流特征和优势。

（二）本土教学资源有限且缺乏互通性

就教学资源的类型而言，当前奥地利中文教育在师资、教材、资金、大纲等各方面还存在明显不足。由于中文在奥地利大中小学多为选修课，且选修人数有限，因此奥地利教育部没有制定统一的中文教学大纲。此外，除维也纳大学汉学系、维也纳大学孔子学院开发了本土中文教材外，其他各层级教育机构多使用中国出版的教材，缺乏统一的本土教材。虽然奥地利近年来无论学历教育的基础教育、高等教育，还是非学历教育的华文学校、孔子学院，中文教育发展都较快，但相关数据显示，各类各层级的中文教育一般各自为政，彼此之间的资源交换渠道较为匮乏，无法实现资源互通，导致现有稀缺的资源也无法实现更大的使用价值。上述因素使得奥地利中文教育的本土教学资源较为有限，无法充分满足各地区对于中文学习的全方位需求。

（三）数字教学资源开发程度不足

在线中文课堂作为新冠疫情以来重要的中文教学平台，需要与之配套的网络教学资源。但需求规模较小、人力物力不足，导致奥地利中文教学的数字教学资源比较匮乏。大多中文教育机构在提供网络课程时，基本只是将纸质教材或配套课件上传至网络教学平台，并非真正意义上的数字教学资源。这种教学方式无法满足学习者的需求，大部分学习者对于当前数字教学资源的使用率较低，同时他们对于数字教学的方式也不够了解，导致目前的数字教学方式无法有效推进。随着网络课堂、在线教育的规范化、规模化与普及化，数字教学资源的开发与推广亟待提上日程，为奥地利中文教育的发展注入新鲜力量。

综上，奥地利中文教育近年来发展迅猛，潜力巨大，但教学资源的发展明显落后于中文教育的发展。本土中文教材虽有所尝试，但有待进一步完善和推广。另外，由于缺乏统一的中文教学大纲，奥地利基础教育阶段教学资源有限，数字资源也亟待丰富，并进行本土化开发。奥地利中文教学资源的发展需要各方力量共同协作，以实现中文教育的本土化。

四、结语

奥地利中文教育历经近两个世纪的变迁，目前正处于大力发展阶段。其中文教育的发展与该国母语课政策的推行及中奥共建中文教育的背景有着密切关系。虽然中文教育已进入奥地利国民教育体系，并且涵盖了基础教育、高等教育、中文学校等多个层次，但大多数教育机构仍使用中国引进的教材。奥地利在本土教材编写方面有所尝试，但数量不多，如维也纳大学汉学系自编的《在汉学系学汉语》、维也纳大学孔子学院编写的青少年中文教材《回见》。教学资源多为纸质教材，数字资源应用较少。在后疫情时代的背景下，奥地利中文教育亟待发展本土各层级的教学资源，包括在制定中小学中文教学大纲的前提下，开发基础教育阶段的本土中文教材，扩大高等教育阶段本土中文教材的应用范围，促进数字资源的研发与应用。如此，中文教材才能适应新时代教学资源"本土化、数字化"的趋势，为奥地利的中文教育发展助力。

作者：余烁，中央民族大学

第二节　巴基斯坦中文教学资源发展状况

巴基斯坦的中文教学可追溯至20世纪60年代初期[①]，至今已有约60年的历史。1970年，巴基斯坦成立国立现代语言学院，其中文系是最早提供正规中文教学的机构，主要为政府培养中文翻译人才。随着"一带一路"倡议的提出及中巴经济走廊的正式启动，中巴关系提升至全天候战略合作伙伴关系，经贸、文化交流等需求刺激着巴基斯坦中文教育的发展。在双边对话与合作的驱动下，巴基斯坦的中文教育依托本土高校、研究机构、中小学、华文学校、社会培训机构及孔子学院等教学载体，形成了巴方政府推动、民间自发、中方协助有机结合的发展格局。巴基斯坦现有26,000—30,000名学生学习中文。[②]

一、发展背景

中巴政府间的友好关系使得中方在巴基斯坦拥有良好的社会声誉，这为中文教学的发展创造了宽松、友好的社会环境。同时，中巴双方积极开展各领域合作，巴方政府也高度重视中文人才培养，逐步推进当地中文教学深入开展。

在国家层面，2013年中巴发表《中国和巴基斯坦关于深化两国战略合作的联合声明》[③]，巴方表示支持在卡拉奇大学设立孔子学院，并逐步扩大在巴孔子学院建设；2018年中巴签署《中华人民共和国和巴基斯坦伊斯兰共和国关于加强中巴全天候战略合作伙伴关系、打造新时代更紧密中巴命运共同体的联合声明》[④]，指出要进一步加

[①] Sh.. 巴基斯坦的汉语教学 [J]. 语言教学与研究，1982（1）：145-148.
[②] 网址：http://english.scio.gov.cn/internationalexchanges/2021-03/19/content_77327563.htm。
[③] 网址：https://www.gov.cn/jrzg/2013-05/24/content_2410193.htm。
[④] 网址：https://www.gov.cn/xinwen/2018-11/04/content_5337407.htm。

强中巴教育机构特别是高等教育机构之间的联系，鼓励巴基斯坦高校开设更多汉学和中文课程；巴基斯坦参议院批准为中巴经济走廊相关人员开设官方中文课程，以降低沟通障碍[①]；巴基斯坦高等教育委员会设立瓜达尔—中国奖学金项目（Gwadar-China Scholarship Program），培养中文人才，满足瓜达尔地区中巴合作的需要。

在省级层面，信德省政府提出从 2013 年起在全省所有学校和教育机构 6 年级以上课程中设立中文必修课；吉尔吉特-巴尔蒂斯坦地区出台《吉尔吉特-巴尔蒂斯坦教育战略（2015—2030）》，提出要在吉尔吉特-巴尔蒂斯坦每个区建立一个中文中心；2017 年，开伯尔-普赫图赫瓦省技术教育和职业培训局（TEVTA）在该省所有技术学院非营利组织的支持下提供语言课程和技术教育，以满足中巴经济走廊建设中的人才需求[②]；旁遮普省设立"首席部长免费中文奖学金"，输送学生到中国学习中文[③]。一些曾在中国留学的巴基斯坦学生，回国后成长为本土师资，助力当地中文教育事业的发展。

近年来，巴基斯坦教育政策文件中陆续写入中文教学的相关内容。2017 年联邦教育与培训部（MOFEPT）颁布的《巴基斯坦国家课程框架》中提出，巴基斯坦中学、高中课程可开设中文课程；2020 年 2 月巴基斯坦信德省的课程、评估与研究理事会（DCARS）在《九、十年级学习计划和学科分支（人文学科组）》中，明确将中文列为人文学科学生选修的语言课语种之一。中文教学的相关政策为巴基斯坦中文教学发展提供了有力支持，有助于进一步细化并推进当地中文教学的落地与实施，促使更多的教育和科技资源流向中文教育领域，推动巴基斯坦中文教学资源的开发与利用。

二、发展情况

（一）纸质版教材开发情况

巴基斯坦本土中文教材发展尚处于起步阶段。目前已知的第一部巴基斯坦本

[①] 网址：https://www.yenisafak.com/en/world/pakistan-senate-passes-motion-about-teaching-chinese-mandarin-3115085。
[②] 网址：https://tribune.com.pk/story/1544744/1-k-p-offering-chinese-language-courses-technical-colleges。
[③] 网址：https://www.pakistanjobsbank.com/Jobs/48716/Chief-Minister-Chinese-Language-Scholarships-Program-2017-May-Punjab-Apply-Online-Latest/。

土中文教材是2007年由Hishaam Bin Irfan编写的《学习中文》(*Learn Mandarin Chinese*)，该教材面向学生、商人、游客和政府官员，全书共18章，包括汉字书写、发音、句子建构、会话技巧等内容，中英双语对照，同时标注拼音[1]。

2012年，派拉蒙出版社出版了《汉言易语》(*Chinese Made Easy*)[2]（图5-2-1），其作者是赛义德·哈桑·贾维德（Syed Hasan Javed）。赛义德先生现在担任巴基斯坦国立科技大学中国研究中心主任，曾在巴基斯坦驻华大使馆担任过10年外交官，并于2021年荣获第十五届中华图书特殊贡献奖[3]，这一奖项是由我国国家新闻出版署主办的纳入国家荣誉框架下的出版界最高涉外奖项。《汉言易语》旨在为希望在日常生活中使用基本中文会话的人提供指导，内容主要为100个口语句子。该书从拼音入手，用英、乌双语注释汉字字义，还首创以乌尔都语标注拼音的形式，方便学生借助乌尔都语的注音读出汉字，为巴基斯坦学生自学中文创造了条件。2014年，该书即推出了第2版。此外，赛义德先生还出版了一本中、英、乌三语词典《巴拉蒙汉英乌尔都语词典》(*Paramount Chinese-English-Urdu Dictionary*)。

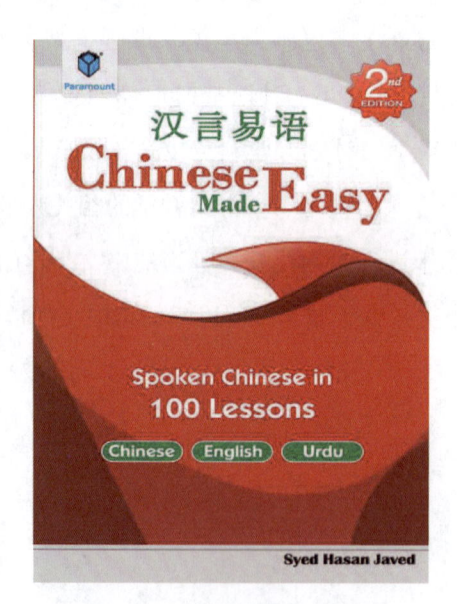

图5-2-1 《汉言易语》封面

由Alsinah出版社组织人员编写的《中阿英乌会话手册》(*Learn to Speak Chinese, Arabic, English & Urdu, Speaking Learning Book*)是一本中、阿、英、乌四语对照的

---

[1] 网址：https://imsauthor.blogspot.com/2021/09/book-review-title-learn-mandarin.html。
[2] 网址：https://epaper.gmw.cn/gmrb/html/2012-10/18/nw.D110000gmrb_20121018_2-08.htm。
[3] 网址：https://mp.weixin.qq.com/s/aBnwUbcArcdkBQDsVo8L-A。

语言学习书籍，充分体现了巴基斯坦历史宗教背景下的多语言社会环境特点。该书内容用四种语言同时呈现，中文还加注拼音，编者希望使用其中任一语言的学习者能够同时学习其他三门语言。该书在日常对话中融入了宗教色彩，也涉及基本的商务对话，主要内容包括：见面、介绍、教育、在经学院学习、往返于经学院、学生、阅读、学校、两个朋友之间的对话、就业面试、商务会面等。

中文教师 Muhammad Azeem Ahmed 参考《HSK 标准教程》，衍生出两套学习资源：一是《HSK 书写练习册》（*HSK Handwriting Workbook*）系列，共有 9 册，其中一至三级各 1 册，四至六级各 2 册，包含汉字笔顺描红练习册和词汇表；另一套是《HSK 标准教程完整词汇》（*HSK Complete Vocabulary with Pictures*），这是一套生词图集，目前有 HSK 一至四级共 4 册，作者将 HSK 的词语与表示意义的图片一一对应展示，其中一、二级仅有图片和中文词语，三、四级加上了拼音和英文注释。

巴基斯坦的本土纸质教学资源总体上多面向学生、商人、游客和政府工作人员，语言水平适用于初学者，内容较为基础，在语言技能上重视口语训练，呈现出速成的编写倾向。具体的巴基斯坦本土中文教学出版物见表 5-2-1。

表 5-2-1　巴基斯坦本土中文教学出版物[①]

序号	中文书名	英文书名	编者/出版社
1	《汉言易语》	*Chinese Made Easy*	Syed Hasan Javed/Paramount Books
2	《中文容易》	*Zhongwen Rongi: Chinese Urdu Reader with Pronunciation*	M. Ashraf/Maktaba Al Quraish
3	《万事如意中文》（译名）	*All the Best Chinese*	Sheraz Ali Muskrahat/-[②]
4	《中文、英语和乌尔都语对话》（译名）	*Chinese, English and Urdu Conversation*	-/Dua Book Palace
5	《中阿英乌会话手册》（译名）	*Learn to Speak Chinese, Arabic, English & Urdu, Speaking Learning Book*	-/Alsinah
6	《中文、英语/乌尔都语课程》（译名）	*Chinese Language, English/Urdu Course*	Tariq Abbas Mirza/Jahangir Book Depot

---

[①] 此表数据来源于笔者 2020—2023 年对 Daraz、Paramount Books、Vanguard Books、Online Book Shop 等近百个巴基斯坦本土购物网站、出版社官网及网上书店的调查统计。

[②] "–" 表示相关信息暂缺。

续表

序号	中文书名	英文书名	编者/出版社
7	《中文—乌尔都语学习指南（口语学习）》（译名）	Chinese Urdu Bolna Seekiyay, Chinese Urdu Learning Book, Language Guide	Shayan Aziz/-
8	《学习中文》（译名）	Learn Chinese	Muhammad Kamran/Publishers Emporium
9	《学习中文》	Learn Mandarin Chinese	Hishaam Bin Irfan/Bell Publications
10	《HSK 书写练习册》	HSK Handwriting Workbook	Muhammad Azeem Ahmed/-
11	《HSK 标准教程完整词汇》（译名）	HSK Complete Vocabulary with Pictures	Muhammad Azeem Ahmed/-
12	《巴拉蒙汉英乌尔都语词典》	Paramount Chinese-English-Urdu Dictionary	Syed Hasan Javed/Paramount Books

（二）数字资源开发情况

现代教育技术在中文教学中的应用是必然的发展趋势。巴基斯坦本土中文教学网络资源及数字化应用建设最早始于 2010 年前后，2016—2017 年起开始增多，其形式主要有以下三类。

1. YouTube 用户录制的教学视频

YouTube 视频平台开放度高，受众广泛。YouTube 用户通过平台进行内容制作，发布了丰富多样的中文教学视频。Fahama Sharif 是较早发布中文教学视频的 YouTube 用户之一，其系列内容 "Learn Chinese in Urdu/Hindi" 最高视频播放量已达 32 万次，其用户订阅量也已达到 2 万人以上。YouTube 平台上的教学视频时长灵活，以 10—15 分钟居多，内容根据视频博主的个人选择，有的侧重于日常交际，如年龄、家庭、数字、日期、食物等，有的则以 HSK 为主要内容。

YouTube 视频平台上的中文教学视频时长、更新时间、内容选择等方面自由度较高，但同时也存在规范性、持续性、及时性不足等问题。

2. Udemy 在线课程平台上录制的课程

目前 Udemy 在线平台有两门巴基斯坦本土制作的付费中文课程。其中一门是由 Naseem Khan 主讲的 "Basic Chinese Language Course for Beginners in Urdu

Medium",这门课共 14 章,包含 125 个短视频,总时长约 18 小时,包括拼音、汉字、词汇、句型、日常用语等内容,已有近千名学生注册学习。

在线课程平台上的课程较为稳定,在发布课程的同时也公布教学计划、主要教学内容,课程管理也更加规范,学生学完后能获得平台颁发的证书。但这两门课的授课者均非中文专业背景,在专业性、教学技巧等方面犹有不足。

3. 中文学习 APP

巴基斯坦中文学习需求的不断增长对信息技术赋能中文教学提出了要求,推动了移动端中文学习软件的开发和应用。目前,巴基斯坦本土开发的中文学习应用以词语的双语或多语对照翻译为主。应用软件需要一定数量的用户支撑,更新迭代也很频繁,一些学习软件在过去几年或升级或淘汰,目前运营较为稳定的是 UrduPure 公司开发的 Learn Chinese in Urdu,该应用在电脑端和移动端均可安装,自 2018 年 12 月推出以来,总下载量已达 5 万次以上。2022 年 11 月,该应用更新了 2.1 版本。

另外,一些高校也参与到中文学习资源的建设中来,巴基斯坦纳瓦布沙阿的 Quaid-e-Awam 工程科技大学开发了"用信德语学习中文(Learn Chinese in Sindhi)"应用程序[1]。这款应用程序是为会说信德语的人开发的,目标受众为 11—17 岁的六至十年级学生,精准对接区域需求。

(三)中文教学资源使用情况

目前,巴基斯坦进行中文教学的机构主要为高校、孔子学院(课堂)以及各类培训机构,使用中国出版的教材占主流。

1. 基础教育中的中文教材选择具有明显的阶段性

巴基斯坦中小学的中文教材总体上依据学生年龄进行选择,从低年级到高年级依次采用《汉语乐园》《快乐汉语》和《跟我学汉语》系列教材,这些教材图文并茂,具有趣味性、丰富性,接受度高。近年来,部分小学的高年级开始选用《YCT 标准教程》,中学阶段也逐渐倾向于使用《HSK 标准教程》。

2. 赴华留学需求刺激考教结合教材的选取

教育部全国来华留学生统计数据显示,2014—2018 年,巴基斯坦来华留学生人数增长一倍,年平均增长率为 20.34%,在生源国排名中从第 8 位跃升至第 3 位。通

---

[1] 网址:https://link.springer.com/chapter/10.1007/978-3-030-21817-1_8。

过 HSK 考试的学生有更多机会前往中国留学并获得奖学金资助，因此围绕 HSK 考试设计的考教结合类教材日益受到青睐。以信德省海德拉巴市佩特罗中学为例，自 2017 年起，为满足学生学习需求，学校将原来使用的《汉语乐园》《快乐汉语》调整为《HSK 标准教程》系列教材，学生在十一年级能够达到 HSK 三级水平。不仅是中学，高校使用的教材也从《新实用汉语课本》《汉语教程》等调整为《HSK 标准教程》系列教材。

3. 经贸及就业需求刺激商务中文教材的使用

近年来，中巴经贸合作交流不断深入，中巴经济走廊不仅促进了两国的贸易往来，也为巴基斯坦创造了更多的就业机会。2019 年，巴基斯坦有中国企业近 300 家，行业涉及基建、金融、能源、投资、贸易、航空、安防等领域。[①] 这些中资企业、商户对经贸领域的中文学习提出了大量需求。

以巴基斯坦南部信德省港口城市卡拉奇为例，这里最初的中文培训班就是由当地的华人公司创办的。目前卡拉奇孔院设有中资企业班，主要使用《BCT 标准教程》。

4. 从他国引进的中文教学资源在当地占有一定比例

由于英语是巴基斯坦的官方语言，因此巴基斯坦民众在选择学习资源时并不局限于中文或乌尔都语版的中文学习资源，也会考虑英文版的学习资源。

在纸质资源方面，除学校、孔子学院、培训机构提供的中文教材外，巴基斯坦民众也可通过各类购物、购书网站及书店等渠道获取纸质中文学习书籍。对网上销售渠道的调查发现，从中国引进的教学资源主要为人民教育出版社的《跟我学汉语》和北京语言大学出版社的《HSK 标准教程》，以及一些少儿趣味识字词卡、字卡。除此之外，其他国家出版的中文学习资源有 30 余种，其中英国教材 17 种，占一半以上，美国教材 8 种，印度教材 2 种，还有东南亚（如新加坡、马来西亚）出版的华文教材若干。

在数字资源方面，各类中、英、乌尔都语资源均可供巴基斯坦学习者选择。以中文手机词典为例，很多学生选择使用谷歌翻译、Pleco、trainchinese 等中英对照的非本土资源。

---

① 网址：http://news.cri.cn/20190916/e87b6f17-9e4f-a608-7b9f-8d312170b950.html。

5. 华文教材多为中国及东南亚国家出版

华文书院是巴基斯坦唯一一所华文学校，很多学生是中资企业员工子女，学生在学习几年后要回到中国继续上学，因此华文学校采用了国内部编版教材作为主教材，为学生回国后的教育衔接做铺垫；同时补充《中文》和《华文》两套教材中的部分内容，以增加趣味性。此以，华文书院还自编了国学初级版、中级版和高级版教材。[①] 华文学习者在市面上能够买到的华文教材主要是新加坡 Hodder Education 出版社出版的"小树绘本"丛书，如《妈妈生病了》《妹妹做泥人》《你知道吗》等。

三、主要特点

巴基斯坦中文教学资源具有"四多四少"的特点。

（一）速成型、应用型资源多，综合型、系统型资源少

巴基斯坦的本土中文教学资源开发主要以初学者为对象，以会话、句子为主要单位，力求让学习者在短时间内便可应用。纸质教材多为口语、会话类教材；数字应用软件仅能提供词句的翻译对照功能；线上课程碎片化严重，缺乏系统性。这类学习资源缺少对中文基础知识的系统介绍，不利于全面提升学习者的语言技能。虽然巴基斯坦学习者很快能说出中文句子，但是长久来看并不利于学习者对中文的系统掌握及进一步的层次提升。

（二）多语或"媒介语+中文"资源多，"母语+中文"双语资源少

巴基斯坦语言环境多元，目前中文教学资源中多语种并存的现象十分普遍，如《中阿英乌会话手册》。学生在选取中文教学资源时可能会因为本土适配度高的教学资源匮乏而改选其他英文版的教学资源。除乌尔都语、英语以外，巴基斯坦还有许多地方语言，如旁遮普语、信德语、普什图语、俾路支语等，这些才是学习者的母语。很多巴基斯坦学习者都在使用媒介语学习中文，这就削弱了他们对中文的理解力，而多语种的教学资源会进一步稀释中文占比，不利于学习者聚焦。

[①] 网址：https://www.chinaqw.com/kong/2022/06-24/333336.shtml。

（三）面向成年学习者的教学资源多，面向少儿的教学资源少

巴基斯坦中文教学资源开发主要服务于大学生、游客、商人和政府官员等成人群体，面向幼儿、青少年的中文学习资源十分有限，数字资源中也没有适用于巴基斯坦本土低龄学习者的，大多依赖于从国外引进。面向幼儿的中文早教点读机、挂图词卡，面向中小学生的中文和华文教材全部来自中国、英国、印度、新加坡、马来西亚等国。考虑到国际中文教育低龄化的发展趋势，今后面向少儿的教学资源需求将逐步上升。

（四）独立编写的教材多，合作编写的教材少

巴基斯坦的本土中文教材多为一人独立编写，已知的仅有《中阿英乌会话手册》是由 Alsinah 出版社组织人员共同编写的。中文教材的编写需要从适用性、科学性、丰富性、专业性等多方面进行考量，合理编排。目前巴基斯坦的本土教材制作较为粗糙，一些教材中仍有字形错误、繁简混用、拼音标注无声调等问题。巴基斯坦中文教学领域的高水平人才屈指可数，大部分教材编写者自身中文水平有限，将来应加强本土教师之间以及中巴两国之间的合作与交流，发扬双方所长，弥补自身不足。

四、结语

发展中文教学是促进中巴两国人民民心相通、文明互鉴的有效路径之一。随着中巴经济、文化等各领域合作的不断深化，巴基斯坦的中文教学将保持良好的发展态势。许多巴基斯坦本土专家、学者和相关从业人员积极投身中文教育事业，为巴基斯坦的中文教学付出了不懈的努力，奠定了本土中文教学发展的基础。但巴基斯坦中文教育资源的开发仍处于初级阶段，本土教学资源发展潜力巨大，需要加强顶层设计，以标准为依据，以需求为导向，着力培养高水平、高层次的专业中文人才，引领中文教育资源的创新与研发，抓住新兴教育技术飞速发展和教学模式转型的双重机遇，为巴基斯坦本土中文教学的可持续发展提供有力支撑。

作者：成思家，浙江师范大学

第三节　白俄罗斯中文教学资源发展状况*

　　白俄罗斯是最早支持"一带一路"倡议的国家之一，作为丝绸之路经济带上的重要支点，近年来，中国与白俄罗斯在科技、教育、文化等领域展开了密切合作。白俄罗斯总统卢卡申科曾多次强调，白俄罗斯参与"一带一路"倡议的成功，很大程度上归功于白俄罗斯的中文人才①。20世纪90年代初中白建交后，由于两国文化、经贸、科技等领域的合作不断增多，白俄罗斯民众对中文也逐渐产生了兴趣。自2006年起，中文被纳入白俄罗斯普通中等教育体系之中。截至2021年3月，白俄罗斯共有34所基础教育机构的120个班级将中文作为基础外语进行教授，中文学习者约1500名。②白俄罗斯高等教育机构中的中文教学始于20世纪90年代。明斯克国立语言大学是白俄罗斯最早培养中文专家的大学之一，1993年，翻译系首次开设"现代外语"专业的"翻译"培训。2011年9月1日，白俄罗斯国立大学开设全国唯一一个中国语文教研室，旨在培养"东方（中国）语言学"专业的高素质专家（教师和翻译）。2017年10月，作为白俄罗斯外语教学的中心及培养高级翻译、外语教师重要基地的明斯克国立语言大学成立了白俄罗斯首个中文系。③2022年，中文成为白俄罗斯国立工艺大学、鲍里索夫国立理工学院、白俄罗斯-俄罗斯大学、戈梅利国立技术大学、格罗德诺国立扬卡·库帕拉大学、布列斯特国立技术大学、维捷布斯克国立工艺大学等20所高校入学考试可选外语科目之一。

---

* 本节内容为2021年度国家社会科学基金项目"中文教育服务中俄新时代全面战略协作伙伴关系路径研究"（21BYY085）阶段性成果。
① "一带一路"上的新机遇，白俄罗斯迎来"汉语热"[EB/OL].（2019-05-30）[2023-02-21]. https://www.sohu.com/a/317599597_100150488.
② Восточная азбука: в Беларуси набирает популярность китайский язык [EB/OL].（2021-03-05）[2023-02-21]. https://woman.rambler.ru/children/45945073-vostochnaya-azbuka-v-belarusi-nabiraet-populyarnost-kitayskiy-yazyk/.
③ В Беларуси разработали стратегию обучения китайскому языку [EB/OL].（2017-10-26）[2023-02-21]. https://www.belta.by/society/view/v-belarusi-razrabotali-strategiju-obuchenija-kitajskomu-jazyku-273289-2017/.

一、发展背景

随着中白两国各领域交流合作的日益频繁，白俄罗斯中文人才需求持续增加，白俄罗斯对中文教育的重视程度也不断提升。2006年，白俄罗斯教育部与孔子学院总部签署中文教学合作协议，中文正式成为白俄罗斯第五种基础外语[①]。2007年1月10日，白俄罗斯教育部颁布《普通中等教育标准》，规定从二年级开始，普通教育机构要将一门外语（英语、西班牙语、中文、德语、法语）作为必修课，自此，中文作为必修课正式进入白俄罗斯普通中等教育体系之中。2007年5月31日，白俄罗斯部长会议通过《普通中等教育发展计划（2007—2016）》，提出将拨款1.971亿卢布支持中文教科书的出版。2015年，中文被纳入白俄罗斯集中考试[②]目录，成为继英语、法语、德语和西班牙语后的第五种可选择外语。2017年，第一批学习中文的学生完成普通中等教育后，提出了教师评价外语交际能力的方法建议[③]。同年10月26日，教育部批准《白俄罗斯共和国中文教学体系发展战略（2017—2022）》[④]，该战略的实施旨在提高白俄罗斯共和国各教育机构的中文教学质量，确保各级教育中中文教学的连续性，以满足白俄罗斯经济和社会各领域对精通中文的专家的长期需求。

科学的教学方法和经验丰富的教师队伍是中文教育发展的保障。2017年11月29日，白俄罗斯教育部颁布《白俄罗斯教育体系发展的概念方法（2020—2030）》，提出到2020年实现既定目标的机制，其中包括建立中文教学方法综合体及建立共和国中文教师教学经验数据库。2018年12月26日，白俄罗斯教育部颁布的《普通中等教育标准》再次确定将外语（英语、德语、法语、西班牙语、中文）纳入普通中等教育机构必修课目录之中。白俄罗斯颁布的一系列有关中文教育的文件保障了中文教育的开展，在很大程度上推动了中文教学资源的发展。

---

① "一带一路"上的新机遇，白俄罗斯迎来"汉语热"[EB/OL].（2019-05-30）[2023-02-21]. https://www.sohu.com/a/317599597_100150488.

② 集中考试（Централизованное тестирование）是进入白俄罗斯高等教育机构和某些中等专业教育机构的必修考试.〔В централизованное тестирование включен китайский язык [EB/OL].（2015-04-16）[2023-02-21]. https://era.by/all/new/41894-v-centralizovannoe-testirovanie-vklyuchen-kitayskiy-yazyk.html.〕

③ Баранова, Н. П. Китайский Язык в Системе Образования Республики Беларусь [J]. Вышэйшая Школа：Навукова-метадычны I Публіцыстычны Часопіс，2019（6）：31-34.

④ Состояние и Перспективы Преподавания Китайского Языка в Беларуси [C]. Минск：РИВШ，2018.

二、发展情况

（一）纸质教材开发情况

2015年，白俄罗斯中文教育专家与中国教师合作编写了《汉语》（*Китайский язык*）系列教材（图5-3-1）。该套教材共15册，附CD，适用于白俄罗斯普通中等教育机构3—11年级的学生，3—8年级分为上下两册，9—11年级各一册（详见表5-3-1）。该教材作为白俄罗斯教育部国家教育研究院的推荐用书，在普通中等教育机构使用较为普遍。

图 5-3-1 白俄罗斯本土中文教材《汉语》（*Китайский язык*）

表 5-3-1 白俄罗斯本土中文教材（学生用书）

序号	书名	编者	出版社
1	《汉语》学生用书3上（*Китайский язык Учебное пособие 3*）（ч. 1）	А. П. Пониматко, Ю. В. Молоткова, А. М. Букатая, 魏巍	Вышэйшая школа
2	《汉语》学生用书3下（*Китайский язык Учебное пособие 3*）（ч. 2）	А. П. Пониматко, Ю. В. Молоткова, А. М. Букатая, 魏巍	Вышэйшая школа
3	《汉语》学生用书4上（*Китайский язык Учебное пособие 4*）（ч. 1）	А. П. Пониматко, Ю. В. Молоткова, А. М. Букатая, 魏巍	Вышэйшая школа
4	《汉语》学生用书4下（*Китайский язык Учебное пособие 4*）（ч. 2）	А. П. Пониматко, Ю. В. Молоткова, А. М. Букатая, 魏巍	Вышэйшая школа

续表

序号	书名	编者	出版社
5	《汉语》学生用书 5 上（*Китайский язык Учебное пособие 5*）(*ч. 1*)	А. П. Пониматко, Ю. В. Молоткова, Го Цзиньлун	Вышэйшая школа
6	《汉语》学生用书 5 下（*Китайский язык Учебное пособие 5*）(*ч. 2*)	А. П. Пониматко, Ю. В. Молоткова, Го Цзиньлун	Вышэйшая школа
7	《汉语》学生用书 6 上（*Китайский язык Учебное пособие 6*）(*ч. 1*)	А. П. Пониматко, Н. В. Михалькова, М. С. Филимонова, Сунь Сяоцинь	Вышэйшая школа
8	《汉语》学生用书 6 下（*Китайский язык Учебное пособие 6*）(*ч. 2*)	А. П. Пониматко, Н. В. Михалькова, М. С. Филимонова, Сунь Сяоцинь	Вышэйшая школа
9	《汉语》学生用书 7 上（*Китайский язык Учебное пособие 7*）(*ч. 1*)	А. П. Пониматко, Н. В. Михалькова, М. С. Филимонова, Сунь Сяоцинь	Вышэйшая школа
10	《汉语》学生用书 7 下（*Китайский язык Учебное пособие 7*）(*ч. 2*)	А. П. Пониматко, Н. В. Михалькова, М. С. Филимонова, Сунь Сяоцинь	Вышэйшая школа
11	《汉语》学生用书 8 上（*Китайский язык Учебное пособие 8*）(*ч. 1*)	А. П. Пониматко, Н. В. Михалькова, М. С. Филимонова, Сунь Сяоцинь	Вышэйшая школа
12	《汉语》学生用书 8 下（*Китайский язык Учебное пособие 8*）(*ч. 2*)	А. П. Пониматко, Н. В. Михалькова, М. С. Филимонова, Сунь Сяоцинь	Вышэйшая школа
13	《汉语》学生用书 9（*Китайский язык Учебное пособие 9*）	А. П. Пониматко, Н. В. Михалькова, М. С. Филимонова, Сунь Сяоцинь	Адукацыя і выхаванне
14	《汉语》学生用书 10（*Китайский язык Учебное пособие 10*）	А. П. Пониматко, Н. В. Михалькова, М. С. Филимонова, Чжао Фан	Адукацыя і выхаванне
15	《汉语》学生用书 11（*Китайский язык Учебное пособие 11*）	А. П. Пониматко, Н. В. Михалькова, М. С. Филимонова, Сунь Сяоцинь	Вышэйшая школа

此外，白俄罗斯中文专家还编写了一系列教辅材料，包括字帖类、教师用书等，见表 5-3-2：

表 5-3-2　白俄罗斯本土中文教辅材料

类别	名称	编者
字帖类	《汉语字帖》（*Китайский язык. Обучение Иероглифике*）	Ю. В. Молоткова
教师用书	《汉语教师册 6》（*Китайский язык Книга для Учителя 6*）	И. В. Сидюк, Сюй Кэци 等
	《汉语教师册 7》（*Китайский язык Книга для Учителя 7*）	А. П. Пониматко, И. А. Антропова, Н. В. Михалькова
	《汉语 5—7 教学参考材料》（*Китайский язык. 5—7 классы. Дидактические и Диагностические Материалы*）	М. С. Филимонова, Е. В. Вощило

续表

类别	名称	编者
教师用书	《汉语 8—9 教学参考材料》(Китайский язык. 8–9 классы. Дидактические и Диагностические Материалы)	М. С. Филимонова, Е. В. Вощило
	《汉语 10—11 教学参考材料》(Китайский язык. 10–11 Классы. Дидактические и Диагностические Материалы)	М. С. Филимонова, Н. В. Ситько
	《汉语 2021—2022 学年 3—11 年级主题规划》(Китайский язык. 3–11 Классы. Примерное Календарно-тематическое Планирование. 2021/2022 Учебный Год)	Ю. П. Зимин, М. С. Филимонова 等
	《汉语 2021—2022 学年 5—9 年级主题规划》(Китайский язык. 5–9 Классы. Повышенный Уровень. Примерное Календарно-тематическое Планирование. 2021/2022 Учебный Год)	Ю. В. Молоткова, М. С. Филимонова 等
	《汉语 2021—2022 学年 5—11 年级主题规划》(Китайский язык. 5–11 Классы. Повышенный Уровень. Примерное Календарно-тематическое Планирование. 2021/2022 Учебный Год)	Ю. П. Зимин, М. С. Филимонова 等
考试辅导类	《汉语 毕业考试试题》(Билеты для Проведения Выпускного Экзамена по Учебному Предмету «Китайский язык»)	——
阅读类	《天上的文》(Мой Первый Китайский)	Я. Дерега, Р. Дерега
	《宝岛 天上的文》(Мой Первый Самоучитель Китайского)	Я. Дерега, Р. Дерега

2021 年，白俄罗斯国立大学孔子学院和白俄罗斯国家科学院语言知识学院共同编纂《汉白白汉词典》(Кітайска-беларускі Слоўнік. Беларуска-кітайскі Слоўнік)，由白俄罗斯国立大学出版社出版。该词典共 872 页，收录 18000 多个词语，涉及中文和白俄罗斯语中的常用词汇。此外，编者还在词典中编入了"汉语拼音音节与白俄罗斯语发音对照表"。这是中白两国语言文化交流史上的第一部词典，可为两国语言学习者、教师、翻译人员、语言学家和文化研究者提供方便。

（二）数字资源开发情况

1. 国家教育门户网（https://adu.by/ru/）

白俄罗斯国家教育门户网（图 5-3-2）是一个现代化的教育信息资源网站，旨在为学前教育、普通中等教育和特殊教育等各级教育过程的所有参与者提供综合支持（如信息、科学教育方法、咨询等），为教师、学生及其监护人、各州（明斯克市）、市、区、地方行政区行使国家权力的执行委员会以及成人、公众代表等补充教育体系创造多方位的交流条件，为民众提供平等获得高质量教育服务的机会。该网站提供中文教育的相关资料，包括指导性教学文件、教学大纲、成绩考核标准、中文作为选修课课程大纲、组织教育过程的建议、教学方法支持等文件。

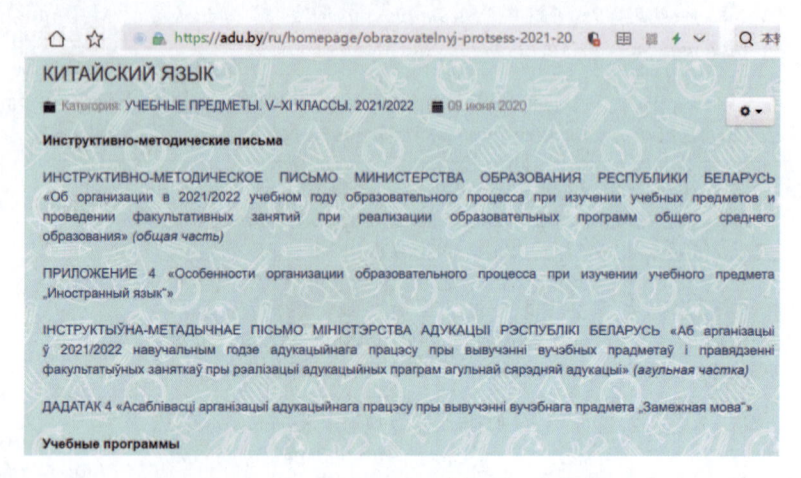

图 5-3-2　白俄罗斯国家教育门户网页面

2. "lingvo"课程网（https://lingvo.adu.by/）

白俄罗斯"lingvo"课程网（图 5-3-3）提供英语、德语、法语、西班牙语、中文五种外语的教学资料。该网站免费提供 3—11 年级中文教材《汉语》的数字教材资源，包括电子版教材、音频资源，以及与教材配套的语法、词汇等练习资料。

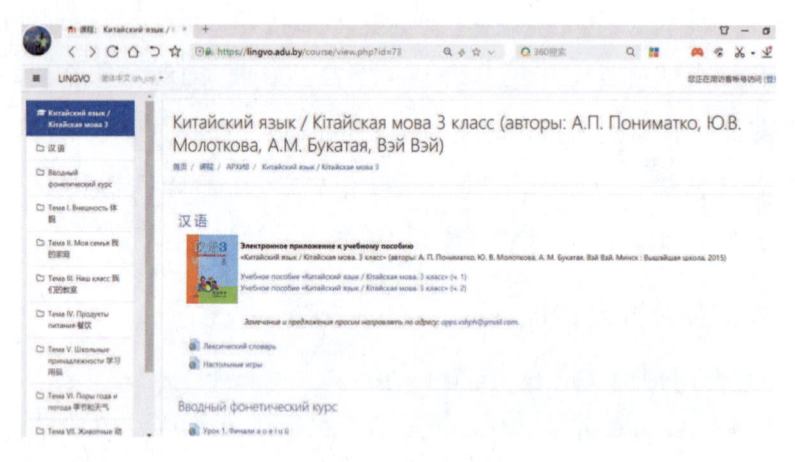

图 5-3-3　白俄罗斯"lingvo"课程网中文教学资源页面

3. 教材网（https://uchebniki.by/）

白俄罗斯教材网（图 5-3-4）提供白俄罗斯教材的完整信息，该网站的教材经过了专家综合评估，白俄罗斯教育部建议在学前教育机构和普通中等教育机构中使用这些教材。该网站提供包括学生用书、字帖、教师用书和考试类材料等在内的 27 种中文教材的基本信息，并免费提供电子版学生用书。

图 5-3-4　白俄罗斯教材网中文教材页面

（三）使用情况

1. 普通中等教育机构中文教材使用情况

白俄罗斯教育部每学年为普通中等教育机构 3—11 年级推荐一系列中文教材，包括学生用书、教师用书和学生参考（详见表 5-3-3）。这些中文教材均为本土教材，已经过白俄罗斯专家综合评估，符合白俄罗斯中小学生的学习特点。此外，中国教师还会选用中国出版的中文教材，如《跟我学汉语》（俄语版）、《快乐汉语》（俄语版）、《汉语乐园》等。

表 5-3-3　2022—2023 学年《外语（中文）》教学保障材料

年级	学生用书 （编者，出版时间）	教师用书 （编者，出版时间）	学生参考 （编者，出版时间）
3 年级	《汉语 3》上 / 下 *Китайский язык 3 класс*（А. П. Пониматко и др., 2015）	——	《汉语 3 字帖》*Китайский язык. 3 класс. Прописи*（Ю. В. Молоткова, 2021）

续表

年级	学生用书 （编者，出版时间）	教师用书 （编者，出版时间）	学生参考 （编者，出版时间）
4年级	《汉语4》上／下 Китайский язык 4 класс（А. П. Пониматко и др., 2016）	——	《汉语4字帖》Китайский язык. 4 класс. Прописи（Ю. В. Молоткова, 2021）
5年级 （初级）	《汉语5》上／下 Китайский язык / Кітайская мова. 5 класс（А. П. Пониматко и др., 2022）	1.《汉语5 教学参考材料》Китайский язык. 5 класс. Дидактические и диагностические материалы（М. С. Филимонова, Е. В. Вощило, 2020） 2.《阅读实践5—6》Практикум по чтению. 5–6 классы.（А. П. Пониматко, 2012）	《阅读实践5—6》Практикум по чтению. 5–6 классы.（Ю. В. Молоткова, И. А. Серегина, 2012）
5年级 （高级）	《汉语5》上／下 Китайский язык / Кітайская мова. 5 класс（А. П. Пониматко и др., 2022）	《阅读实践5—6》Практикум по чтению. 5–6 классы.（А. П. Пониматко, 2012）	《阅读实践5—6》Практикум по чтению. 5–6 классы.（Ю. В. Молоткова, И. А. Серегина, 2012）
6年级 （初级）	《汉语6》上／下 Китайский язык / Кітайская мова. 6 класс（А. П. Пониматко и др., 2018）	1.《汉语6》Китайский язык в 6 классе（И. В. Сидюк и др., 2013） 2.《汉语6 教学参考材料》Китайский язык. 6 класс. Дидактические и диагностические материалы（М. С. Филимонова, Е. В. Вощило, 2020） 3.《阅读实践5—6》Практикум по чтению. 5–6 классы.（А. П. Пониматко, 2012）	1.《阅读实践5—6》Практикум по чтению. 5–6 классы.（Ю. В. Молоткова, И. А. Серегина, 2012） 2.《汉语6字帖》Китайский язык. 6 класс. Прописи（Ю. В. Молоткова, 2022）
6年级 （高级）	《汉语6》上／下 Китайский язык / Кітайская мова. 6 класс（А. П. Пониматко и др., 2018）	1.《汉语6》Китайский язык в 6 классе（И. В. Сидюк и др., 2013） 2.《阅读实践5—6》Практикум по чтению. 5–6 классы.（А. П. Пониматко, 2012）	1.《阅读实践5—6》Практикум по чтению. 5–6 классы.（Ю. В. Молоткова, И. А. Серегина, 2012） 2.《汉语6字帖》Китайский язык. 6 класс. Прописи（Ю. В. Молоткова, 2022）
7年级 （初级）	《汉语7》上／下 Китайский язык / Кітайская мова. 7 класс（А. П. Пониматко и др., 2019）	1.《汉语7》Китайский язык 7 класс（А. П. Пониматко и др., 2017） 2.《汉语7 教学参考材料》Китайский язык. 7 класс. Дидактические и диагностические материалы（М. С. Филимонова, Е. В. Вощило, 2020）	——

续表

年级	学生用书 （编者，出版时间）	教师用书 （编者，出版时间）	学生参考 （编者，出版时间）
7年级 （高级）	《汉语7》上/下 *Китайский язык / Кітайская мова. 7 класс*（А. П. Понииматко и др., 2019）	《汉语7》*Китайский язык 7 класс*（А. П. Понииматко и др., 2017）	——
8年级 （初级）	《汉语8》上/下 *Китайский язык / Кітайская мова. 8 класс*（А. П. Понииматко и др., 2019，2020）	《汉语8 教学参考材料》*Китайский язык. 8 класс. Дидактические и диагностические материалы*（М. С. Филимонова, Е. В. Вощило, 2020）	——
8年级 （高级）	《汉语8》上/下 *Китайский язык / Кітайская мова. 8 класс*（А. П. Понииматко и др., 2019，2020）	——	——
9年级 （初级）	《汉语9》 *Китайский язык / Кітайская мова. 9 класс*（А. П. Понииматко и др., 2020）	《汉语9 教学参考材料》*Китайский язык. 9 класс. Дидактические и диагностические материалы*（М. С. Филимонова, Е. В. Вощило, 2020）	听力补充文本
9年级 （高级）	《汉语9》 *Китайский язык / Кітайская мова. 9 класс*（А. П. Понииматко и др., 2020）	——	听力补充文本
10年级 （初级）	《汉语10》 *Китайский язык 10 класс*（А. П. Понииматко и др., 2015）	《汉语10—11 教学参考材料》*Китайский язык. 10–11 класс. Дидактические и диагностические материалы*（М. С. Филимонова, Н. В. Ситько, 2021）	"住宅类型""教育""青年与社会""艺术""科学与技术""白俄罗斯共和国知名人士""媒体"等主题的中文听力与阅读补充材料
10年级 （高级）	《汉语10》 *Китайский язык 10 класс*（А. П. Понииматко и др., 2015）	《汉语10—11 教学参考材料》*Китайский язык. 10–11 класс. Дидактические и диагностические материалы*（М. С. Филимонова, Н. В. Ситько, 2021）	——

续表

年级	学生用书 （编者，出版时间）	教师用书 （编者，出版时间）	学生参考 （编者，出版时间）
11年级 （初级）	《汉语11》 *Китайский язык 11 класс*（А. П. Пониматко и др., 2016）	《汉语10—11教学参考材料》*Китайский язык. 10–11 класс. Дидактические и диагностические материалы*（М. С. Филимонова, Н. В. Ситько, 2021）	——
11年级 （高级）	《汉语11》 *Китайский язык 11 класс*（А. П. Пониматко и др., 2016）	《汉语10—11教学参考材料》*Китайский язык. 10–11 класс. Дидактические и диагностические материалы*（М. С. Филимонова, Н. В. Ситько, 2021）	——

2. 高等教育机构中文教材使用情况

高等教育阶段教材选用较为灵活，由于中国公派教师及志愿者教师较多，大部分教师会选用《新实用汉语课本》（俄语版）作为基础阶段的教材。该教材生词部分有俄文注释，语法部分有俄文讲解，"文化知识"板块还有俄文撰写的中国文化等内容，很适合懂俄语的白俄罗斯中文初学者。在具有一定的中文基础之后，教师会选用《HSK标准教程》《汉语教程》《博雅汉语》《当代汉语》《成功之路》《实用汉语口语》《汉语会话301句》等教材。部分高校还会根据学生的专业需求使用一些特色中文教材，如《基础科技汉语教程》《商务汉语》等。也有部分教育机构会选用俄罗斯出版的中文教材，如《汉语翻译理论与实践》（*Китайский язык. Теория и Практика Перевода*，В. Ф. Щичко）、《汉译俄全部教程》（*Китайский язык. Полный Курс Перевода*，В. Ф. Щичко и др.）、《社会政治资料·翻译基础》（*Китайский язык. Общественно-политический Перевод*，И. В. Войцехович & А. Ф. Кондрашевского）、《汉俄科技翻译教程》（*Основы Научно-технического Перевода с Китайского Языка на Русский*，И. В. Кочергин）、《汉语·政治翻译12课》（*Китайский язык. 12 Уроков Политического Перевода*，Т. Н. Лобанова）、《独特的翻译理论与实践——汉语和俄语》（*Частная Теория и Практика Перевода. Китайский и Русский Языки*，О. П. Попов）等。

（四）推广情况

除本土中文教材外，白俄罗斯市场上也可以买到多种中文教材。通过对白俄罗斯四大购书网站（https://oz.by/、https://bestbooks.by/、https://chitatel.by/、https://belkniga.by/）

的搜索，我们共收集到中文教材 254 种（图 5-3-5），其中中国出版的教材仅《跟我学汉语》和《快乐汉语》两个系列共 14 种，其余教材均为俄罗斯出版。俄罗斯出版的中文教材比较受白俄罗斯中文学习者欢迎，主要原因除了白俄罗斯与俄罗斯两国国土接壤、教材运输较为便利外，还因为两国的教情较为相似，俄罗斯出版的中文教材在内容安排上较适合白俄罗斯中文学习者。

图 5-3-5　白俄罗斯购书网站上的中文教材种类

三、主要特点

（一）基础教育阶段中文教学资源发展优于高等教育阶段

白俄罗斯现有中文本土教学资源多针对基础教育阶段开发，且为系列教材，包括学生用书、教师用书、练习册和字帖，并配有电子版中文教材，符合白俄罗斯中文教育特点，基本能够满足基础教育阶段中文教学的需求。而高等教育阶段的本土中文教学资源建设尚未起步，大多选用中国或俄罗斯出版的中文教材，且多为经典教材。

（二）纸质版中文教材发展优于数字化中文教学资源

白俄罗斯现已编写出版了一定数量的纸质版中文教材，系列教材《汉语》已成为白俄罗斯教育部为普通中等教育机构 3—11 年级推荐的教材，规范了基础教育机构中文教材的使用。但数字化中文教学资源建设进程缓慢，检索到的仅有电子版中文教材以及一些网站上的辅助教学材料，尚未开发丰富多彩的数字化中文教学资源，如慕课、电子课件、教学示范课等，也未搭建数字化中文教学资源平台，尚未实现各种资源的共建共享。

四、结语

白俄罗斯中文教育正处于快速发展时期，但本土中文教学资源建设仍有待进一步加强。白俄罗斯本土中文系列教材《汉语》自出版以来使用范围较为广泛，并已融入白俄罗斯国民教育体系，成为白俄罗斯教育部为普通中等教育机构 3—11 年级中文教学推荐的唯一教材。白俄罗斯尚未开发针对高等教育阶段中文教育的本土教学资源，主要使用中国出版的普适性中文教材和俄罗斯出版的中文教材，教材选用上较为单一，且针对性强、适配度高的中文教材较为匮乏。教学资源的发展需要中外政府部门的政策引导和扶持，中白两国应通过紧密合作和不懈努力，在本土中文教材的编写和数字化教学资源建设方面加大合作力度，开发更适合白俄罗斯中文教育的教学资源，更好地服务于白俄罗斯中文教育的可持续发展。

作者：李敬欢，新疆师范大学；李睿，中央民族大学

第四节　厄瓜多尔中文教学资源发展状况

厄瓜多尔中文教育起步较晚，且规模有限。目前只有一所孔子学院、一所孔子课堂、欧美亚中心、悟空中文培训学校、长城汉语培训学校等中文教育机构以及部分开设中文课程的中小学与高校等进行中文教学。自 2010 年厄瓜多尔第一所孔子学院挂牌成立以来，当地的中文教育开始受到社会各个层面的关注。厄瓜多尔在中文人才培养方面存在"量少质薄"的特点，在中文教学资源建设方面尚无本土中文教学资源，主要以中国研发的教材为主。厄瓜多尔中文教学资源的特点可总结为四点：教材注释语种以西班牙语为主，教学资源数量较少且流通性较弱，行业类中文教学资源欠缺，本土化中文教学资源匮乏。

一、发展背景

中厄两国的交流与合作活动领域包括教育、文化、科技、卫生、能源基础设施建设、民生、经贸、旅游等。随着"一带一路"建设与中厄各领域合作的不断加深，厄瓜多尔对各行业中文人才的需求越来越大，教学资源在中文教学中的地位日益凸显。

两国的教育合作为中文教学资源的发展奠定了坚实的基础。自 2010 年以来，厄瓜多尔相继建立起基多圣弗朗西斯科大学孔子学院和思源中国语学校孔子课堂。中国为厄瓜多尔学生提供中国政府奖学金、孔子学院奖学金等各类奖学金。1965—2016 年，我国共接收 272 名厄瓜多尔"中国政府奖学金"学生，为 159 人提供了孔子学院奖学金。中厄两国在文化和教育领域签订了合作协议，以促进中文教育在厄瓜多尔的进一步发展，中文教学资源的需求量也不断增加。

两国经贸合作有助于中文教学资源的多元化发展。中国是厄瓜多尔第二大贸易伙伴，厄瓜多尔是中国在拉美的第八大贸易伙伴。2021年，中厄双边贸易总额为109.5亿美元，与2020年相比，增长44.5%。[①]2023年1月，厄瓜多尔总统拉索向媒体表示，厄瓜多尔已与中国达成自由贸易协定，这项协定将使厄瓜多尔对中国的出口额增加10亿美元。[②]中厄两国经贸的日益发展，增加了厄瓜多尔对中文复合型人才的需求，这也激发了当地人民学习中文的兴趣和动力。在此背景下，研发符合厄瓜多尔教育理念和教育制度的中文教学资源已成为厄瓜多尔中文教育发展的新挑战。

二、发展情况

（一）纸质中文教学资源开发情况

在厄瓜多尔所有类型的中文教学资源中，现有纸质教学资源153种[③]。根据应用途径及教学目的，可将这些纸质教学资源分为教材类、教辅类、考试培训类、词典工具类、文化国情类、小说散文类和教师发展类七种类型。其中，数量最多的是考试培训类，共计35种，占比为22.88%；其次是小说散文类，共计30种，占比为19.61%；再次是教材类和文化国情类，各有22种，占比均为14.38%；其余依次为词典工具类、教辅类、教师发展类。（表5-4-1）

表5-4-1　厄瓜多尔纸质中文教学资源

类别	教材类	教辅类	考试培训类	词典工具类	文化国情类	小说散文类	教师发展类	总计
数量	22	18	35	19	22	30	7	153
占比	14.38%	11.76%	22.88%	12.42%	14.38%	19.61%	4.58%	100%

[①] 中国与厄瓜多尔正式启动自由贸易协定谈判 [EB/OL].（2022-02-06）[2023-02-21]. http://www.mofcom.gov.cn/article/syxwfb/202202/20220203278175.shtml.

[②] 厄瓜多尔与中国达成贸易协议，旨在增加出口 [EB/OL].（2023-01-08）[2023-02-21]. https://cn.dailyeconomic.com/2023/01/08/39685.html.

[③] 数据来源于中国石油大学（北京）国际中文教育 / 区域国别研究团队自建"厄瓜多尔中文教学资源库"。"种"的定义为：套装教材中的册（如《汉语会话301句》上、下册，《HSK标准教程》一至四册）记为一种教材；系列教材中的分篇分类教材〔如《跨越新HSK（五级）阅读专项训练》《跨越新HSK（五级）听力专项训练》〕则记为两种教材。

1. 教材类

厄瓜多尔现有中文教材 22 种（表 5-4-2），均由中国出版。教材主要有以下三种类型：

第一，西班牙语注释教材。西班牙语注释教材是厄瓜多尔中文教材的重要组成部分。在统计的 22 种教材中，有 9 种教材的注释语种为西班牙语，约占教材总数的 40.91%。其中，北京语言大学出版社出版的西班牙语版《新实用汉语课本》是选用最多的教材，如基多圣弗朗西斯科大学孔子学院、思源中国语学校孔子课堂、科托帕西技术大学等中文教学机构均采用该教材。《新实用汉语课本》能成为厄瓜多尔使用范围较广的中文教材，主要原因有：第一，其注释语种为西班牙语，适用于母语为西班牙语的厄瓜多尔学习者；第二，《新实用汉语课本》兼顾语言知识与交际培养，不仅适合孔子学院和高校，也适合各类中文培训机构和中文速成班。从教材的使用对象来看，用于儿童的中文教材有西班牙语注释的《轻松学中文》(少儿版）和《快乐汉语》，用于职业院校的中文教材有西班牙语注释的《汉语会话 301 句》。

第二，英语注释教材。除以西班牙语为注释语种的教材，另外还有英语注释版教材，如《HSK 标准教程》《YCT 标准教程》等 11 种。

第三，华文教材。华文教材有暨南大学出版社出版的《中文》和人教版《语文》，使用机构主要为思源中国语学校孔子课堂和悟空中文培训学校，教授对象为当地的华裔儿童。

表 5-4-2　厄瓜多尔教材类中文教学资源

注释语种	西班牙语注释	英语注释	无注释
数量	9	11	2
占比	40.91%	50.00%	9.09%
书名	《今日汉语》 《体验汉语》 《轻松学中文》 《轻松学中文》(少儿版） 《快乐汉语》 《新实用汉语课本》 《当代中文》 《汉语会话 301 句》 《滚雪球学汉语》[①]	《HSK 标准教程》 《跟我学汉语》 《发展汉语》 《成功之路》《汉语乐园》 《YCT 标准教程》 《成长汉语》《奇妙中文》 《外国人汉语会话课本》 《中国全景：初级汉语》 《长城汉语》	《中文》 《语文》

---

① 《滚雪球学汉语》一书中的词语有西班牙语、英语、法语、德语四种注释语言，本节选取厄瓜多尔的官方语言西班牙语作为该教材的主要注释语种进行统计。

2. 教辅类

教辅类图书有 18 种，同样都由中国出版（表 5-4-3）。教辅类教学资源按语种主要分为以下三类：第一，西班牙语注释类。该类图书有两种，一是外语教学与研究出版社出版的《汉语 900 句》，一是高等教育出版社出版的《体验汉语 100 句·文化类》。第二，英语注释类。该类包括《张老师教汉字》《外国人实用汉语语法》《汉字字母教程》《画说汉字》《中国古诗百首读》5 种。第三，纯中文类。该类教学资源共计 11 种，其中 5 种是为外国学习者编写的教辅图书，另有 6 种是为国内小学生编写的辅助教育读本，包括广西师范大学出版社出版的《亲近母语》系列教材和广东教育出版社出版的《晨读晚诵：七彩光小学生诵读》《国学教育读本》《小学生阅读进阶测试》等。该类教学资源主要用于辅助华裔儿童的语文教学，帮助华裔儿童培养文化认同感。

表 5-4-3　厄瓜多尔教辅类中文教学资源

书名	编者	出版社	编写语种	注释语种
《张老师教汉字》	张惠芬	北京语言大学出版社	中文	英语
《外国人实用汉语语法》	李德津、程美珍	华语教学出版社	中文	英语
《汉字字母教程》	达世平、达婉中	北京语言大学出版社	中文	英语
《汉语 900 句》	国家汉语国际推广领导小组办公室	外语教学与研究出版社	中文	西班牙语
《1700 对近义词语用法对比》	杨寄洲、贾永芬	北京语言大学出版社	中文	无
《现代汉语八百词》	吕叔湘	商务印书馆	中文	无
《常用汉字部首》	张朋朋	华语教学出版社	中文	无
《体验汉语 100 句·文化类》	孙易、孙雪、谷峰	高等教育出版社	中文	西班牙语
《画说汉字》	汪春、郑重庆	华语教学出版社	中文	英语
《表演学汉语》	朱瑞蕾、张云、戴丽华、陈蒙	北京大学出版社	中文	无
《亲近母语·我的写作课》（小学四年级）	亲近母语研究院	广西师范大学出版社	中文	无
《亲近母语·日有所诵》	亲近母语研究院	广西师范大学出版社	中文	无
《亲近母语·我爱吟诵》	徐健顺、陈琴	广西师范大学出版社	中文	无
《晨读晚诵：七彩光小学生诵读》（六年级）	王亚芸	广东教育出版社	中文	无

续表

书名	编者	出版社	编写语种	注释语种
《中国古诗百首读》	吴洁敏、朱宏达	华语教学出版社	中文	英语
《国学教育读本》（小学低年级）	刘小玲、薛强	广东教育出版社	中文	无
《小学生阅读进阶测试》	王亚芸	广东教育出版社	中文	无
《简明汉语语法》	郭振华	华语教学出版社	中文	无

3. 考试培训类

考试培训类资源共计 35 种，约占全部纸质中文教学资源的 22.88%（表 5-4-4）。考试培训类资源主要有以下三种类型：第一，HSK 模拟试题类。此类数量最多，占比为 80%。例如，高等教育出版社出版的《HSK 真题集 2014 版》（孔子学院总部 / 国家汉办编制，2014），分为听、说、读、写四类专项训练试题。第二，HSK 大纲解析类。此类占比约为 17%，主要有人民教育出版社出版的《HSK 考试大纲》（四级、五级、六级）（孔子学院总部 / 国家汉办编制，2015）。第三，HSK 词汇教学类。此类仅有华语教学出版社出版的《HSK 核心词汇天天学》（刘东青，2009）一种。

表 5-4-4　厄瓜多尔考试培训类中文教学资源

类别	模拟试题类	大纲解析类	词汇教学类
数量	28	6	1
占比	80%	17%	3%
书名	《HSK 真题集 2014 版》（二—五级） 《跨越新 HSK（二级）模拟试题集》 《跨越新 HSK（五级）模拟试题集》 《跨越新 HSK（五级）阅读专项训练》 《跨越新 HSK（五级）听力专项训练》 《跨越新 HSK（五级）全项 + 书写专项训练》 《新 HSK 精讲教程（四级）》 《HSK 真题解析（4 级）》 《HSK 真题解析（5 级）》 《新 HSK 精讲模拟题（四级）》 《核心HSK：新汉语水平考试模拟试题集（第5级）》 《核心HSK：新汉语水平考试模拟试题集（第6级）》 《新汉语水平考试真题集》 （HSK 一级、二级、四级、五级、六级） 《新汉语水平考试 HSK 全真模拟试卷》（1—6 级） 《新汉语水平考试HSK口试（高级）全真模拟试卷》 《新 HSK 实战模拟题集》（6 级）	《HSK考试大纲 HSK 四级》 《HSK考试大纲 HSK 五级》 《HSK考试大纲 HSK 六级》 《商务汉语考试大纲》 《商务汉语考试 BCT（B）大纲》 《新汉语水平考试大纲 HSK 六级》	《HSK 核心词汇天天学》

4. 词典工具类

词典工具类资源共计 19 种，主要包括三种类型：第一，中西词典，如商务印书馆出版的《精选西汉汉西词典》(梁德润，2005)和《新汉西词典》(孙义桢，1999)、西班牙 Cooperación Editorial 出版社出版的《中西—西中基础词典》(*Diccionario Básico LUX Chino-Español Español-Chino*)(集体汇编，2011)、西班牙 VOX 出版社出版的《汉—西词典》(*Diccionario Manual Chino-Español*)(VOX，2010)；第二，中英词典，如商务印书馆出版的《新时代汉英大词典（缩印本）》(吴景荣、程镇球，2005)、外语教学与研究出版社出版的《朗文当代高级英语辞典》(第 4 版)(英国培生教育出版亚洲有限公司，2009)等；第三，中文词典，如外语教学与研究出版社和语文出版社联合出版的《现代汉语规范词典》(第 3 版)(李行健，2014)、华语教学出版社出版的《学生成语词典》(说词解字辞书研究中心，2009)等。

5. 文化国情类

文化国情类资源共计 22 种，约占 14.38%，主要包括三类：一是西班牙语读物，共计 6 种，如 *Arte de China* 和 *China país por Descubrir* 等；二是英语读物，如 *Chinese Bird-and-Flower Painting for Beginners*(Ma Zhifeng，2007)和 *Chinese Ceramics: The New Standard Guide*(He Li，1996)等；三是中文读物，如青岛出版社出版的《国学启蒙经典·治家格言、增广贤文、笠翁对韵、幼学琼林》(张为才，2009)。

6. 小说散文类

小说散文类资源的数量仅次于考试培训类，共计 30 种，占比约为 19.61%。其中，一半以上为思源中国语学校孔子课堂的小说，如莫言的《生死疲劳》和《红树林》等；另外还有部分儿童故事读物，如《雪山历险记》(上海漫唐堂文化传播有限公司，2009)、《小小猴找朋友》(赖晓珍、王书曼，2013)等。小说散文类教学资源主要用于中文阅读课，可帮助厄瓜多尔中文学习者提高阅读能力。

7. 教师发展类

教师发展类资源旨在提升中文教师的教学能力、知识储备和职业素养，分为教学实践类和语言研究类。教学实践类资源应用性较强，旨在提升中文教师的课堂教学能力，如北京语言大学出版社出版的《汉语教与学必备：教什么？怎么教？》(上、下)(傅海燕，2007)、商务印书馆出版的《对外汉语阅读与写作教学研究》(李晓琪，2006)、世界图书出版公司出版的《轻松教汉语——汉语课堂教学实用技巧72法》(杨文惠，2009)。语言研究类资源理论性较强，旨在提升中文教师的知识储备和职业素养，如北京语言大学出版社出版的《曹志耘语言学论文集》(曹志耘，2012)、《宋柔语言工程论文集》(宋柔，2012)，暨南大学出版社出版的《"圆"词族系统性研究》(张相平，2012)。

(二) 数字中文教学资源开发情况

厄瓜多尔的数字中文教学资源十分有限，且没有本土研发的资源。当地中文学习者常用的数字中文教学资源主要为翻译网站和词典APP(表5-4-5)。据调研，Pleco汉语词典(汉英—英汉)使用人数较多，但不提供西班牙语翻译；而西班牙研发的Chino-China和TRANSLATOR. EU两个网站虽然提供中西互译服务，但使用率极低。其余网站如Yabla、trainchinese等，其功能是提供多语种的翻译服务。总之，数字教学资源中能提供中西互译的网站数量较少，而那些提供中西互译功能的网站和词典APP，其翻译的准确性也较低。

表 5-4-5　厄瓜多尔数字中文教学资源

序号	名称	性质	语种	研发国家	官网地址
1	Yabla	学习网站	中英	美国	https://chinese.yabla.com
2	trainchinese	学习网站/词典APP	中英、中西、中俄	荷兰	https://www.trainchinese.com/v2/index.php
3	Chino-China	学习网站	中西	西班牙	https://www.chino-china.com
4	TRANSLATOR. EU	翻译网站	多语种	西班牙	https://www.translator.eu
5	Google 翻译	翻译网站	多语种	美国	https://translate.google.com
6	Microsoft Bing	翻译网站	多语种	美国	https://www.bing.com/translator
7	笔顺网	学习网站	中文	中国	http://bishun.strokeorder.info
8	ChineseSkill	学习APP	中英	中国	/
9	HelloChinese	学习APP	多语种	中国	/
10	多邻国	学习APP	多语种	美国	/
11	JUZI 汉语	学习APP	中英	中国	/
12	HSK1—6级汉语水平考试词汇表卡片	学习APP	中英	中国	/
13	LINE Dictionary	词典APP	多语种	韩国	/

续表

序号	名称	性质	语种	研发国家	官网地址
14	Pleco 汉语词典（汉英—英汉）	词典 APP	中英	美国	/
15	中文笔顺	学习 APP	中文	中国	/

三、使用情况

为了解厄瓜多尔中文教学资源的使用情况，我们采用调查问卷和访谈的方法，对目前在厄工作的中国籍中文教师和厄瓜多尔籍本土中文教师进行调查和访谈。此次共发放调查问卷 26 份，收回 26 份，有效问卷 26 份。在这 26 份有效问卷中，中小学教师约占 27%，高校教师约占 38%，培训机构教师约占 35%。

（一）纸质中文教学资源使用情况

在本节统计的七大类纸质中文教学资源中，"教材类"中文教学资源中有 8 种使用率较高（表 5-4-6），而其余六类中文教学资源（教辅类、考试培训类、词典工具类、文化国情类、小说散文类、教师发展类）因使用频率较低，且在各中文教育机构均作为馆藏图书存放，此处暂不讨论。下面分别从教材使用率、使用对象、教材用途三方面对这 8 种"教材类"中文教学资源进行分析。

教材使用率按照由大到小排列为：《HSK 标准教程》（36.67%）＞《新实用汉语课本》（23.33%）＞《轻松学中文》（13.33%）＞《今日汉语》（10.00%）＞《YCT 标准教程》（6.67%）＞《语文》（人教版）、《成功之路》、《快乐汉语》（3.33%）。

按照教材使用对象可分为三类：一是适用于中小学生的《轻松学中文》《YCT 标准教程》《快乐汉语》，此类教材趣味性强，图文并茂，比较适合用作低龄学习者的入门级教材；二是适用于大学生和成人的《新实用汉语课本》《今日汉语》《HSK 标准教程》《成功之路》；三是适用于华裔中小学生的《语文》。

按教材用途可分为四类：一是适用于青少年汉语水平考试培训的《YCT 标准教程》；二是适用于成人汉语水平考试培训的《HSK 标准教程》；三是适用于高校外语系开设汉语课程的《新实用汉语课本》《今日汉语》和《成功之路》；四是适用于

培训机构进行汉语速成培训辅导的《轻松学中文》《快乐汉语》和《语文》。

表 5-4-6　厄瓜多尔现有教材使用情况

教材名称	教材使用率	教学机构性质	教学机构名称列举	注释语种
《新实用汉语课本》	23.33%	高校、培训机构	基多圣弗朗西斯大学孔子学院、思源中国语学校孔子课堂、科托帕西技术大学	西班牙语
《今日汉语》	10.00%	高校、培训机构	安巴托科技大学	西班牙语
《HSK 标准教程》	36.67%	高校、培训机构	基多圣弗朗西斯科大学、思源中国语学校孔子课堂	英语
《轻松学中文》	13.33%	中小学	EIGHT ACADEMY（基多圣弗朗西斯科大学孔子学院下设中小学教学点）	西班牙语
《YCT 标准教程》	6.67%	中小学、培训机构	SEK INTERNATIONAL SCHOOL（思源中国语学校孔子课堂下设中学教学点）、思源中国语学校孔子课堂	英语
《语文》（人教版）	3.33%	培训机构	思源中国语学校孔子课堂	无
《成功之路》	3.33%	高校、培训机构	瓜亚基尔海滨高等技术学校、思源中国语学校孔子课堂	英语
《快乐汉语》	3.33%	培训机构	思源中国语学校孔子课堂	西班牙语

（二）数字中文教学资源使用情况

通过调研可知，教师在备课和授课时极少使用数字教学资源，有 50% 的中文教师曾给学习者推荐数字中文学习资源，主要用于辅助学生的课外学习。从学习者使用情况来看，Pleco 汉语词典是使用率最高的一款中文词典 APP，使用率约为 37.5%；其次是 trainchinese（中西互译的中文词典 APP），使用率约为 12.5%；其余数字中文教学资源的使用率均在 10% 以下。

数字中文教学资源的使用率高低与是否付费存在相关关系。Pleco 使用率高主要是因为免费，而 trainchinese 是一款付费 APP，所以使用率相对较低。另外，使用率最低（10% 以下）的数字中文教学资源，除付费原因以外，还包括如下两个原因：一是国内研发的纯中文网站或 APP（如 JUZI 汉语、中文笔顺、HSK1—6 级汉语水平考试词汇表卡片、笔顺网等）难度较高，不适合学生自学；二是国内研发的中文网站或 APP 因受地域版权限制，尚未在厄瓜多尔应用软件商店上市，只有极少数学生通过个别渠道使用。

四、主要特点

（一）教材注释语种以西班牙语为主

在本节调查的 22 种教材中，注释语种为西班牙语的约占 40.91%，中文教学资源具有语别化的特点。基于"厄瓜多尔中文教育数据库"的分析可知，在厄瓜多尔开展中文教学的主要院校或教学机构中，大多选用注释语种为西班牙语的教材，只有基多圣弗朗西斯科大学孔子学院同时使用注释语种为英语的《HSK 标准教程》。可见，加强西班牙语注释版中文教学资源的开发是厄瓜多尔中文教学资源的一项重要任务。

（二）纸质中文教学资源匮乏且流通性较弱

厄瓜多尔纸质中文教学资源共计 153 种，按种类可分为教材、教辅、考试培训、词典工具、文化国情、小说散文、教师发展等七大类，名目繁多，种类丰富。其中文化国情和小说散文类图书共计 52 种，约占纸质中文教学资源的三分之一，这说明文化文学类的课外读物比较丰富，如《百家姓字谜解析》《歇后语一○一》《中华传统美德格言》《中华寺庙》等，都有利于当地学生多方面地了解中国。但与中文教学发达的国家和地区相比，153 种纸质中文教学资源便显得"寥寥无几"，根本无法满足厄瓜多尔日益增长的中文教学需求。纸质中文教学资源大多集中在基多圣弗朗西斯科大学孔子学院和思源中国语学校孔子课堂，其他教学机构使用的中文教学资源大多为复印本或电子版，在市面上更是很少能见到中文教学资源。纸质中文教学资源不仅数量少，而且流通性也较弱，这在一定程度上不利于当地中文教学的发展。

（三）缺少职业中文教学资源

根据目前的统计，厄瓜多尔已有的中文教学资源多是本体知识类和教辅类。随着中厄政治经贸领域交流的加深，特别是两国在种植、养殖、科技、旅游等行业合作的展开，厄瓜多尔中文学习者对职业类中文的学习需求必将增加，但是现在种植、科技、旅游类等职业中文教学资源非常匮乏。可见，今后如果仅提供通用中文知识类资源必定不能满足中文学习者的需要，也不利于厄瓜多尔职业中文教学的发展。

（四）本土化中文教学资源匮乏

目前，厄瓜多尔还没有本土研发出版的中文教学资源，纸质中文教学资源均为中国出版。其主要原因可归纳为以下三点：

第一，从学习中文需求的角度看，中文教学尚未被纳入厄瓜多尔国民教育体系，虽然学习人数近年来有所增长，但总体上还不多，所以学习中文的需求量比较小。

第二，从教材编写者的角度来看，厄瓜多尔缺乏高质量的本土中文师资，研发能力不足。厄瓜多尔的中文教育起步很晚，目前仍处于比较初始的阶段。在厄瓜多尔第一所孔子学院成立之前，其中文教育主要以零星的华人培训班为主。以基多圣弗朗西斯科大学孔子学院为例，自2010年成立至今13年，按每年选修中文的学生人数约15人计算，选修过中文的学生仍不足200人。由此可见，本土中文人才不仅数量少，而且质量也较低，不具备编写本土教材的能力。

第三，从教材使用情况来看，现有中文教材基本能满足各中文教学机构中文教学大纲的要求；教材内容在当地适用性较强，与厄瓜多尔本国的宗教、民俗等文化较为吻合，不存在明显的跨文化冲突的内容；现有教材的注释语种多为西班牙语，有助于学习者理解和学习；教材种类多，具有实用性、科学性、趣味性等特点，适用于厄瓜多尔各阶段的中文学习者。

五、结语

近年来，厄瓜多尔中文教学资源虽有一定的发展，但仍处于初期阶段。由于中文作为外语在厄瓜多尔地位较低，中文学习人数很少，缺乏研发本土中文教材的高水平中文人才，所以厄瓜多尔中文教学资源表现出"量少质薄"的特点，尚没有本土中文教学资源。2010年厄瓜多尔第一所孔子学院成立后，接受了原国家汉办的大量赠书，厄瓜多尔的中文教学资源才慢慢发展起来。随着中厄两国交流合作的不断深入，厄瓜多尔的中文教学也将迈上新台阶，中文教学资源也会迎来新发展。

作者：曾小燕，中国石油大学（北京）；
周大双，中国石油大学（北京）/厄瓜多尔基多圣弗朗西斯科大学孔子学院

第五节　加拿大中文教学资源发展状况

中文教育是加拿大多元文化政策下继承语（heritage language）教育的重要组成部分，拥有显性教学大纲和课程支持，已纳入加拿大国民教育体系的第二语言（第一外语）教育（TCSL）。随着中国经济的快速发展和国际地位的提高，加拿大中文教育的重要性愈发突出，影响中文教育的教学资源问题亟待解决。

一、发展背景

（一）中文教育政策

加拿大是双语国家，官方语言为英语和法语，实行双语政策（bilingualism）。双语政策框架内多元文化政策（multiculturalism）的实施为加拿大各族群享有语言教育权利及继承语的教育提供了政策保证与支持，保护了文化多样性，促进了教育资源的公平分配。但实际上，加拿大联邦政府对英、法语言学习的支持力度远远高于对继承语学习的支持，有些省份对继承语的学习还存在很大争议，中文也不例外[1]。加拿大没有统一的外语教育政策，各省自行制定本省教育政策，各地学校与少数族裔社区共同协商继承语课的教学大纲、教材及师资配备。

（二）中文教学大纲

加拿大是较早建立中文教育标准体系的国家之一。自20世纪90年代开始，在加拿大十个省和三个地区中，已发布中文教学标准的有不列颠哥伦比亚省（缩写为BC）、萨斯喀彻温省（缩写为SK）和阿尔伯塔省（缩写为AB），详见表5-5-1。

---

[1] 蔡薇，王仁忠.加拿大汉语教育状况及发展[J].国际汉语教学学报，2023（1）：4-13.

表 5-5-1　加拿大三省（AB、BC、SK）中文教学大纲

名称	年份/发布单位	适用年级	教学资源描述
BC省《中文普通话5—12年级课程大纲》①（*Mandarin Chinese 5 to 12*）（共206页）	1998/BC省教育、技能与培训部	5—12（小学起点）	省推荐学习资源是根据一套严格的标准，经BC省教育专家及教育、技能与培训部审核和评估的资源。BC省所属学校的学习资源包括省推荐资源和本地评估资源。本大纲附件B列举了49种中文图书，包括《中国古代寓言故事》《汉语句法手册》《简明英汉/汉英词典》《中文》等。
SK省《普通话（10—12年级）：国际语言课程指南》（*Mandarin 10, 20, 30: A Curriculum Guide for International Languages*）②（共215页）	2001/SK省教育厅	10—12（3年制高中起点）	大纲要求教学活动基于教学资源，以学生为主导，充分利用各种中文教育资源，包括网络、视频与教材等，例如：《中文》《中国通》《你好》《中文手册》《简易汉语短语词典》《让我们说中文》《课堂中文视频》《学写毛笔字》《基础汉语词汇》《红蛋与龙舟：庆祝中国节日》《在中国说中文》《汉语成语（第一、二卷）》《中国民间故事》《中国古典诗歌选集》等。
AB省《中国语言和文化课程大纲》（*Chinese Language and Culture*）③（共117页）	2009/AB省教育局	4—12（小学至高中各个阶段）	为培养学生的中文交际能力，AB省教育局授权本省学校选择经批准的优质中国语言和文化教学资源，包括学生基础类、学生支持类和教学类。大纲列举了资源名称（教材）、授权使用的年级及资源类型（文本、视频、光盘）。授权的资源多达数百种。

在已颁布标准的省份中，AB省和BC省均实现了贯穿中小学和大学的完备的中文教育体系。作为外语教学的指导性纲领，中文教学大纲是中文纳入国民教育体系的显性政策体现。三省中文教学大纲也反映出中文在加拿大各省国民教育体系中的地位及发展的不平衡性和区域性，以及各省选择教育资源及制定标准的自主性。

二、发展情况

在加拿大，中文作为第二语言教学基本属于基础教育外语，教学资源开发针对

---

① 网址：https://www2.gov.bc.ca/assets/gov/education/kindergarten-to-grade-12/teach/pdfs/curriculum/internationallanguages/1998mandchinese512.pdf。
② 网址：https://publications.saskatchewan.ca/#/products/33596。
③ 网址：https://education.alberta.ca/media/384823/chinese-language-and-culture-grades-4-12-9y-program-grades-7-9-10-6y-20-6y-30-6y-10-3y-20-3y-30-3y-alberta-authorized-resource-list-and-annotated-bibliography.pdf。

的也是基础教育外语学习者。进入 21 世纪，通用国际中文教材建设发展迅速，同时，专门面向北美华裔学习者的国别中文教材也相继问世。随着网络技术的发展，数字中文资源日益丰富、多元，弥补了纸质资源相对薄弱的不足。

（一）基础教育阶段的中文教学资源

1. 中文课开设情况

20 世纪 80 年代初，加拿大开始在中学开设中文选修课。但由于各省的语言政策存在差异，对继承语学习的开放态度和支持力度也不尽相同[①]，加拿大基础阶段的中文教育发展很不均衡。1982 年，AB 省埃德蒙顿市在幼儿园进行中英双语教学试点。[②]1989 年，在初中 1—3 年级开设中文作为第二语言课程。1992 年，AB 省高中 1—3 年级引入汉语国际文凭（IB）考试。[③]1994 年，温哥华 76 所中文小学获得政府资助，同年 9 月起，中文考试成绩开始成为大学认可的学分。AB 省与 BC 省教育局先后于 2013 年和 2015 年设立"中国—阿尔伯塔省优秀中文奖"[④]及"中国—不列颠哥伦比亚省优秀中文奖"[⑤]。卡尔加里教育局官网的"语言项目"下，将"中文（普通话）双语项目（K-9）"与"沉浸式法语项目""西班牙双语项目""德语双语项目"并列。[⑥]这些都是中文进入加拿大国民教育体系的重要举措。

2. 常用中文教材

加拿大基础中文教育没有统一的固定教材，所用教材主要来自中国。据统计，具有考教结合功能的《HSK 标准教程》使用最为广泛，《新实用汉语课本》及专门为欧美地区周末中文学校编写的教材（如《中文》）使用也相对较多。AB 省教育局推荐《汉语乐园》《美猴王汉语》等教材为该省小学生中文学习课本。

根据加拿大国际语言项目要求编写的系列教材《加拿大中文课本》（普通话版）[⑦]

[①] 蔡薇，王仁忠. 加拿大汉语教育状况及发展 [J]. 国际汉语教学学报，2023（1）：4-13.
[②] 网址：http://www.edmontonchina.ca/forum.php?mod=viewthread&tid=130619。
[③] 付由. 区域性与通用型汉语教学大纲比较——以加拿大阿省中小学汉语课程大纲和汉办通用课程大纲为例 [J]. 海外华文教育，2016（5）：606-612.
[④] 网址：https://accessscholarships.com/scholarship/china-alberta-award-for-excellence-in-chinese/。
[⑤] 网址：https://www2.gov.bc.ca/assets/gov/education/kindergarten-to-grade-12/support/awards/bc-china/bc-china-award-information.pdf。
[⑥] 网址：https://cbe.ab.ca/programs/program-options/language-programs/Pages/chinese-mandarin-bilingual-program.aspx#。
[⑦] 网址：https://www.amazon.ca/Chinese-Canadians-Mandarin-Characters-Pinyin/dp/0980885531。

是在多元文化部指导下编写的为数不多的本土中文教材。教材严格遵循安大略省学校的总体课程要求，共 11 册，正文为简体字，辅以繁体字。普通话版本采用汉语拼音，从 4 级开始增加英语注释。

加拿大的基础教育课程分为三部分：文化意识类、语言类与民族特色类。加拿大政府对教材的审查十分严苛，特别是对文化意识类教材。AB 省教育局授权本省学校选用经批准的优质中国语言和文化教学资源（表 5-5-2）。

表 5-5-2　AB 省教育局"授权注释语言和文化资源清单"（2009）[①] 推荐中文教材

年级	教材
4—6 年级	《儿童普通话》（含学生用书、教参、答案、盒式录音带）《儿童汉语》《汉语普通话》《汉语乐园》《快乐汉语》
4—9 年级	《汉语惯用语》（英文及中文繁体和简体字幕）（Macintosh / Windows 版本）《有趣的汉字 1—3》《汉语拼音，我能看懂》
4—12 年级	《中文》《跟我学中文》《普通话》《我们的地球村中国：文化资源指南》《你好》《发音：普通话发音（Windows 2.0 版）》《我的第一个中国读者》《当代汉语》
10—12 年级	《儿童插图汉语成语故事》《初级汉语口语》《当代汉语》《早安北京》《视频教材：长城》《汉语普通话（中级）》《高级汉语教学》《标准汉语初级部分（Windows 版本）》

此外，加拿大儿童图书中心面向加拿大儿童和青少年推荐了 52 种中文主题书籍（Canadian Chinese-Themed Books for Kids and Teens）。

（二）高等教育阶段的中文教学资源

根据加拿大大学网站[②]及"第二十一届加拿大中文教学学会研讨会暨 2022 年会"相关信息，加拿大共有综合性大学 91 所，其中 33 所开设了中文课程，占 36%；其他院校有 173 所，其中 14 所开设了中文课程，占院校总数的 8%。中文项目一般都设在"亚洲研究"等院系。加拿大各大学中文项目规模不等，有规模较大的，设有本科、硕士及博士专业，开设语言、文学、文化及语言学等课程；也有规模中等的，只设本科或中文辅修专业，开设语言课程及少量文学、文化或者语言学课程；还有一些规模较小的，只开设初级及中级语言课程。鉴于加拿大中文教学资源信息的缺失，加拿大中文教学学会于 2005 年 4 月底开始建设"加拿大全国汉语教学资料库"，

[①] 网址：https://education.alberta.ca/media/563922/cree-k-12-authorized-resource-list.pdf。
[②] 网址：https://www.canadian-universities.net/Universities/Programs/Chinese_Language-Alberta.html。

采集中文教学的课程级别、科目、内容及教材等数据。加拿大没有统一的中文教学资源，各高校根据教学需要自行选择。表 5-5-3 列举了加拿大有代表性中文项目开设的中文课及其所用教学资源。

表 5-5-3　加拿大 UBC、UVic 和 UofT 中文课程设置及其所用中文教材

中文项目名称	课程及所用教材
不列颠哥伦比亚大学（UBC）亚洲研究院中文专业[①]	**非继承语学生课程** （1）（非）强化初级汉语和（非）强化中级汉语：《中文听说读写》（简体第 3 版） （2）高级现代汉语·阅读与写作：《解读新中国》（第一卷、第二卷） （3）中国现代文学导论（一） （4）中国近代文学导论（一） **继承语学生课程** （1）（非）强化初级汉语：《高级汉语初学者入门》（第一卷）（简体字版） （2）（非）强化中级汉语：《桥》（第 1 卷）（第 3 版） 粤语者用普通话：《讲普通话》（上）（只限香港粤语者使用） 高级现代汉语·阅读与写作：《现代汉语高级教程》（上 / 下）（修订版） 其他教材：《新实用汉语课本》《中级汉语口语》《现代中国散文与短篇故事选读》《中国寓言故事选读》《20 世纪中国文学作品选读》《〈孟子〉〈史记〉〈韩非子〉选读》《周代至清代古代汉语选读》《高级汉语口语》[②]《当代中国电影小说》《中国现代文学》；中国古典文学、早期中国古典诗歌（汉唐）、晚期中国古典诗歌（唐）、中国现代文学
维多利亚大学（UVic）亚太研究中文项目[③]	（1）初级汉语精读 / 初级现代汉语精读：《中文听说读写》（第一册） （2）近代中国文化 / 现代中国文化：《西方话语与当代中国文化》、《中国文学研究前沿》（1、2）、《上海宝贝：中国女性权利与新自由主义消费主义的中介》、《中国女性研究》、《上海的狐步舞》 （3）中国古典文学概论：《剑桥中国文学史》（上、下卷）、《中国文学选集：始于 1911 年》、《中国文学指南》、《中国文学发展史》（上、中、下） （4）以汉语为母语的高级普通话、汉语研究：《现代汉语》（上、下） （5）中国古典文学作者：《梅花与宫女：中国诗歌解读》、《剑桥中国文学史》（上、下卷）、《中国文学选集：始于 1911 年》、《中国文学指南》、《中国文学发展史》（上、中、下）

[①] 课程对象分继承语（heritage language）学生和非继承语（non-heritage language）学生，继承语学生指出生在第一语言为非中文的国家，但在讲普通话或中文方言的家庭长大的学生，能说或能听懂这些方言，在一定程度上能掌握英语和汉语双语；或出生在中文为第一语言国家的学生；或非华裔学生，但长期在华语国家 / 地区生活、学习或工作，已取得一定的中文能力（尤其是听说能力）。非继承语学生指非华裔学生，以及本人及父母都不会说任何中文普通话或方言的华裔学生。

[②] 申艳艳. 美国、加拿大部分高校所用中文教材一览 [J]. 国外汉语教学动态，2002（1）：40-42.

[③] 网址：https://www.uvic.ca/humanities/pacificasia/undergraduate/courses/languagecourses/index.php。

续表

中文项目名称	课程及所用教材
多伦多大学（UofT）中文项目	（1）中国语言与文化（辅修课）[1] （2）现代汉语：《初学汉语的认知方法》《华文报纸阅读：策略与技能》 （3）古代汉语：《古代汉语语法提纲》、《最新实用汉英辞典》（梁实秋，台北远东图书公司，1971）、《汉语大词典》（上海辞书出版社，1986） （4）学术汉语（I—II）

（三）社会机构中的中文教学资源

在加拿大，有多个在联邦政府注册的中文教育机构[2]和地区性中文教育机构[3]，推介中文教程，整合并共享优质教育资源。共享的课件资源[4]包括汉语圈的YCT配套网上课件、Quizlet拼音打字课件、汉语托福在线模拟系统、PPtutor在线少儿中文等。线上中文教学已在加拿大本土发展起来，与线下教学共同构成除公立学校双语课程以外的主要中文教育资源。

根据全球孔院的统计[5]，自2006年温哥华成立第一所孔子学院以来，加拿大先后建立了十几所孔子学院[6]，在一定程度上补齐了当地中文基础教育师资短缺和教材单一滞后的短板，推动了海外中文教材"本土化"的进程。国际中文教师在教学实践中对教学资源的实用性和适用性深有体会。孔子学院均建有中文图书室，藏有大

---

[1] 开设的中文课包括：汉语入门、中级汉语、学术汉语、中国文化导论、商务汉语、古典中国文学、海外中国文学与文化、传统中国文化中的人生智慧、媒体与中国文化、高级汉语、当代汉语中的儒学思想、儒学思想对中国文化的影响、当代中国文学研究、英汉翻译理论与实践。

[2] 在加拿大联邦政府注册的中文教育机构包括：加拿大中文教学学会（Canadian TCSL Association/TCSL）（2000）、加拿大华文教育学会（Chinese Culture and Education Society of Canada/CCESC）（2008）、加拿大中文教师协会（Canadian Association of Chinese Language Teachers/CACLT）（2019）、加国中文教师协会（Chinese Teachers' Association of Canada/CTAC）（2019）。

[3] 地区性中文教育机构包括以多伦多为基地的加拿大中文教学会（Canadian Society of Chinese Language Education/CSCLE）（2016）、加拿大BC省中文协会（Chinese Language Association of British Columbia/CLABC）（1981）、安省华文教育协会（Ontario Society for Chinese Education/OSCE）（1988）。

[4] 网址：http://www.cscle.ca/resourses。

[5] 网址：https://www.digmandarin.com/confucius-institutes-around-the-world.html#google_vignette。

[6] 与大学合作的孔子学院包括：不列颠哥伦比亚理工大学孔子学院（Confucius Institute at BCIT）（2006）、里贾纳大学孔子学院（Confucius Institute at University of Regina）（2007）、滑铁卢大学孔子学院（Confucius Institute at University of Waterloo）（2007）、卡尔顿大学孔子学院（Confucius Institute at Carleton University）（2010）、布鲁克大学孔子学院（Confucius Institute at Brock University）（2010）、圣玛丽大学孔子学院（Confucius Institute at Saint Mary's University）（2011）、萨斯喀彻温大学孔子学院（Confucius Institute at University of Saskatchewan）（2012）。与学院合作的孔子学院包括：魁北克孔子学院（Confucius Institute in Quebec）（2007）、圣力嘉学院孔子学院（Confucius Institute at Seneca College）（2011）。与公校教育局合作的孔子学院包括：埃德蒙顿孔子学院（Confucius Institute in Edmonton）（2007）、新不伦瑞克孔子学院（Confucius Institute in New Brunswick）（2007）、高贵林孔子学院（Confucius Institute in Coquitlam）（2011）。

量中文教材、视频等教学资源，如《HSK标准教程》《中小学汉语考试大纲》[1]《快乐汉语》《跟我学汉语》[2]等，可供海外中文学习者使用。同时，孔子学院也参与地方性语言展[3]等活动，展出各类中文图书，与所在社区分享中文资源。孔子学院承办汉语水平考试（HSK）及国际中文教师证书考试（CTCSOL），客观上推动了考教结合类教材的使用。国际中文教育是教育，也是事业。作为国际中文教育事业的组成部分，孔子学院发挥了在海外面向本土中文学习者的地缘优势，在自身的转型发展中与时俱进，在促进国别中文教育教学资源建设上发挥着积极作用。

三、主要特点

（一）中文教学资源选用相对自主

加拿大的中文教育没有全国统一的教学大纲，各省、学区、学校均有选用教学资源的自主权，这使得中文作为第二语言教学的标准与教材具有多元化特征。各省各自为政的教育体制以及对中文教学和学习需求的巨大差异导致各省中文教育发展不均衡。

（二）本土中文教学资源研发相对滞后

加拿大没有国家级别的项目支持继承语教学，也缺乏政府部门的联合力量推进中文教学资源的研发。[4]目前中文教学资源本土化程度不高，这给本土学生学习中文造成了一定困难，今后需要编写更加有的放矢、更适应本地语言教学大纲和教学主题[5]的教材。

---

[1] 张晓宇. 加拿大新布伦瑞克孔子学院汉语教学实践回顾及前景分析 [J]. 高等教育，2018（7）：34.
[2] 桂俐. 孔子学院汉语师资现状调查分析——以加拿大埃德蒙顿孔子学院为例 [D]. 济南：山东师范大学，2020.
[3] 参见 https://newinhalifax.ca/community/culture/。加拿大圣玛丽大学孔子学院（SMUCI）作为新斯科舍省"哈利法克斯市移民伙伴（HIP）"组织的成员，历年作为中文（普通话）的代表参加"哈利法克斯多语博览会"。
[4] 蔡薇，王仁忠. 加拿大汉语教育状况及发展 [J]. 国际汉语教学学报，2023（1）：4-13.
[5] 余瑞冬. 东西问 | 任燕红、王满霞：加拿大华文教育如何面对挑战和机遇？[EB/OL]. （2023-02-22）[2023-04-10]. https://www.chinanews.com.cn/hr/2023/02-22/9958727.shtml.

四、结语

进入 21 世纪以来，虽然作为"第二语言"或"继承语"的中文教育已经进入加拿大的国民教育体系，地位不断提高，成为仅次于英语、法语（均为官方语言）和西班牙语的语种，但却缺少全国统一的教学大纲和教材，这与急需本土中文教育资源的时代要求相去甚远，影响了本土中文教育的提升和发展。加强加拿大中文教学资源的国别研究，开发具有综合功能的本土化中文教学资源符合时代发展的迫切要求，也是本土教材发展的必然趋势。

作者：张树学，加拿大圣玛丽大学孔子学院

第六节　柬埔寨中文教学资源发展状况*

柬埔寨中文教育起源于华侨华人创办的华文教育。从 1914 年第一所华文学校创办到 20 世纪 60 年代末，华文教育经历过一段时间的繁荣发展期，但由于 1970—1991 年柬埔寨陷入国家动荡，华文教育曾中断约 20 年，直至 1991 年柬埔寨恢复和平后才开始复苏。如今柬埔寨共有华文学校 58 所，教师 1200 余人，学生约 5.5 万人。[①] 2007 年，金边皇家大学"DHY 汉语中心"成立；2009 年，柬埔寨第一所孔子学院——王家研究院孔子学院（2017 年更名为柬埔寨皇家科学院孔子学院）成立；2010 年，原孔子学院总部 / 国家汉办向柬埔寨派遣首批 38 名汉语教师志愿者。自此，中方中文教育力量开始进入柬埔寨，促进了中文教育在当地的快速发展。至 2019 年，仅柬埔寨皇家科学院孔子学院累计注册学员就超过了 8 万人。[②] 2019 年 12 月，柬埔寨国立马德望大学孔子学院成立，这是该国第二所孔子学院。2021 年，柬华理工大学孔子学院成立，这是该国第一所"中文＋职业教育"特色孔子学院，标志着柬埔寨中文教育开始向通用中文教育与专用中文教育并行的方向发展。2020 年 10 月，中外语言交流合作中心（以下简称"语合中心"）与柬埔寨皇家科学院合作共建了柬埔寨第一个硕士层次的本土中文师范专业。2022 年 11 月，中柬双方签署合作谅解备忘录，中文正式纳入柬埔寨国民教育体系。自此，柬埔寨的中文教育已经覆盖从中学到硕士教育阶段。总体来看，柬埔寨中文教育起步较早，具有良好的基础，发展速度快，现正逐步向官方化、公立化方向发展。

---

* 本节内容为 2022 年度国家社会科学基金项目"中文教育助推新时代中国东盟全面战略伙伴关系建设研究"（22BSS155）阶段性成果。
① 网址：https://cc-times.com/posts/11191。
② 黄书. 柬埔寨皇家科学院孔子学院及其作用与意义 [J]. 湖北经济学院学报（人文社会科学版），2019（12）：13-16.

一、发展背景

柬埔寨 1991 年签署《巴黎和平协定》后，国家逐步恢复了和平发展的状态。柬埔寨政府重视语言教育，并实行宽松的语言政策和教育政策，允许华人开办华文教育，支持孔子学院开展学历与非学历中文教育，允许民间开办中文教育机构。在如此环境下，中文教育在柬埔寨发展迅速。根据柬埔寨教育、青年与体育部发布的 2019—2020 年私立教育机构统计数据，当年的中文学校数量达到了 234 所，其中城市分布 168 所、农村地区分布 66 所。[1] 中柬友好的外交关系和柬埔寨政府宽松包容的语言政策和教育政策为大量中国教材进入柬埔寨提供了良好的外部环境。而中柬日益密切的经贸等领域的合作又为柬埔寨民众带来了大量就业机会与商机，学习中文成为柬埔寨民众生存与发展的"刚性"需求，刺激着"中文热"在柬埔寨迅速升温，而这种内在需求又成为刺激柬埔寨中文教材需求增加的内部动因。在良好的内外部因素的共同作用下，柬埔寨对类型丰富、针对性强的中文教学资源尤其是本土化教学资源需求旺盛。因此《HSK 标准教程》《YCT 标准教程》《快乐汉语》等较为新颖的教材在柬埔寨得到了广泛使用。但与此同时，本土化教学资源匮乏、教学资源数字化程度低仍是阻碍柬埔寨中文教育进一步发展的瓶颈性问题。

二、发展情况

（一）本土华文教育时期

1914—1970 年华文教育蓬勃发展期间，柬埔寨全国华文学校统一采用"柬华版"华文教材。但是该教材内容陈旧，逻辑性差，编写理念与时代脱节，适用性不强。1991 年在国家恢复和平稳定后，华文学校逐步复课，开始着手编写新版教材。1994 年 12 月，中国海外交流协会文教部与柬华理事会签署了关于合作编写柬华小学语文教材及开展师资培训的协议，合作编写了华文学校 1—6 年级《华文》系列教

---

[1] 柬埔寨教育、青年与体育部数据统计参见 http://moeys.gov.kh/en/media-center/education-statistics/private-education-statistics-indicators-2019-2020/。

材，除主干教材《华文》外，还包括《说话》《常识》《算术》等。该系列教材2006年和2016年经暨南大学华文学院和华文教育研究院两次改编修订，一直沿用至今。中学使用的是柬华理事总会根据中国国内2003年《义务教育课程标准》实验教科书编写的《柬埔寨华文教育初中华文实验教科书》，目前部分华文学校仍在使用。[1] 除了《华文》系列教材外，柬埔寨民生中学、广肇学校等华文学校在2008年后也逐步开始在小学阶段采用暨南大学华文学院编写的《中文》教材。该教材是中国国务院侨务办公室委托暨南大学华文学院为海外华人、华侨子弟学习中文而编写的。1996年开始委托编写小学阶段的教材12册，1997正式出版；2008年又委托编写中学阶段的教材6册，2010年正式出版。本土华文教育时期华文学校主要使用的中文教材详见表5-6-1。

表5-6-1 本土华文教育时期柬埔寨各华文学校使用的主干教材

教材名称	出版时间	适用年级	课程内容
《华文》	1995年 2006年第一次修订 2016年第二次修订	小学1—6年级 初中7—9年级	4单元12课
《中文》（小学阶段）	1997年 2007年修订	小学1—6年级	4单元12课
《中文》（中学阶段）	2010年	初中7—9年级	4单元12课

（二）中方中文教育力量进入柬埔寨时期

2010年首批38名汉语教师志愿者到任后，通过原孔子学院总部/国家汉办赠书项目为各自任教学校申请了大量中方教学资源，这些教学资源均是基于中文作为第二语言教学理念研发的，内容新颖，针对性强。但起初各华文学校对新引进的教学资源仍持观望态度，并未立即开始使用。

1. 华文教育教学资源使用情况

柬华理事总会要求下辖各华文学校使用《华文》作为主干教材，甚至明确规定使用该套教材是获得总会奖学金资助的前提条件之一，因此大部分华文学校一直以《华文》《中文》作为主干教材。与这些传统的华文教材相比，中方教材编写理念更加契合中文作为第二语言的定位，内容相对简单，便于教师教学和学生学习，受到了各年

---

[1] 刘振平，贺丽君. 柬埔寨华校华文教育发展的问题及对策[J]. 北部湾大学学报，2019（8）：43-48.

龄段中文学习者的欢迎，因此部分华文学校也开始逐步接受并尝试使用中方的教材教授"说话""历史"等副科科目。中方教材进入柬埔寨华文学校情况见表 5-6-2：

表 5-6-2　中柬共建中文教育时期华文学校引进的主要中国教材

机构名称	使用教材
民生学校 广肇学校 培诚学校 中华学校 光中学校 端华学校 立群学校	《快乐汉语（柬埔寨语版）》（李晓琪等编，2010 年） 《经贸汉语阅读与写作》（哈嘉莹编著，2003 年） 《美猴王汉语》（刘富华、王巍、周芮安编著，2006 年） 《汉语口语速成》（第 2 版）系列（马箭飞主编，2007 年） 《中国地理常识（中英对照）》（国务院侨办、国家汉办主编，2007 年） 《汉语 900 句》《汉语 900 句》编写组编，2015 年） 《体验汉语》系列（陈作宏等编，2007 年） 《HSK 语法精讲精练》（张婧编著，2008 年） 《感悟汉语》系列（朱志平、刘兰民主编，2009 年） 《新汉语水平考试真题集》（HSK 一级至六级）（国家汉办 / 孔子学院总部编制，2010 年） 《当代中文（柬埔寨语版）》（吴中伟主编，2010 年） 《新实用汉语课本》（第 2 版）系列（刘珣主编，2010 年） 《汉语乐园（柬埔寨语版）》（刘富华等编著，2010 年） 《跟我学汉语（柬埔寨语版）》（陈绂、朱志平主编，2010 年） 《HSK 标准教程》系列（姜丽萍主编，2014 年） 《YCT 标准教程》系列（苏英霞主编，2015 年） 《中国历史常识》（吕思勉著，2018 年）

2. 中文学历教育教学资源使用情况

2010—2022 年期间，柬埔寨开展中文学历教育（大学本科及以上）的高校共有 5 所，按专业开设时间顺序排列分别是：金边皇家大学、亚欧大学、棉芷大学、柬埔寨皇家科学院、国立马德望大学。除亚欧大学和棉芷大学曾经同为柬埔寨皇家科学院孔子学院教学点，使用共同的培养方案和教材以外，其他 3 所高校由于与中方不同的高校合作办学，培养方案均不同，教材选用也存在差异，但仍以中国留学生本科系列教材为主。各高校中文学历教育教材使用情况见表 5-6-3：

表 5-6-3　柬埔寨中文学历教育教材使用情况

机构名称	学历层次	使用教材
金边皇家 大学[①]	本科	《古代汉语（修订本）》（徐宗才、李文编著，2010 年） 《中国人文地理》（李富编著，2002 年） 《中国文化概论》（修订版）（张岱年、方克立主编，2004 年） 《新编教育学教程》（第 2 版）（叶澜主编，2006 年） 《中国历史常识（中英对照）》（国务院侨办、国家汉办主编，2007 年）

---

① 李冰钰. 柬埔寨孔子学院与 DHY 汉语中心课程分析及比较 [D]. 南昌：江西师范大学，2017.

续表

机构名称	学历层次	使用教材
金边皇家大学	本科	《汉语中级口语教程》（杨寄洲、贾永芬编著，2007年） 《汉语中级综合教程》（王珏主编，2008年） 《汉语语音教程（提高篇）》（何平主编，2008年） 《现代汉语概论（留学生版）》（刘焱、汪如东、周红编著，2009年） 《汉语综合写作教程》（李汛主编，2009年） 《快乐中国人：中高级汉语视听说教程》（王晓凌主编，2010年） 《当代中国社会结构》（陆学艺主编，2010年） 《汉语高级听力教程》（第2版）（幺书君、张葳编著，2011年） 《中国现当代文学作品精读》（孙冰、徐巍主编，2011年） 《高级汉语阅读教程2》（张世涛主编，2011年） 《对外汉语教学法》（吴勇毅主编，2012年） 《汉语教程·第三册》（第3版）（杨寄洲主编，2016年） 《读报纸，学中文——准高级汉语报刊阅读（下册）》（吴成年主编，2010年） 《汉语中级听力教程（上册）》（刘元满、王玉编著，2004年） 《汉语中级听力教程（下册）》（刘元满、王玉、鞠慧编著，2005年）
亚欧大学/棉芷大学[①]	本科	《中级汉语阅读教程》（第2版）（徐霄鹰主编，2009年） 《中级汉语阅读教程Ⅱ》（第2版）（徐霄鹰、周小兵编著，2009年） 《中国当代文学导读》（张玲霞主编，2008年） 《系统学汉字（中级本）》（李大遂编著，2005年） 《报刊语言基础教程》（肖立编著，2005年） 《体验汉语写作教程（中级1）》（陈作宏主编，2006年） 《体验汉语写作教程（高级1）》（陈作宏主编，2006年） 《中级汉语听说教程》（胡晓清主编，2006年） 《中国文化读本》（中国教育部课程教材研究所对外汉语课程教材研究开发中心主编，2007年） 《跨文化交际概论》（吴为善、严慧仙著，2009年） 《新实用汉语课本》（第2版）系列（刘珣主编，2010年） 《桥梁·实用汉语中级教程》（第3版）（陈灼主编，2012年） 《汉语作为第二语言技能教学》（翟艳、苏英霞编著，2010年） 《实用对外汉语教学法》（第3版）（徐子亮、吴仁甫著，2013年） 《中国古代文学作品选讲》（张英伟编著，2014年） 《中国历史常识》（吕思勉著，2018年）
柬埔寨皇家科学院[②]	本科	《汉语词汇教程》（万艺玲著，2000年） 《汉语语法教程》（孙德金著，2002年） 《汉语语音教程》（曹文编著，2002年） 《20世纪中国文学史纲》（黄悦、宋长宏编著，2003年） 《汉字教程》（张静贤主编，2004年） 《汉语写作教程》（赵建华、祝秉耀编著，2003年） 《跨文化交际学概论》（胡文仲著，1999年） 《古代汉语》（徐宗才、李文编著，2010年） 《语言学纲要》（修订版）（叶蜚声、徐通锵著，2010年）

[①] 王芳芳.柬埔寨孔子学院教学现状调查与研究——以柬埔寨皇家科学院孔子学院为例[D].大连：辽宁师范大学，2019.
[②] 数据来源：柬埔寨皇家科学院国际中文教育与教师教育学院院长 VUTH SOPHEAKNA 副教授。

续表

机构名称	学历层次	使用教材
柬埔寨皇家科学院	本科	《汉语听说教程（上）》（赵菁主编，2000年） 《现代汉语高级教程（上）》（马树德主编，2002年） 《现代汉语高级教程（下）》（马树德主编，2003年） 《汉语教程》（第3版）系列（杨寄洲主编，2016年） 《留学生中高级汉语写作教程》（金舒年、刘德联、张文贤编著，2017年） 《对外汉语教学入门》（第3版）（周小兵主编，2017年） 《汉语听力教程》（第3版）系列（杨雪梅、胡波编著，2019年） 《汉语阅读教程》系列（彭志平编著，2018年）
	硕士（参考书目）	《国际汉语教学设计》（廖建玲著，2013年） 《第二语言习得》（赵杨著，2015年） 《国际汉语教学案例分析与点评》（叶军主编，2015年） 《汉语作为第二语言教学——汉语要素教学》（毛悦主编，2015年） 《汉语作为第二语言教学——汉语技能教学》（吴中伟主编，2014年） 《中华文化传播》（赵长征、刘立新编著，2015年） 《跨文化交际》（祖晓梅著，2015年） 《现代汉语通论》（第3版）（邵敬敏主编，2016年）
国立马德望大学[①]	本科	《体验汉语写作教程》（陈作宏主编，2006年） 《新实用汉语课本》（第2版）系列（刘珣主编，2010年） 《发展汉语》（第2版）系列（李泉主编，2011年） 《HSK标准教程》系列（姜丽萍主编，2014年）

3. 非学历中文教育教学资源使用情况

柬埔寨非学历中文教育分布较为广泛，主要办学机构包括孔子学院、国际学校、私立语言培训机构等。这些机构选用中文教材没有统一的标准，教材选用根据机构自身需求确定，但总体上看仍以从中国引进的教材为主，也有一些新加坡等国家出版的教材。在调研访谈中发现，《HSK标准教程》《快乐汉语》《新实用汉语课本》是目前在非学历中文教育中使用较为广泛的教材。其中，《YCT标准教程》主要在中小学阶段开设中文课程的机构使用，柬埔寨吾哥比里洪森中学中文学习测试中心、Smart Kids等机构均采用该教材。由于HSK成绩与赴华留学奖学金挂钩，因此与HSK相关的中文教材在柬埔寨广受欢迎，代表性教材是《HSK标准教程》。很多华文学校也采用此教材作为HSK考前强化培训用，甚至有些高校将其用于中文本科教学。根据对各中文教育机构的走访和对文献的搜集整理，本节汇总了柬埔寨部分中文教育机构非学历中文教育教材使用情况，详见表5-6-4：

---

① 数据来源：柬埔寨国立马德望大学孔子学院易永忠教授。

表 5-6-4　柬埔寨非学历中文教育教材使用情况

机构名称	使用教材
柬埔寨皇家科学院孔子学院[1]	《快乐汉语（柬埔寨语版）》（李晓琪等编，2010 年） 《体验汉语》系列（陈作宏等编，2007 年） 《成功之路》系列（邱军主编，2008 年） 《当代中文（柬埔寨语版）》（吴中伟主编，2010 年） 《新实用汉语课本》（第 2 版）系列（刘珣主编，2010 年） 《跟我学汉语（柬埔寨语版）》（陈绂、朱志平主编，2010 年）
国立马德望大学孔子学院	《快乐汉语（柬埔寨语版）》（李晓琪等编，2010 年） 《汉语交际口语》（陈作宏、田艳编，2008 年） 《HSK 标准教程》系列（姜丽萍主编，2014 年） 《跟我学汉语（柬埔寨语版）》（陈绂、朱志平主编，2014 年） 《BCT 标准教程》（张洁主编，2015 年） 《长城汉语》（第 2 版）（马箭飞、宋继华主编，2021 年）
柬华理工大学孔子学院	《发展汉语》系列（李泉主编，2011 年） 《HSK 标准教程》系列（姜丽萍主编，2014 年） 《长城汉语》（第 2 版）（马箭飞、宋继华主编，2021 年）
吾哥比里洪森中学中文学习测试中心	《快乐汉语（柬埔寨语版）》（李晓琪等编，2010 年） 《当代中文（柬埔寨语版）》（吴中伟主编，2010 年） 《HSK 标准教程》系列（姜丽萍主编，2014 年） 《汉语乐园》（第 2 版）（刘富华等编著，2014 年） 《YCT 标准教程》（苏英霞主编，2015 年）
中英国际学校	Go! Chinese（罗秋昭、薛意梅主编，2009 年）
中华国际学校	《快乐汉语（柬埔寨语版）》（李晓琪等编，2010 年） 《跟我学汉语（柬埔寨语版）》（陈绂、朱志平主编，2014 年） 《语文》（温儒敏总主编，2016 年）
你好汉语中心	《中文》（修订版）（贾益民主编，2007 年）
钟一诺汉语学校	《快乐汉语（柬埔寨语版）》（李晓琪等编，2010 年） 《轻松学中文》（少儿版）（英文版）（马亚敏、李欣颖编著，2011 年） 《新儿童汉语》（刘珣等编著，2011 年） 《HSK 标准教程》系列（姜丽萍主编，2014 年） 《开心学拼音》（郑晓玉主编，2018 年）
Smart Kids 国际学校	《YCT 标准教程》（苏英霞主编，2015 年）
Aii 语言学校	Go! Chinese（罗秋昭、薛意梅主编，2009 年） 《新概念汉语》（崔永华主编，2013 年）

[1] 刘振. 柬埔寨中文教材问题刍议 [J]. 湖北经济学院学报（人文社会科学版），2021（2）：136-139.
边贝贝. 柬埔寨皇家科学院孔子学院本部学生作文语法偏误与分析 [D]. 郑州：郑州大学，2020.

4."中文+职业教育"教学资源使用情况

随着中柬两国关系的不断深化,柬埔寨积极参与共建"一带一路",大量中方企业、资金与人员进入柬埔寨各行业,刺激了社会对"中文+商务""中文+物流"等专用中文人才的需求。在此背景下,"中文+职业教育"在柬埔寨迅速发展。西港工商学院、东南亚大学和世界青年文化旅游职业学校是柬埔寨"中文+职业教育"的代表性教育机构,目前仅这3所中文教育机构的注册学员就超过了1万人。这3所机构在专业设置方面突出"中文+"特色,中文教学所使用的教材也均以中国引进的为主,详见表5-6-5:

表 5-6-5　柬埔寨"中文+职业教育"教材使用情况

机构名称	使用教材
西港工商学院	《快乐汉语(柬埔寨语版)》(李晓琪等编,2010年) 《当代中文(柬埔寨语版)》(吴中伟主编,2010年) 《轻松学中文》(少儿版)(英文版)(马亚敏、李欣颖编著,2011年) 《欢乐伙伴》(新加坡教育部课程规划与发展司主编,2015年)
东南亚大学	《HSK标准教程》系列(姜丽萍主编,2014年)
世界青年文化旅游职业学校	《快乐汉语(柬埔寨语版)》(李晓琪等编,2010年) 《体验汉语》系列(陈作宏等编,2007年) 《轻松学中文》(少儿版)(英文版)(马亚敏、李欣颖编著,2011年) 《HSK标准教程》(姜丽萍主编,2014年)

(三)中文纳入国民教育体系时期

2022年11月,在双方总理的见证下,中国与柬埔寨共同签署了《中华人民共和国教育部与柬埔寨教育、青年与体育部关于合作开展柬埔寨中学中文教育合作项目的谅解备忘录》,中文正式纳入柬埔寨国民教育体系。[1]谅解备忘录签署后,柬埔寨教育、青年与体育部在首都金边和西港遴选了20所公立中学试点开设中文课程。根据我们的调研访谈,柬埔寨教育部门尚未制定统一的教学大纲,这20所中学目前并无统一选用的教材,各校根据自身需要自行选择教学资源。

(四)数字资源使用情况

新冠疫情暴发后,柬埔寨各中文教育机构的中文教学被迫转为线上。各机构也开始尝试使用WhatsApp、Zoom、钉钉等网络平台授课,但效果不是十分理想。部

---

[1] 中文将纳入柬埔寨国民教育体系[N/OL].柬华日报,2022-11-10 [2023-03-05]. https://www.jianhuadaily.com/20221110/179712.

分偏远地区的学生由于网络卡顿、手机、电脑设备落后或缺乏等原因，无法保持上课的出勤率和学习的延续性，教学效果难以保证。柬华理事总会为了维持华文教育的开展，也尝试录制了一批课程投放在YouTube等网站上供学生学习，但由于学生学习主动性较差，加之条件不足，效果也未达预期。中文联盟也在疫情期间推出了《HSK标准教程》《长城汉语》等教材的数字课程资源，但由于没有柬埔寨语版本，加上部分课程需要收费，除了部分机构零星购买外，未能在柬埔寨广泛推广应用。

三、主要特点

（一）缺乏本土化教学资源

根据上文所列各中文教育机构教材使用情况来看，目前柬埔寨所使用的中文教材绝大部分都是从中国引进的，本土独立编写或中柬联合编写的本土化教学资源几乎是空白。虽然原国家汉办/孔子学院总部开发的《快乐汉语》《跟我学汉语》《当代中文》等教材也推出了柬埔寨语版，但是柬语版中文教材种类仍较为稀少，且这些教材只是在通用版教材基础上稍做改编，添加了柬埔寨语翻译，教材编写体例、内容等并非专门针对柬埔寨的中文学习者。上述教材近年来也进行了修订，但未依据修订本出版相应的柬埔寨语版本。面对柬埔寨中文教育的快速发展，中文教材的本土化进程缓慢问题日益凸显。

（二）教学资源数字化程度低

柬埔寨目前使用的中文教学资源仍以纸质教材为主。本节调研的各中文教育机构中，仅柬埔寨皇家科学院国际中文教育学院、国立马德望孔子学院等机构少量使用数字资源进行教学，其他均以纸质教材为主。出现这种情况主要有三个方面的原因：一是可供柬埔寨各中文教育机构教学使用的数字化平台和有针对性的数字资源较少；二是柬埔寨本地网络、多媒体等硬件设施落后，难以支撑数字化资源的广泛应用；三是针对数字资源开发与使用的师资培训仍嫌不足，大多数本土教师不擅长使用数字资源进行教学。

（三）教学资源选用不规范

教学资源选用不规范主要体现在三个方面。首先，部分中文教育机构选用教材时未充分考虑语言定位问题，针对中文作为第二语言学习者选用的却是中文作为母语者的教材，最典型的表现就是直接选用中国中小学语文教科书作为主干教材。其次，未充分考虑学习者年龄、认知等因素，选用面向成人的教材教授青少年中文学习者。例如，部分机构选用《新概念汉语》教授青少年中文学习者，而实际上，这套教材的适用对象是成人。[1] 再次，教材选用未充分考虑教授课型和学习者学习动机，部分教育机构跟风选择新出版的教材。例如，很多机构不管设置的课程是哪种类型、学生学习中文的动机如何，一律采用与 HSK 考试对接的《HSK 标准教程》，导致学生中文知识面受限，限制了其中文水平的进一步提高。导致此类现象出现的原因主要有两点：一是针对柬埔寨的教材非常稀缺，可供各中文教育机构选择的教材种类十分有限，各机构选用教材不规范也是无奈之举；二是缺乏科学合理的教材选用培训与指导，部分机构在选择教学资源时有盲目无助之感。

（四）专门用途中文教学资源匮乏

虽然柬埔寨社会各界对专用中文人才需求强烈，专用中文教育也在快速发展，但是与之相匹配的专门用途中文教学资源却极其匮乏。因此，柬埔寨各"中文+"教育机构不得不选择《快乐汉语》《当代中文》等传统通用中文教材用于教学，这显然不利于"中文"与"职业教育"的均衡发展，难以实现培养各类"中文+"人才的最终目的。

四、结语

柬埔寨中文教学资源的发展起步较早，但在遴选、使用方面缺乏科学的指导与依据，导致教学资源使用缺少系统性、科学性和针对性。随着中文被纳入柬埔寨国民教育体系，柬埔寨官方开始逐步指导并干预本国中文教学资源的开发与使用。语合中心在支持柬方开发针对公立中小学的系统性教学资源过程中扮演了重要角色，柬埔寨教育、青年与体育部在中文教学资源官方化、本土化过程中也起到了政策引领作用，今后柬埔寨中文教学资源发展将进入新的阶段，特别是教学资源的本土化进程必将加速。

作者：赵雨，华东师范大学

---

[1] 参见《新概念汉语》教材简介：http://www.blcup.com/seriesbook/index/22。

第七节　罗马尼亚中文教学资源发展状况

罗马尼亚中文教育历史悠久，人才培养体系较为完备，涵盖高等教育、基础教育、学前教育以及面向社会人士的多层次培养模式；教学对象既包括将中文作为外语（第一外语和第二外语）学习的罗马尼亚学生，也包括接受华文教育的华裔学生。从1956年布加勒斯特大学（Universitatea din București，以下简称"布大"）设立中文专业，到2006年罗马尼亚第一所孔子学院[①]成立，再到2017年中文正式纳入国民基础教育体系，罗马尼亚中文教育经历了从无到有、从快速发展到纵深发展的历程。

截至2021年，罗马尼亚共有6所高校开设中文专业，每年招收约130名本科生、约25名硕士研究生，以及1—2名博士研究生[②]；全国共设有4所孔子学院、13所孔子课堂，以及分布在26个大中小城市的91个教学点[③]。各孔子学院（课堂）及下设教学点（以中小学为主）培养学生8213人次，历史累计培养学生达83662人次。随着中文教育规模及影响力的不断扩大，汉语水平考试工作也在罗马尼亚取得了诸多成绩。自2009年开考以来，截至2021年底，罗马尼亚全国累计6615人次参加HSK考试，230人次参加HSKK考试，328人次参加YCT考试，合计7173人次[④]。

[①] 即锡比乌卢奇安·布拉卡大学（Universitatea „Lucian Blaga" din Sibiu）孔子学院。
[②] 曹瑞红，李立.罗马尼亚中文教育发展现状及优化路径[J].世界教育信息，2022（3）：30-35.
[③] 曹瑞红，李立，宋春香.罗马尼亚中小学数字化中文教材研发的SWOT分析与对策[J].国际中文教育（中英文），2022（4）：103-110.
[④] 曹瑞红.罗马尼亚中文教育发展的国别特色及推进方略[J].现代语文，2023（10）：88-95.

一、发展背景

（一）汉学家的突出贡献

1956年，罗马尼亚第一代汉学家江冬妮（Toni Radian）[1]主持创办了罗马尼亚汉语教研室，即布大东方语言文学系中文专业前身，开启了罗马尼亚中文教育事业长达60多年的历程。布大中文专业起点很高，培养了大批精通中国语言文化，在中罗政治、外交、经济、贸易、教育和文化等领域发挥积极作用的人才；也培养了罗马尼亚第二代、第三代汉学家。他们在教学和科研领域已经具备了相当的实力，研究领域主要集中在中国文化、中国文学和语言学等方面。在语言学研究方面，重点研究的课题有现代汉语语法、现代汉语词汇、中国社会语言学等。汉学家们编写了一定数量的教材和著作，翻译了中国古代文学、现代文学和古代哲学方面的图书，并在刊物上发表了有关中国文化、历史、语言和文学等内容的论文。

目前，罗马尼亚开设中文本科专业的6所高校中，设立中文相关专业硕士和博士学位点的大学只有布大一所。布大中文专业设立于1956年，历史最悠久，克卢日巴比什-博雅依大学（Universitatea Babeș-Bolyai）和锡比乌卢奇安·布拉卡大学（Universitatea „Lucian Blaga" din Sibiu）的中文专业只有十几年的历史，其余3所大学[2]的中文专业都非常年轻，设立于2016年。整体来看，罗马尼亚中文教育学科人才培养体系较为完整，但也面临在学科归属、师资和教材建设等方面呈现出的"布大独大"的发展不均衡问题。相应的，本土教学资源的建设成果也主要来源于布大。

（二）中文纳入国民教育体系

2017年2月以前，罗马尼亚中文教学长期以兴趣课的形式开展。2017年2月28日和12月29日，罗马尼亚教育部根据外语教学标准的相关规定，先后颁布了《初

---

[1] 江冬妮，罗马尼亚第一批来华留学生，曾在"东欧交换生中国语文专修班"学习，后毕业于北京大学中文系，是著名汉学家罗明（Romulus Ioan Budura）和萨安娜（Anna Eva Budura）的同学。她长期从事中国文学尤其是中国神话传说的研究和译介。

[2] 其余3所大学为：布拉索夫特兰西瓦尼亚大（Universitatea Transilvania din Brașov）、"迪米特里埃·坎特米尔"基督大学（Universitatea Creștină "Dimitrie Cantemir"）和阿拉德瓦西里-戈尔迪什西部大学（Universitatea de Vest „Vasile Goldiș"）。

中中文教学大纲（5—8年级）》[①]和《高中中文教学大纲（9—12年级）》[②]，将中文正式纳入罗马尼亚国民基础教育体系。自此，中文教学成为初高中学校正规课程的重要组成部分，学校统一使用教育部颁布的中文教学大纲，学生可以选择中文作为会考的外语科目。

在此背景下的中小学中文教育呈现出向标准化发展的趋势，但在师资、课程设置和考试标准等方面仍然存在一些问题。在编的中小学本土教师只有一位，师资主力是中国外派教师和志愿者教师，流动性大，教学水平参差不齐；虽然有教育部统一颁布的教学大纲，但通过对大纲核心内容的提炼发现，大纲缺少各语言要素的量化指标，不能为一线教师提供具体的教学指导。这就意味着该大纲仅仅是一个语言学习的目标框架体系，而不是具有指导意义和参照作用的语言教学基准文件。目前，罗马尼亚尚未出台统一的考试标准，因此至今尚未出版适用于中小学的本土中文教材。

（三）中国的政策支持

为加快中文走向世界的步伐，中国作为中文的母语国，对海外中文教学资源的建设与发展提供了一系列的政策支持和服务保障。一方面，中外语言交流合作中心（以下简称"语合中心"）每年会向各孔子学院和孔子课堂捐赠一定金额的教学资源，包含教材、读物、工具书及文化用品等。仅布大孔子学院图书馆就有赠书8000余册，一定程度上满足了罗马尼亚不断增长的中文学习需求。另一方面，语合中心各部门通过科研项目支持海外中文教学资源的建设。罗马尼亚近年来获批立项的重点项目"罗马尼亚中学中文教材研发（第一期）"，旨在编写首套初中本土中文教材；一般项目《国际中文教育中文水平等级标准》通用性与罗马尼亚本土化研究"，则以我国颁布的《国际中文教育中文水平等级标准》（以下简称《等级标准》）和罗马尼亚本土中文教学大纲为研究对象。此外，其他以本土化建设、罗马尼亚中文教育基本情况调研、本土案例汇编为主题的科研项目，产出了一批国别中文教育科研成果，为本土教材的编写奠定了数据支撑与理论基础。

---

① 第3393号教育部长令之附件二，参见https://www.edu.ro/ordinul-ministrului-educației-naționale-nr-339328022017-privind-aprobarea-programelor-școlare-pentru。

② 第5677号教育部长令之附件三，参见https://lege5.ro/Gratuit/gi3tcmjqgi2a/ordinul-nr-5677-2017-privind-aprobarea-unor-programe-scolare-pentru-invatamantul-liceal。

二、发展情况

（一）纸质教学资源开发情况

1. 已出版的本土教学资源

罗马尼亚目前已经出版的本土中文纸质教学资源主要包括罗马尼亚汉学家主编的一些教材，语法、词汇等教辅材料，以及词典等工具书。此外，北京外国语大学欧洲语言文化学院罗马尼亚语专业的教授还编撰了一些词典类工具书（表5-7-1）。

表5-7-1　罗马尼亚已出版的本土中文纸质教学资源

类别	名称	编者	出版社	出版年
教材及教辅材料	《古汉语——词法、句法、语句》（Limba Chineză Veche. Morfo-sintaxa, Lexic）	杨玲（Ileana Hogea-Velişcu）	布加勒斯特大学出版社	1989
	《汉语》（Limba Chineză Pentru Români）	杨玲（Ileana Hogea-Velişcu）	Editura Hyperion XXI	1991
	《汉语》（1、2）（Limba Chineză Pentru Români, vol. I, II）	任远、杨玲（Ileana Hogea-Velişcu）	北京语言大学出版社、Grand, Bucureşti	1996
	《汉语句法》（Gramatica Limbii Chineze. II Sintaxa）	维珊（Florentina Vişan）	布加勒斯特大学出版社	1999
	《汉语词汇》（Lexicologie Chineză）	白罗米（Luminiţa Bălan）	布加勒斯特大学出版社	2002
	《汉语语言学》（Lingvistică Chineză）	维珊（Florentina Vişan）、白罗米（Luminiţa Bălan）	布加勒斯特大学出版社	2005
	《罗汉语法对比研究》（Limba Chineză. Gramatică Comparată）	杨玲（Ileana Hogea-Velişcu）	Editura Victor Bucureşti	2010
	《现代汉语课本》（Manual de Limba Chineză）	李先银、白罗米（Luminiţa Bălan）	布加勒斯特大学出版社	2013
	《现代汉语语法·词法》（第2版）（Gramatica Limbii Chineze Contemporane. Morfologia）	维珊（Florentina Vişan）、白罗米（Luminiţa Bălan）	布加勒斯特大学出版社	2023

续表

类别	名称	编者	出版社	出版年
工具书	《汉罗语言学词典》(*Dicționar Chinez-Român de Termeni Lingvistici*)	江冬妮（Toni Radian）	布加勒斯特大学出版社	1976
	《中国古代和近代文学词典》(*Dicționar al Literaturii Chineze Clasice și Moderne*)	杨玲（Ileana Hogea-Velișcu）	Editura Științifica și Enciclopedica	1983
	《汉罗词典》(*Dicționar Chinez-Român*)	冯志臣、任远	北京语言大学出版社	1994
	《罗汉词典》(*Dicționar Român-Chinez*)	冯志臣、任远	北京语言大学出版社	1996
	《汉语小词典（罗马尼亚语版）》(*Micul Dicționar Chinezesc. versiunea în Limba Română*)	庞激扬、吴敏	外语教学与研究出版社（第1版）	2013
			Editura Ideea Europeană（第2版）	2019
	《罗马尼亚语汉语大词典》(*Marele Dicționar Român-Chinez*)	冯志臣	商务印书馆	2018
	《汉罗大词典》(*Marele Dicționar Chinez-Român*)	李家渔	外语教学与研究出版社	2023

2. 在编未出版的本土教材

罗马尼亚本土外语教材的出版，需经过国家教育政策和评估中心（National Center for Educational Policies and Evaluation，缩写为 NCEPE，以下简称"评估中心"）的评估和统一招标。"评估中心要求，义务教育阶段学校外语教材要根据已生效的教学大纲编写，具有科学性且适合学生年龄。评估中心对教材内容符合性指标、科学质量评审标准都有规定，详细到对纸质教材的页数、封面及辅文的具体内容都做了要求。"[1]

在语合中心的资助下，以罗马尼亚汉学家白罗米教授和中国政法大学李立教授为主编的编写团队，已经完成了初中本土中文教材——《现代语言2·中文》的研发、编写工作，学生用书与练习册的书稿已交至出版社。本节对该套教材的情况简要介绍如下：

（1）编写理念

为使教材的编写符合罗马尼亚外语教学政策，编写真正适合罗马尼亚初中生使

---

[1] 曹瑞红，李立，宋春香. 罗马尼亚中小学数字化中文教材研发的 SWOT 分析与对策 [J]. 国际中文教育（中英文），2022（4）：103-110.

用的本土教材，编者以中罗语言对比研究和跨文化研究为基础，充分考虑到罗马尼亚中学生的认知特点、文化背景和学习环境等，依托罗马尼亚教育部颁布的《初中中文教学大纲（5—8 年级）》和中国教育部、国家语言文字工作委员会发布的《等级标准》进行编写。在注释语种方面，采取罗文注释，教材中出现的人名、地名、对话内容等均体现出本土文化特色。

（2）教材容量

参照当地学校学制和学时要求，本套教材为初中 4 个年级（5—8 年级）共编写 4 册学生用书，每册 6 个单元，每个单元 1 个主题，共 2 课，再加 2 课复习课，全书共 14 课。每个年级学生用书、教师用书、练习册各 1 本，全套共 12 册。其中，学生用书和练习册由出版社出版，教师用书为电子资源。

（3）编写团队

本套教材研发团队以罗马尼亚优秀汉学家、本土中文教师为核心，集合了中国政法大学和罗马尼亚布加勒斯特大学两所高校的教师，以及在罗马尼亚从事一线教学的中罗两方年轻教师，能够综合发挥本土专家学者、一线教师的地域优势和教学经验优势。中外专家合编教材模式既可以充分考虑到中文本身的特殊性、科学性，又可以充分体现教材的本土化，实现编写者、教学者、学习者三个视角的有机融合。

（二）纸质教学资源使用情况

1. 高等教育阶段中文教学资源本土研发与他国引进相结合

罗马尼亚各高校教学资源主要有三个来源：本土研发、中国引进、其他国家引进。本土研发的教材包含前文介绍的《现代汉语语法·词法》《汉语句法》和《汉语语言学》等；中国引进的有《新实用汉语课本》（刘珣主编）、《当代中文》（罗马尼亚语版，吴中伟主编）、《汉语阅读课本：中国那些事儿》（李朝辉编著）、《现代汉语进修教程·文学阅读》（任以珍、杨寄洲、姚可心编），以及王力、赵元任、陆俭明等人的汉语语法著作、语法教材和配套练习册。2005 年以前中文专业为 4 年制时，还用过程艾兰（Anne Cheng）的《中国思想史》、冯友兰的《中国哲学简史》，以及法国汉学家谢和耐（Jacques Gernet）的《中国社会史》等。

2. 基础教育阶段中文教学资源中国引进与自编教材相结合

目前尚无与罗教育部颁布的初高中中文教学大纲相匹配的课程体系和评估标准，

亦无契合该国教育政策、学制学时、学生习惯的中小学本土中文教材。据统计，罗马尼亚中小学使用的中文教材主要有《新实用汉语课本》《当代中文》《体验汉语》《跟我学汉语》《HSK 标准教程》《YCT 标准教程》《汉语乐园》《快乐汉语》等通用教材（以英语注释版和罗语注释版为主）。

基础教育阶段，罗马尼亚现行教育政策要求依照《欧洲语言共同参考框架》（CEFR）编制包括中文在内的外语课程大纲，围绕沟通技能而非语言知识设计课程。罗马尼亚教育部颁布的初高中中文教学大纲也建议教师采用主题式、任务型教学法，多组织小组练习、角色扮演等实践活动，而我国编写的教材存在互动性较弱、趣味性不足等问题。此外，罗马尼亚中小学通常为 34 周 / 学年，外语课 2—3 学时 / 周，现有教材多按 30 周 / 学年、2 学时 / 周设计，难以与之衔接。据统计，一半以上的教师在实际教学中，都会根据具体需求自编一些教辅材料。

3. 华文教育主要使用中国引进教材

目前，罗马尼亚有合法居留身份的中国侨民逾 7600 人，主要集中在首都布加勒斯特。[①] 相较于东南亚、西欧国家，罗马尼亚华人数量不多，这也是到目前为止还没有华文学校的主要原因之一。因此，罗马尼亚华文教育数量不多，且与中文作为外语的教学活动彼此相对独立地发展，缺少应有的沟通与协作。当前使用的教材主要是中国人教版《语文》和暨南大学出版社出版的《中文》。此外，国际学校也会根据各校教育理念与体系选用相应的教材。例如，剑桥学校高年级选用剑桥大学出版社出版的与中文考试相关的书籍。

（三）数字教学资源开发情况

在罗马尼亚，中文教育信息化的软件建设尚未起步，以 2020 年应对新冠疫情为契机，各孔子学院依托网络平台与媒体资源对传统中文教育模式进行改革创新的意识开始萌芽。我们在调研中发现，4 所孔子学院均有不同规模、不同形式的网络课程或资源建设，多以在线教学视频为主。例如，2020 年 10 月 13 日，锡比乌卢奇安·布拉卡大学孔子学院策划的"实用汉语学习系列视频"原创课程正式推出，该系列视频同时入驻 YouTube "Sibiu CITV" 频道、Facebook "Confucius Sibiu" 平台以

---

① 对外投资合作国别（地区）指南：罗马尼亚（2022 年版）[EB/OL]. [2023-03-23]. http://www.mofcom.gov.cn/dl/gbdqzn/upload/luomaniya.pdf.

及微信公众号"Sibiu Confucius Institute"平台。三个平台同步更新，实现了资源的海内外即时共享。该视频课程的创新之处在于参演者均为孔子学院志愿者教师，以口语交际能力为导向，尽量还原真实场景，语言生动，话题实用。视频课程包括基础词句表达（入门）、真实情景交际（进阶）和中国文化品读（提高），"三管齐下"，实用性和趣味性"两手同抓"。[①]

《现代语言2·中文》的纸质版编写工作已经完成，与之配套的数字化资源研发工作正在进行。罗马尼亚教材评估中心要求纸质教材与数字化教材同时出版，且数字化版本要上传到指定平台（https://manuale.edu.ro）。数字化教材包含纸质版本的电子形式（如PDF）和一系列交互式多媒体学习活动（interactive multimedia learning activities，缩写为IMLA）。同时，评估中心还对数字化教材的内容、具体合规性指标、运行媒介指标、技术开发要求、各类IMLA的最小数量和使用手册等做出了详细的规定。

（四）数字教学资源使用情况

目前，罗马尼亚师生常用的数字化中文教学资源涵盖教学平台、学习网站、学习APP等不同应用场景（表5-7-2）。其中使用频率最高的网站是"HelloChinese""China Radio International（中国国际广播电台）""Little Fox Chinese"和"Yoyo Chinese"；学生最常用的应用软件（APP）是Pleco汉语词典和多邻国（Duolingo）；老师常用的教学平台是Zoom、Google Meet和腾讯会议。此外，交互式软件Wordwall、Quizlet、Kahoot!、Padlet以及小程序"汉语圈"和"淡墨水字帖"也是常用的数字化中文教学资源。

表 5-7-2　罗马尼亚数字化中文教学资源使用情况

类型	名称	主要功能或特点	是否免费
网站	BookWidgets	可提高教师工作效率	是
网站	HelloChinese	资源丰富，可提高教师备课效率	是
APP	多邻国（Duolingo）	便于操作	部分免费
APP	Pleco汉语词典	便于操作	部分免费

[①] 张佳艺，项翼挺. 罗马尼亚|学地道汉语，品中国文化——锡比乌孔子学院特别推出"实用汉语系列学习视频"[N/OL]. 欧洲时报，2020-11-04 [2023-03-23]. https://mp.weixin.qq.com/s/bftBk9fzXLV0IRApHvGm_w.

续表

类型	名称	主要功能或特点	是否免费
网站+APP[①]	Quizlet	趣味性强，利用游戏的方式学习和练习生词	部分免费
	Wordwall	输入一次材料能自动生成多种练习生词的习题或在线游戏，Windows 系统可实现客户端下载	部分免费
	Lingo Bus	适合汉语非母语的零基础学习者（5—12 岁）	否
	Kahoot!	便于设计相关练习，让学生在课后复习与检查	部分免费
	Padlet	交互式软件，可以增强课堂互动，也适合破冰游戏	部分免费
	汉语圈	绘本、词汇点读、汉语游戏、各类 PPT、在线生成练习	部分免费
	淡墨水字帖	便于操作，模板丰富，微信小程序也可直接使用	部分免费
	China Radio International（中国国际广播电台）	了解中国最迅速、最便捷、最有效的途径	是
	Little Fox Chinese	游戏资源丰富，学生可以按照自己的水平选择游戏等级	部分免费
	Yoyo Chinese	资源丰富，分区清晰，汉字教学形象生动	部分免费
教学平台	Zoom	分组功能和白板功能便于线上教学	部分免费
	Google Meet	可利用聊天室实现书面纠错、布置作业、上传文件等功能	是
	腾讯会议	免费版 2 人会议不限时，单场会议最高可容纳 100 人	部分免费

三、主要特点

整体上看，罗马尼亚中文教育资源具有以下三大特点：呈现载体多为纸质版，选用版本以通用版为主，编写形式从自主研发向中外合编过渡。

（一）呈现载体

从呈现载体来看，不管是使用中的还是建设中的罗马尼亚中文教学资源，均以纸质版为主，数字化教学资源建设刚刚起步。不过，根据罗马尼亚教材评估中心对本土教材研发、出版、统一招标及购买的相关要求，数字化教学资源的建设不可或缺。

---

① 这一类除了 Wordwall 的客户端只面向 Windows 以外，其余的都有对应的网站和可下载的软件。

（二）选用版本

从选用版本来看，虽然已出版了多种本土化教材和教辅资源，但是高校的综合中文课选用的依然是通用版的《新实用汉语课本》（英文注释）和《当代中文》（罗马尼亚语注释），本土教学资源多作为教辅材料。基础教育阶段尚未出版本土化教材。

（三）编写形式

从编写形式来看，已出版的本土教学资源只有《汉语》和《现代汉语课本》是由罗马尼亚汉学家和中国专家合作编写的，其余均为罗马尼亚汉学家自主研发。但罗马尼亚中文教育界已经意识到中外专家合编教材的优势，目前在编的初中本土中文教材——《现代语言2·中文》便采用了中外合作编写的方式。

四、结语

罗马尼亚中文教育资源的发展具有呈现载体多为纸质版、选用版本以通用版为主、编写形式从自主研发向中外合编过渡三大特点，数字化、本土化，以及中罗专家合编教材，将是未来罗马尼亚中文教学资源的发展趋势。罗马尼亚中文教育在经历了漫长的历史沿革后，已取得了显著进展。然而，后续仍需持续关注教材建设、师资培养、课程标准等方面的挑战，进一步完善中文教学资源建设，提升教育质量，以满足不断增长的中文学习需求，为中罗两国的人文交流和合作注入新的动力。

作者：曹瑞红，中国政法大学共建罗马尼亚布加勒斯特大学孔子学院

第八节　南非中文教学资源发展状况

南非中文教育已有百年历史，最早可追溯至20世纪初部分华工定居南非。20世纪三四十年代，华人开始自由移民南非，为解决南非华人子女的母语教育问题，有志之士开始着手兴办学堂教授中文，南非的华文教育也随之诞生。斯坦陵布什大学是南非最早进行正规中文面授教学的高等院校，其中文教育始于2000年。2004年，中国与南非签署《教育合作协议》，两国教育合作不断深入。2005年，南非选择学习中文的学生人数达到3000人，南非教育部表示，要将中文列为与11种官方语言同等的位置，让中文在南非享受"国民待遇"[1]。积极的中文教育政策支持并促进了中文教学资源在南非的发展。此外，中南建立的全面战略伙伴关系以及两国逐年加深的经贸合作都是促进南非中文教学资源优化发展的重要推力。

2014年，中南签订《中国与南非基础教育合作框架协议》，成立了南非中小学校中文推广小组，中文教育也开始走入中小学课堂[2]。同年，南非在中国举办"南非年"，中南两国人文领域的交流与合作日益加强。截至2021年，南非已建立6所孔子学院和5所孔子课堂，其中包括3所独立的孔子课堂和2所附属孔子课堂，南非成为非洲大陆设立孔子学院和孔子课堂最多的国家。此外，45所当地中小学开设了中文课程，开始研究和思考"中文本土化""中文+"等发展新模式，并创办"特色孔子学院"，如西开普大学中医孔子学院等。2019年，南非政府决定将每年9月17日定为南非中文日。[3] 2019年1月，南非中文教师协会成立，南非中文教师的各种诉求得到保障，中文教育体系更加规范。作为非洲大陆拥有华侨华人最多的国家，南非也是非洲华文教育发展最快、规模最大的国家。

---

[1] 李锋.南非 让汉语享受"国民待遇"[N].人民日报，2005-07-29（007）.
[2] 南非将推动汉语教学进中小学课堂 明年有望实现[EB/OL].（2014-06-07）[2023-02-23]. https://www.chinanews.com.cn/tp/2014/06-07/6254575.shtml.
[3] 赵熙.南非设立中文日[EB/OL].（2019-08-06）[2023-02-23]. http://www.xinhuanet.com/world/2019-08/06/c_1124844563.htm.

一、发展背景

（一）语言教育政策

由于独特的历史背景，南非共有 11 种官方语言，《南非语言教育政策》指出，"多语言政策"的原则是"优先保持母语，同时提供获取和有效习得其他语言的途径"[1]。因为国家内部语言种类多样，南非十分重视语言教育，南非国家课程和评估政策（CAPS）在语言教学方面对教师的教学内容和时间安排、教学计划都给出了建议[2]。第二附加语言主要是针对想学第三种语言的学习者，可以是官方语言或者外语，目标主要是发展学生的听说基本交际能力，加强国家建设和跨文化交流。目前南非面向 3—12 年级学生开设第二语言课程，中文、英文、法文、德文以及其他 11 种语言都被列入第二附加语言课程，且所有这些语言都有教学大纲。

（二）4—12 年级中文教学大纲

2014 年，南非发布政府公告，将中文纳入第二附加语言。2015 年 7 月 16 日，南非基础教育部正式将中文作为南非课程体系中高年级的第二辅助语言选修课程。同年，南非基础教育部发布贯彻落实中文作为非官方语言的三年（2016—2018）计划，决定自 2016 年 1 月起，南非开始正式实施中小学中文教学大纲，在全国范围内的地方公立学校中，中文正式作为一门外语进入南非课程大纲体系。2018 年，中文作为南非高考第二附加语言进入科目考试，计入高考成绩。同时，由南非基础教育部与原国家汉办专家组共同编制的中文教学大纲也一并颁布，中文教学大纲明确从 4 年级开始，学生可以选择中文作为第二附加语言进行学习[3]。中文作为第二附加语言大纲分为 4—6 年级、7—9 年级、10—12 年级三个不同阶段，每个阶段都对教学时间提出了明确建议，见表 5-8-1。

---

[1] 网址：https://www.gov.za/documents/other/language-education-policy-14-jul-1997。
[2] 网址：https://www.education.gov.za/Portals/0/CD/National%20Curriculum%20Statements%20and%20Vocational/CAPS%20IP%20%20MATHEMATICS%20GR%204-6%20web.pdf?ver=2015-01-27-161430-553。
[3] 网址：https://www.gov.za/documents/south-african-schools-act。

表 5-8-1　基础教育体系中文教学时间[1]

阶段	占整体教学时间比例	每周中文学时 / 总学时
4—6 年级 中级阶段（Intermediate Phase）	5%	1.5 小时 /29 小时
7—9 年级 高级阶段（Senior Phase）	7%	2 小时 /29.5 小时
10—12 年级 未来教育和培训阶段（FET Phase）（Further Education and Training）	15%	4 小时 /27.5 小时

南非中文教学大纲不同阶段的教学难度逐步加深，周课时分配随着学生年级的增长而递增，以语言技能为纲制订了每两周为一个小周期的教学计划，使教学计划和教学节奏呈现出连续性和发展性特征。虽然教师不必严格遵守这一循环，但必须确保语言技能，特别是阅读和写作技能得到练习。每学年最终成绩由平时成绩和期中、期末考试成绩共同构成，不同阶段各语言技能所占分数比例不同[2]。

二、发展情况

（一）国民教育体系内中文教学资源

1. 基础教育阶段中文教材选用情况

通过采访当地中文教师以及从南非孔子学院官网查阅资料，我们了解到不同的中小学在选用教材方面体现出一定的差异性。在 4—6 年级的小学阶段，学习者接受能力处于较低水平，中文课程都是利用放学后的时间来学习，以文化课和交际对话为

---

[1] 表格中数据分别来自以下网址：https://www.education.gov.za/Portals/0/CD/National%20Curriculum%20Statements%20and%20Vocational/CAPS%20IP%20%20MATHEMATICS%20GR%204-6%20web.pdf?ver=2015-01-27-161430-553；https://www.education.gov.za/Portals/0/CD/National%20Curriculum%20Statements%20and%20Vocational/CAPS%20SP%20%20MATHEMATICS%20GR%207-9.pdf?ver=2015-01-27-160141-373；https://www.education.gov.za/Portals/0/CD/National%20Curriculum%20Statements%20and%20Vocational/CAPS%20FET%20_%20MATHEMATICS%20_%20GR%2010-12%20_%20Web_1133.pdf?ver=2015-01-27-154314-253。

[2] 网址：https://www.education.gov.za/Portals/0/CD/National%20Curriculum%20Statements%20and%20Vocational/CAPS%20SP%20%20MATHEMATICS%20GR%207-9.pdf?ver=2015-01-27-160141-373。

主，教学内容非常有限，难以系统地学习某一本特定的中文教材，教师会根据学生情况酌情自编教材；也有些小学会从适合少儿学习的教材中选取部分内容进行教学，如《美猴王汉语（少儿）》《新儿童汉语》；到了7—12年级的中学阶段，学习者的接受能力有了一定的提高，中文教师一般会选用适合少儿学习的教材进行教学，如《跟我学汉语》《快乐汉语》《汉语会话301句》《YCT标准教程》；也有些孔子学院教学点将小学、中学的教材统筹考虑，选用一整套系列教材，如从小学到中学都采用《轻松学中文》系列教材，以方便教师教学和学习者学习的衔接。

2. 高校中文教材选用情况

南非高校主要使用中国国内出版的教材，多数教材由中国国际中文教育基金会捐赠，主要包括《汉语会话301句》《说汉语》《基础实用商务汉语》《新实用汉语课本》《HSK标准教程》《成功之路》等[1]。学习者的中文水平基本可以达到HSK四级或五级。也有高校使用自编教材，如南非大学，该校的早期教材由任教的中文教师编写，以正式出版物或学习参考资料等形式供学生使用[2]。

（二）孔子学院中文教学资源

南非现有6所孔子学院和5所孔子课堂，不同孔子学院根据学生特点、学习需求等实际情况选择不同的中文教材。孔子学院及孔子课堂基本采用中国编写的教材，这些教材大都是原孔子学院总部重点规划的面向海外学习者的教材，属于通用型中文教材。选用《新实用汉语课本》的有4所孔子学院：罗德斯大学孔子学院、斯坦陵布什大学孔子学院、约翰内斯堡大学孔子学院、开普敦大学孔子学院。选用《HSK标准教程》的有3所孔子学院：德班理工大学孔子学院、约翰内斯堡大学孔子学院、开普数学科技学院孔子学院。开普数学科技学院孔子学院还选用了《轻松学中文》，中国文化和国际教育交流中心孔子课堂选用《中文》及人教版小学《语文》教材。还有部分孔子学院使用自编的本土教材，如开普敦大学孔子学院的《汉语基础课》、德班理工大学孔子学院的《初级汉语学习词典（汉语—英语—祖鲁语）》、约翰内斯堡大学孔子学院的《女子防身术》《中国太极拳教与学》，但以上教

---

[1] 李宝贵，柳睿杰.中文纳入南非国民教育体系的现状、动因、挑战与对策[J].语言教育，2022（3）：98-111.
[2] 冯雷.南非的汉语推广概况[J].国际汉语教学动态与研究，2008（3）：33-38.

材都还在编写试用过程中,尚未出版①。

(三)华文学校中文教学资源

南非的华侨华人分为老移民和新移民,新华人移民的子女往往具有较好的中文基础,对这些学习者,华校采用的是国内中小学的部编版《语文》系列教材。但南非更多的是没有中文基础或者中文基础非常薄弱的华人子女,面对这样的学习者,大多数华文学校采用的是暨南大学华文学院编写的《中文》系列教材。从2018年开始,中文纳入南非高考,中学阶段的教学主要突出实用性和应试性。根据对在南非任教的中文教师的调查可知,北京语言大学出版社出版的《HSK标准教程》可以更好地实现与HSK的"考教结合",是使用率最高的教材。华校选择的其他教材主要有:《长城汉语》《快乐汉语》《中文》。其他南非中文高考的主要参考资料还有:《我的汉语》、《轻松学中文》、《汉语教程》、《体验汉语短期教程·文化篇》、《体验汉语写作教程(初级)》、《汉语阅读教程》、《中国文化常识》、《我爱学中文》(中学用书1、2册)、《跟我学汉语》(1—4册)、《阶梯汉语:中级听力》、《新标准汉语(初级篇)》等。

(四)社会培训机构中文教学资源

近年来,随着南非和中国的交流合作愈来愈频繁,文化交流也随之愈来愈多,南非的中文教育需求量逐年增大,南非的社会培训机构中兴起了中文职业教育,使用的教材大多为《HSK标准教程》。

南非专门用途中文教学中值得一提的是警察中文培训。目前南非社会存在诸多方面的问题,社会治安每况愈下。南非拥有30万华人,华人社区的安全问题也备受关注。2013年,中国驻南非大使馆、中国公安部和南非警察总局共同举办南非警察中文培训班,约翰内斯堡、开普敦、德班、纳尔逊曼德拉湾等城市也陆续定期开展警察中文培训,警察培训愈来愈受到重视。参加警察培训班的学员希望有针对性地设计有关警察办案场景的教学,原孔子学院总部/国家汉办派出的志愿者教师张凤编写了《南非警察中文教材》(2017年),全书共有基础中文、接触犯罪、财务类犯罪、其他犯罪、社区服务五章内容,每章10课,整本教材共50课,从第二期培训班开始使用,推进了南非中文专门用途教材的本土化发展,但该教材尚未公开出版②。

---

① 数据来源:全球汉语传播动态数据库(http://hanyudb.com/)。
② 张凤.南非警察汉语教材编写设计与实践应用[D].广州:暨南大学,2017.

（五）数字化中文教学资源

与南非中文教育相关的网站、视频影像资料也越来越多，成为传统课堂教学的补充。目前南非数字化中文教学资源主要有 5 种形式：电视电台节目、社交平台、中文学习网络资源、数字图书馆及网络媒体资源，详见表 5-8-2。

表 5-8-2　南非数字化中文教学资源

类型	名称	网址	主要内容	特色
电视电台节目	《中国全景》	在南非 MultiChoice 有线电视台播出	呈现中国的文化教育内容	中央电视大学制作的大型系列对外中文电视教学节目
	《易捷中文》		主要提供人们日常交往中的实用会话内容	中央电视大学制作的面向社会受众的短期速成中文教学节目
	《欢乐时光》		通过轻松活泼的生活题材创造一个适合家庭学中文的氛围	中央电视大学制作的家庭学中文系列教学节目
	《华夏之声》[①]	——	每天播出 18 小时，节目涵盖音乐、新闻、资讯、访谈、文化等内容	非洲唯一中文电台，使用普通话播音
社交平台	Learning Chinese in South Africa（在南非学习汉语）	https://www.facebook.com/learnchineseSA/	在 Facebook 平台上出售一对一课程，介绍中国文化和语言知识，同时推荐一些留学、奖学金项目等	在社交平台创建中文学习账号后，学习者讨论并发表评论；平台还会为学习者提供一些即时消息
中文学习网络资源	约翰内斯堡大学网络孔子学院	https://confucius-institute.joburg/	提供有偿的、系统的网络 HSK 一至六级考前培训课程，针对具体的语言和文化点进行解析	在网站中点击后进入的是第三方网站"全球孔子学院慕课平台"学习网站：https://mooc.chineseplus.net/dist/index?lang=cn，由北京大学等名校老师授课
	德班理工大学孔子学院	https://www.dut.ac.za/academic/confucius-institute/	提供在线学习课件和资源下载，包括上课所用课件以及考试等信息	主要针对在学院学习的学习者，帮助他们根据课件进行预习和复习

[①] 南非"华夏之声"电台举行升级改版开播仪式 [N/OL]. 人民日报，2014-07-17 [2023-02-23]. http://world.people.com.cn/n/2014/0717/c1002-25290959.html.

续表

类型	名称	网址	主要内容	特色
数字图书馆	孔子学院数字图书馆	http://elibrary.chinesecio.com	提供丰富的语言文化、人文社科数字资源，帮助中文学习者了解真实的中国，学习地道的中文	分为"大众、儿童、学习者、汉学家"4个频道，针对不同频道提供不同类型的资源，共有约20万条资源
网络媒体资源	南非华侨新闻网	http://www.africaeyenews.com/	24小时全天候为读者提供新闻	不仅提供面向南非、中国、非洲等地区的热点新闻，而且开设针对华人社区、旅游、移民等问题的专栏
网络媒体资源	华人头条	https://www.52hrtt.com/za/n/w	向用户传递新闻时事	2016年5月上线，该平台由在约翰内斯堡的非洲时报传媒集团启动
网络媒体资源	南非侨网	https://www.nanfeiqiaowang.com	为南非华人提供更多国内的消息	不仅提供南非华侨华人新闻和中国要闻，还能及时、全面地发布南非乃至整个非洲的新闻资讯
网络媒体资源	南非华人网	https://www.nanfei8.com	提供与南非华侨华人生活有关的信息	创建于2008年，以"关注南非新闻时事，传递华人社区声音"为己任，服务30万南非华侨华人及海内外用户，是综合性的信息门户网站

三、主要特点

（一）中文教学大纲的针对性、系统性有待加强

南非基础教育部各种第二附加语大纲，包括中文大纲都是用英语写成的。大纲对所有第二附加语有相同的总体要求，对不同的语种也有具体要求。但是，南非的中文教学大纲只是用"Characters（汉字）"替换了"Spelling（拼写）"，增加了"用正确的笔画和笔顺书写基本汉字"，因此中文教学大纲并没有体现出中文的认知特点和教学特点，有些地方欠缺合理性，依据这样的教学大纲难以编写出适用的中文教材。此外，由于南非学生学中文的起点不一样，有的从7年级开始学习，有的从10年级才开始学，导致中文教学大纲未能随着学段的增长体现出语言能力的发展性。例如,7—

9年级关于语言结构的大纲内容在10—12年级的大纲中仍然重复出现，只是部分内容的顺序发生了变化。中文自身具有独特性，中文教育应根据中文的认知特点来制定合理的教学大纲。同时，为避免授课教师在教学内容和进度上的随意性，对不同学段课程目标、课时、进度应进行总体安排，确定合理的词汇表及语法项目表，加强中文教学的系统性，从而促进中文与当地教育体系的深度融合，促进中文教育在南非的长远发展。

（二）本土教材的空白亟待填补

目前南非中文教学缺乏本土教材，这与南非百年的中文教学历史，以及目前中文教学的规模和发展状况都是非常不匹配的。第一，一直以来，南非中文教学主要采用中国编写的普适性教材，多数教材由中国国际中文教育基金会捐赠[①]，教材内容和话题大多以中国为主，缺乏以南非为背景的本土教材，学生缺乏真实的体验，学起来难以形成代入感，导致教学效果不甚理想。第二，南非教育机构选用的教材缺乏对文化内容的编排。由于学生有通过学习中文留学或找工作的动机，因此中文教材应重视实用性，但目前缺少介绍中国文化的中文教学资料。第三，有些教材内容已经过时，不适用于现阶段的中文教学，教学内容与实际生活不符甚至脱节，这不利于学习者中文交际能力的提升。第四，教材的注释语言针对性较差。有些教材会出现极具中国人思维方式的词语，而教材的英文注释有时也不够准确。此外，南非当前使用最广泛的语言除了英语外，还有祖鲁语、科萨语等，有些学生英语水平并不高，如果教材只提供英语注释，必然造成其他母语学习者的困惑。第五，教材实用性差，不能满足学习者的个性化需求。在高等教育阶段，南非孔子学院参考南非近年的发展规划，关注重点发展领域的语言需求和技能需求，积极开设相关领域专门中文课程，如开普敦大学开设了商务中文、医药中文等专门中文课程[②]，但所用教材却仍以中国编写的普适性教材为主，教材内容与教学内容适配度不高。

针对本土教材仍然空缺的问题，编写适合南非本土学生使用的教材是南非中文教学的首要任务。编者需要在了解学生需求和南非风土人情的基础上，加强教材的针对性和教学资源的时代性。2020年度中文作为南非高考第二附加语科目考试工作

[①] 李宝贵，柳睿杰. 中文纳入南非国民教育体系的现状、动因、挑战与对策[J]. 语言教育，2022（3）：98-111.
[②] 汪欣欣，谢诤寅. 南非语言教育政策对中文教育影响研究——基于后种族隔离时代语言教育政策分析[J]. 比较教育研究，2021（4）：105-112.

会议提出，南非中文教材需要符合南非的学生生活，实现本土化，考试内容也应该相应地选取符合南非语境的真实语料。[①]

（三）数字化教育资源亟待开发

目前南非可查询到的数字化教育资源主要包括电视电台节目、社交平台、中文学习网络资源、数字图书馆及网络媒体资源等 5 种。这些资源零散地分布于不同的媒体中，缺乏专门的中文数字化教育资源。总之，南非的中文教育网络资源发展缓慢，还处于探索阶段，总体上看，资源数量很少，分布零散，没有形成完备的教学体系。在当今的"互联网+"时代，慕课、微课、翻转课堂、混合学习等新的教学形式不断涌现，学习者对个性化学习的需求大大增加，碎片化学习、游戏化学习等丰富多样的学习形式也对国际中文教学资源提出了更高的要求。南非在加强传统纸质中文教学资源建设的同时，也应顺应当今教学资源立体化的发展趋势，同步推进配套的数字化教学资源建设。

四、结语

南非有 6 所孔子学院和 5 所孔子课堂，总数位居非洲国家之首；南非已有 45 所中小学开设中文课程；南非的中文学习者数量已近万人；南非政府非常重视中文教育，是少数设立"中文日"的国家之一——这些都说明中文教育在南非发展态势良好。但南非至今还没有正式出版的本土中文教材和教学资源，这是严重影响南非中文教育发展的重要因素。除了选用中国的教学资源外，南非可以借鉴其他国家的本土教学资源建设经验，根据不同学段学习者的认知特点，分学段研发适合本土使用的系列教材，真正实现零的突破。

作者：陈宏、李佳悦、张晓茹，天津大学

[①] 王磊. 南非独立考试委员会召开 2020 年度高考汉语考试工作会议[EB/OL].（2020-02-12）[2023-02-23]. https://baijiahao.baidu.com/s?id=1658291563271951925&wfr=spider&for=pc.

第六部分 专题篇

主持人：金旋，天津大学

第一节　阿拉伯语区中文教学资源建设助力中阿友好合作

随着我国综合国力的持续增强、国际地位的不断提升，以及"一带一路"建设的稳步推进，中文学习需求在世界范围内迅速增长。2022年12月，"三环峰会"[①]的召开开启了中国同阿拉伯世界、海湾阿拉伯国家、沙特阿拉伯关系的新时代，中文教育在阿拉伯世界的地位日益凸显。中国和阿拉伯国家人口约占世界人口总数的四分之一，双方加强合作，开展中文教育领域的务实合作，对国际政治、经济、文化格局具有重大意义。近年来，在中国和阿拉伯语区国家领导人的高度重视和共同推动下，中文教育得到了快速发展，尤其是起步较晚的阿拉伯联合酋长国（以下简称"阿联酋"）、沙特阿拉伯王国（以下简称"沙特"）等国家，发展势头迅猛。在此背景下，各政府机构、非政府组织、出版机构、教育企业等多元主体持续加强支持、加大投入，共同推动阿拉伯语区中文教学资源的品牌化、体系化、规模化建设，为中文教育持续发展提供助力，为中阿友好交流合作搭建桥梁。

一、建设背景

（一）中阿交往的进一步深化促进国际中文教育的区域化发展

在国际局势错综复杂、百年变局加速演进之际，中阿关系迎来了具有划时代意义的里程碑。2022年12月9日，首届中国—阿拉伯国家峰会在沙特首都利雅得举行。中国国家主席习近平出席峰会并发表主旨讲话，为中阿友好合作擘画蓝图，为构建

[①] 习近平主席对沙特的国事访问及相继出席的中海峰会、中阿峰会，被阿拉伯朋友形象地合称为"三环峰会"。

面向新时代的中阿命运共同体指明了方向。中国同阿拉伯国家相互理解、相互尊重、守望相助、风雨同舟。

习近平主席在会议中强调要打造语言文化合作新亮点。中国将同300所海合会国家大中小学合作开展中文教育，共同设立300个中文智慧教室，提供3000个"汉语桥"夏（冬）令营名额，建立中文学习测试中心和网络中文课堂，举办中海语言文化论坛，共建中海人文交流和互鉴双语文库。

100多位来自沙特的青年中文学习者和爱好者给习近平主席写信，分享学习中文的收获和感悟，希望进一步了解中国，立志成为促进沙中友好的青年使者。2022年12月，习近平主席复信沙特中文学习者代表，鼓励沙特青年学好中文，为增进中沙、中阿友谊做出新的贡献。语言是了解一个国家最好的钥匙，学习者通过学习中文和参加"汉语桥"交流项目，能了解到丰富多彩、立体全面的中国。当前，中国人民和沙特人民都在为实现各自伟大梦想而努力奋斗。学习彼此的语言，了解对方的历史文化，将有助于促进两国人民相知相亲，也将为构建人类命运共同体贡献力量。[1]

中阿合作硕果累累，合作机制日趋完善。中国与阿拉伯国家长期保持友好往来，中阿经济互补性强，经过长期的合作收获巨大。中国已经同20个阿拉伯国家及阿拉伯国家联盟签署了"一带一路"合作文件。在贸易领域，中国连续多年成为阿拉伯国家第一大贸易伙伴国。在中文教育方面，目前中国在13个阿拉伯国家开设了20所孔子学院和2个独立孔子课堂，阿拉伯国家共有230余所学校开设了中文课程。

（二）中文进入国民教育体系推动国际中文课程体系及教学资源建设

中国和阿拉伯国家持续扩大人文交往，促进中文教育不断迈上新台阶。在中外语言交流合作中心（以下简称"语合中心"）与阿联酋教育部的支持下，阿联酋基础教育阶段的中文教学得到迅速发展。2019年，中国与阿联酋签署《关于将汉语纳入阿拉伯联合酋长国中小学教育体系的谅解备忘录》，阿联酋成为第一个将中文正式纳入国民教育体系的阿拉伯语区国家，"百校项目"正式启动。项目实施4年多来，阿联酋已有158所中小学开设中文课程，学习人数达5.4万余人。2019年11月，华东师范大学与语合中心签署了《关于设立华东师范大学对口支持阿联酋汉语教育基地的合作协议》，并于2020年完成了《阿拉伯联合酋长国全国中小学中文课程框架》。2019年2月，"在王储穆罕默德·本·萨勒曼结束访华之际，沙特阿拉伯23日宣布将汉语

---

[1] 习近平复信沙特中文学习者代表 [N/OL]. 人民日报，2022-12-07 [2023-03-01]. https://wap.peopleapp.com/article/6945184/6805393.

纳入沙特王国所有教育阶段的课程之中,以使该国教育更具多元性。沙特媒体认为,此举旨在落实王储的访华成果,使沙中关系更加巩固"[①]。沙特吉达大学已批准中文作为教学和科研语言,地位同英语一样,并把中文列为预科生的必修课,希望学生能从这项额外教育中受益。海湾新闻2022年1月19日报道,沙特教育当局开始在当地8所男子高中开设中文选修课,这是沙特教育部扩大中文教育计划的第一阶段,下一步女子学校也将纳入中文教育范围。

在此背景下,语合中心积极服务海合会国家中文学习需求,通过搭建中文线上学习综合服务平台、支持开发本土教材和课程资源、开展专业化本土师资培养培训、建立中文智慧教室等方式,吸引教育机构、出版机构、社会力量等多元主体积极参与并投入,推动了阿拉伯语区国际中文教育的发展。截至目前,共组织1100多名大学生参加"汉语桥"线上冬令营,支持1000多名大学生参加国际中文教师奖学金在线研修班,建成中文线上学习综合服务平台"知远中文学习网",推动了阿拉伯语区全学段国际中文教学资源的开发与应用。

(三)着力顶层设计,推动教学资源体系建设

在阿拉伯语区教学资源开发方面,语合中心作为策划主体,各教育机构作为研发主体,针对基础教育体系内不同学段学生的中文学习需求,结合当地的社会习俗和文化风俗,紧贴各国各学段的学制、学时,针对学生的心理特点、认知特点及语言发展规律,着力加强中文教学资源开发的顶层设计。自语合中心与阿联酋教育部签署谅解备忘录以来,在短短4年多的时间里,一方面,用"中国速度"构建了覆盖从幼儿园到小学、中学各学段的中文教材框架,实现了多个品牌项目的全面开花;另一方面,顺应教学趋势发展,推动数字时代教育变革,不仅打造集成优质线上资源的一体化教学平台,还推动《跨越丝路》《你好中文》等项目在设计之初就注重数字资源建设,实现了纸数同步开发。

二、建设情况

阿拉伯语国家具有独特的生活方式和文化风俗,在饮食、服饰、礼仪、宗教等

[①] 黄培昭,刘天乐. 沙特媒体:沙特宣布所有学校都将开设汉语课 [N/OL]. 环球时报, 2019-02-25 [2023-03-01]. https://oversea.huanqiu.com/article/9CaKrnKiqnv.

方面有着鲜明的特色和严格的禁忌，通用型中文教学资源往往不适用于阿拉伯语国家的中文学习者。建设适用于阿拉伯语区的中文教学资源，需加强阿拉伯语与中文之间的联系，在文化差异方面满足阿拉伯语区学生的需求。为此，阿拉伯语区本土教师也编写了若干教材，如突尼斯本土中文教师洛特菲·谢比勒编写的高中教材《龙一》《龙二》。但总体来说，此前阿拉伯语区的中文教学资源数量极少，且不成体系。近几年来，在各方推动下，无论是纸质教材出版还是数字资源建设，都取得了显著成果。

（一）纸质教材与资源建设

1. K-12教材

虽同属阿拉伯语区，但各国都有自身的历史、文化和政治系统，有不同的经济模式和社会发展方向，有独特的社会面貌、传统礼仪和风俗习惯。在此背景下，国别化、定制化、体系化开发是阿拉伯语区K-12教材建设的显著特点之一。

2022年，在语合中心的策划指导下，外语教学与研究出版社启动了"阿拉伯语注释的K-12国际中文教材体系建设"项目，截至目前，累计出版教材10余种。其中《手拉手》《你真棒》《跨越丝路》系列教材（图6-1-1）均根据阿联酋学段学制、社情国情、风俗习惯编制，分别对应幼儿园、小学、中学阶段的教学，形成了覆盖K-12全学段的完备教材体系（表6-1-1）。这三套教材也陆续开发并推出了包括音频、视频、练习、课件等在内的配套数字资源，以满足教与学的多样化需求。

图6-1-1 《手拉手》《你真棒》《跨越丝路》系列教材

表 6-1-1 《手拉手》《你真棒》《跨越丝路》系列教材体系设置

系列名称	分册名	对应学段	对应学年
手拉手	1A	幼儿园	K1
	1B		K1
	1C		K1
	2A		K2
	2B		K2
	2C		K2
你真棒	1A	小学	G1
	1B		G1
	1C		G1
	2A		G2
	2B		G2
	2C		G2
	3A		G3
	3B		G3
	3C		G3
	4A		G4
	4B		G4
	4C		G4
跨越丝路	1A	中学	G5
	1B		G5
	1C		G5
	2A		G6
	2B		G6
	2C		G6
	3A		G7
	3B		G7
	3C		G7
	4A		G8
	4B		G8
	4C		G8

由宁夏智慧宫国际文化传播集团(以下简称"智慧宫")开发的《智慧学中文(少儿版)》(图6-1-2)是另一套典型的体系化教材。该教材针对沙特小学的学期安排,以YCT词汇和语法大纲为参照,充分借鉴和参照沙特小学阶段的课程框架,编写了6册基础教材,每册书包括8个主题单元和1个文化单元,每个单元对应4个学时的教学量,每册书对应一个学年。教材突出四个特点:教材主题内容编写本土化;教师教学流程标准化;课后学生学习复习流程简易化;整体课程设计游戏化。

图 6–1–2 《智慧学中文(少儿版)》系列教材

此外,山东美术出版社与沙特萨比阿出版集团合作研发,在第29届北京国际图书博览会上推出了小学绘本教材《新编汉语教程》。

与此同时,埃及本土中文教材开发正式启动。2020年9月,"中国驻埃及大使廖力强与埃及教育与技术教育部长邵基在开罗共同签署《将汉语纳入埃及中小学作为选修第二外语的谅解备忘录》。这标志着汉语正式进入埃及中小学教育体系,成为继法语、德语、西班牙语和意大利语之后的又一门可供埃及中小学生选修的外语"[1]。根据备忘录的约定,目前有12所埃及中学开设中文课。开罗大学孔子学院院长李哈布·马哈茂德作为埃及教育部指定的中文项目负责人,领衔开发《你好中文》系列

---

[1] 埃及将汉语教学纳入中小学教育体系 [N/OL]. 人民日报, 2020-09-08 [2023-03-01]. https://baijiahao.baidu.com/s?id=1677224638170332800&wfr=spider&for=pc].

教材。教材适用于中文选修课，采用实体教材和线上课程相结合的形式，力求实现教学与学习效率的双提升。

与国别化教材开发相对应的是，通用型教材在阿拉伯语区因有一定的使用基础，其阿语注释版开发也得到了重视。如北京语言大学出版社推出了《轻松学中文》（第2版）的阿拉伯语版，人民教育出版社推出了《跟我学汉语》的阿拉伯语版。

2. 成人教材

整体上，相较于K-12中文教材的开发规模，为阿拉伯语区专门开发的成人中文教材数量比较有限。这既与这一地区当前的学习者规模与需求有关，也与《长城汉语》《体验汉语》《新概念汉语》等品牌教材的广泛使用有关。

比较有代表性的成人教材，是智慧宫开发的针对沙特成人零基础中文学习者的《智慧学中文（通用版）》（图6-1-3）。该教材的内容设计符合沙特中文课堂学时安排的特点，教材整体性强，难度逐级递增。教材通过用已知带已知，力求实现组合学习；通过用已知带未知，力求实现拓展学习。

图 6-1-3 《智慧学中文（通用版）》系列教材

（二）数字平台与资源建设

新冠疫情改变了国际中文教育的行业生态，催生了中文教学模式的创新。为支持阿联酋等国家推进国际中文教育，2021年8月，语合中心正式启动搭建面向阿拉伯地区的中文线上学习综合服务平台——知远中文学习网（Iqra'a Chinese Education

Platform）。截至2022年底，平台已正式上线运行，可为阿拉伯地区中文学习者和教师提供多方位、一体化的教学资源与服务。

在教学资源方面，知远中文学习网打造了多个栏目，为师生提供多种形式的教学资源，可满足不同水平用户的学习需求。具体表现在：一是突出核心课程。平台根据阿拉伯地区中文学习者语言技能、文化习惯等特点，专为该地区打造了多门在线学习课程，如阿语版YCT标准课程、HSK标准会话课程、BCT标准课程、"跟哈迪学中文"、"中文乐园"、"七色龙"汉语分级阅读、长城汉语、"汉语—直通HSK"等，截至2022年底，共汇聚33门精品课程。二是加强资源立体化建设。平台汇聚电子书160余种，可配合纸质教材、在线课程使用。同时提供"趣味学中文"电子教学挂图80张，包括美食名胜、生活场景、日常交际等多类话题，为学习者提供了丰富的配套资源。三是寓教于乐，互动性强。平台提供十余款不同类型的小游戏，可针对汉字、拼音、词汇、语法、听力等不同语言要素或技能进行练习，帮助学习者通过趣味游戏提高中文水平，激发学习热情。

在教学服务方面，知远中文学习网从实际需求出发，结合一线师生建议，提供适用不同对象的教、学、考一体化服务。一是服务教师群体，注重教师发展。平台搭建了教师交流互动中心，阿拉伯地区国际中文教师可分享在当地的教学案例、适合当地使用的教学课件等内容，为该地区国际中文教师提供资源共享、经验交流的空间。平台同时搭建阿语版国际中文教学指南，为教师提供讲义、教辅资源的编制工具。二是紧贴学生需求，全面提高其学习兴趣。学生可根据自身中文水平和时间设置学习计划，提高学习效率，同时利用平台提供的YCT证书认证项目，完成指定学习任务，获得YCT考试证书，提升学习动力。平台还提供汉字书写练习等学习工具和在线模拟考试服务，可为学生提供针对性练习，从不同方面帮助学习者检验自身水平，巩固学习效果。

在资源建设方面，针对阿拉伯地区K-12用户，今后应汇聚一批适合当地教学使用的、优质的国际中文在线学习资源和教学服务。比如，依托《国际中文教育中文水平等级标准》，以《HSK标准教程》等为基础，研发阿语版慕课和微课；聘请国内名师，提供直播教学服务，推动当地教学多元化发展；开设电子书栏目，实现用户在线阅读电子教材等。此外，还应扩大对用户群体的资源、服务供给，优化平台功能与服务，提供适合阿语地区各年龄段、各水平、各行业中文学习者需求的在线学习资源，提供直播教学服务、中文考试服务和教师共享资源库服务等内容。

中铁资源集团有限公司在刚果（金）和蒙古国分别成立"华刚矿业中文工坊"和"新鑫公司中文工坊"，开展外籍员工矿山生产、机械操作、设备维修等技能培训，推动课程体系、技术资源共建共享，把生产资源与教学资源融为一体，以提升海外员工语言沟通能力和专业技术水平。语合中心、北京工业职业技术学院和阿根廷锂钾有限公司三方共建"锂钾有限公司中文工坊"，构建了集海外国际中文教育及职业技能培训、HSK考试、本土师资培训、教学资源研发、企业定制培训、职业教育标准制定、中国—阿根廷人文交流、校企合作、科研于一体的"中文＋职业技能"国际化发展模式。

中国—赞比亚职业技术学院是我国高职院校协同企业"走出去"在海外独立开办的第一所开展学历教育的高等职业技术学院，成立3年来，合作院校共派出70余名教师在赞比亚开展中高等职业教育；面向中企赞方员工开展了近50期员工技能培训，包括20多个工种，受训人员达1500多人[1]；成立了海外学习中心，建设了设备先进、资源丰富的图书馆和专业实训室；各院校分别牵头制定的8个专业教学标准已纳入赞比亚国民教育体系[2]。

2."中文＋职业技能"师资培训加大力度

为帮助职业院校教师提高中文与专业技能水平，语合中心、中外相关院校、教育主管部门加大了"中文＋职业技能"本土师资队伍专业化培训的力度（表6-2-1）。培训对象包括东盟国家的职业院校教师，培训过程中开发了"中文＋电子商务""中文＋计算机网络""中文＋物流管理""中文＋旅游商贸"等专业领域的线上课程资源，培训活动包括中国文化体验、中国职业教育现状介绍等。此外，北京工业职业技术学院首次面向全国职业技术院校管理人员组织了"中文＋职业技能"专题培训，旨在培养能够准确把握职业教育与国际中文教育发展政策导向、推动国际中文教育与职业教育"走出去"融合发展的管理人员队伍。

---

[1] 跨越｜筑梦"一带一路" 中企"出海"架起合作"连心桥"[EB/OL].（2022-10-05）[2023-02-15]. https://baijiahao.baidu.com/s?id=1745809208758621711&wfr=spider&for=pc.
[2] 蒋子仪. 数字化背景下中国与赞比亚职业教育合作路径探析[J]. 宁波职业技术学院学报，2022（1）：6-10.

表 6-2-1 2022 年度"中文+职业技能"师资培训代表性项目

项目名称	时间	主办单位	人员概况
印尼"中文+职业技能"本土师资培训	2022 年 4 月	语合中心 中国—东盟中心 印度尼西亚驻华大使馆	印尼 100 多所职业院校 887 名学员
老挝"中文+职业技能"本土师资培训	2022 年 5 月	语合中心 老挝教育体育部职业教育司 中国—东盟中心 南京工业职业技术大学	老挝 10 所职业院校 38 名教师
"中文+职业技能"管理人员培训	2022 年 5 月	北京工业职业技术学院 "中文+职业技能"教育实践与研究基地	全国 87 所职业技术院校 260 余名相关负责人
2022 职业院校国际汉语与"中文+职业技能"教师提升研修班	2022 年 6 月	"一带一路"国家院校和企业交流协会中方理事会	全国 60 多所高职院校 200 余名教师
2022 中国—东盟教育交流周"中文+职业技能"国际汉语师资培训	2022 年 7 月	安顺职业技术学院 广州番禺职业技术学院 毕节职业技术学院 北京唐风汉语教育科技有限公司	国内外 53 所院校、教育机构 150 余名专家学者
"中文+职业技能"教育中国职业院校泰国东北部宣讲培训会	2022 年 7 月	泰国教育部职业教育委员会 泰国孔敬大学孔子学院 中文联盟/五洲汉风网络科技（北京）有限公司	泰国 22 府 80 余位职业院校本土教师
"中文+物流职业技能"泰国师资在线培训	2022 年 11 月	重庆城市管理职业学院 宜宾职业技术学院 重庆商务职业学院 重庆三峡职业学院 重庆工程职业技术学院 重庆电讯职业学院	泰国 12 所学校 40 余名物流管理专业师资

（三）基地建设新动态

1. 南京工业职业技术大学

南京工业职业技术大学（以下简称"南工职"）作为"中文+职业技能"国际推广基地，聚焦解决教学资源、师资培养国际化等瓶颈问题。在语合中心支持下，南工职发挥职业技术教育优势，编写出版了"新丝路"系列教材[①]；与柬华理工大学合作共建全球第一所实施"中文+职业技能"教育的孔子学院——柬华理工大学孔子

---

① 参见语合中心公众号文章《两大举措推动"中文+职业技能"更好发展》，2022 年 3 月 16 日。

学院，开展定向职业培训、定向培养和"订单式"人才培养，推动"中文＋职业技能"专业师资、课程、教材走进柬埔寨，为当地培养懂语言、通技术的复合型专业人才。

2. 北京工业职业技术学院

北京工业职业技术学院（以下简称"北工职"）"中文＋职业技能"教育实践与研究基地重点打造"中文＋职业技能"北方校企协作机制，探索职业院校海外试点"1+X"证书制度等。聚焦"走出去"路径研究、专业标准研发、教学资源开发（已开发专业教材17种、工业汉语教材4种、双语课程27门）、人才培养和海外治校管理等领域，形成了具有北工职特色的海外办学体系和教学模式。[①] 2022年，北工职基地以"中文＋职业技能"师资能力培训为重点项目，通过培养"中文＋职业技能"型师资人才，提升职业院校专业教师的中文教学能力，为"中文＋职业技能"国际化发展提供了师资保障。

二、建设成效

（一）纸质教学资源

1.《工业汉语》系列教材

截至2022年底，《工业汉语》系列教材陆续出版32种并投入使用，涉及专业覆盖光伏发电、冶金工艺、环境工程、机电、化工、建筑、计算机等众多海外热门建设领域（图6-2-1）。系列教材科学划分不同专业的典型工作任务，梳理各专业典型工作岗位的工作流程、业务活动、操作用语，构建"岗位+任务+情境"的学习方式。教材编写整体上遵循语言习得、职业技能成长双重规律，在通用汉语层面参考《国际中文教育中文水平等级标准》，同时结合《职业中文能力等级标准》，分级遴选高频使用的专业词汇和语言知识点。采用"拼音标注，双语对照"形式，配备丰富的

[①] 参见北京工业职业技术学院公众号文章《职业教育在"引进来"和"走出去"中不断实现"再提升"！教育部发布会聚焦职业教育内涵发展》，2022年5月25日。

图片与范读音频,并增加了包括"古语"[①]及与各专业相关的"中国古代工器具""中国典型建筑""传统工艺"等内容的中国文化板块。

图 6-2-1 《工业汉语》系列教材

系列教材采用"工业流程—业务活动—操作用语"一体化结构,依照内容层层递进,分为"启航篇"和"基础篇",再根据需要开发不同注释语种纸质教材(英语、俄语等)。"启航篇"面向零基础学习者,按照"句子—拓展—注释—词语—阅读"的模块编排内容。"基础篇"面向有一定中文基础的学习者,按照"必备词汇—常用短语—常用对话—操作规范—阅读"逐层递进的模式设计内容结构。同时还配套开发了工业汉语词典 APP,以方便学习者检索和自主学习。

[①] "古语"是指蕴含中华优秀文化和智慧结晶的传统谚语和文言文语句。比如:《工业汉语——房屋建筑(基础篇)》第二章的"子曰:君子食无求饱,居无求安,敏于事而慎于言,就有道而正焉,可谓好学也已";《工业汉语——首饰制作(基础篇)》第二章的"只要功夫深,铁杵磨成针"。其中包含的内容既能向外国学习者传递我国悠久的工匠精神,又能体现大国气韵,生动展现课程思政元素。

以《工业汉语——建筑工程专业基础（基础篇）》为例，该教材从建筑安全、建筑工程基本知识（房屋建筑学）、建筑材料、建筑测量、建筑施工操作、建筑施工机械等6个方面组织内容，筛选常见工器具和工作流程中的高频词汇及技术要点，用国际中文教材的编写思路组织内容。该教材可作为专业基础课教材，供建筑工程技术等专业的来华留学生或海外职业院校学生使用，也可作为海外中资企业外籍员工培训教材使用。

国家开放大学出版社（以下简称"国开社"）2022年出版的《工业汉语》系列教材见表6-2-2：

表6-2-2 《工业汉语》系列教材出版情况

书名	出版时间	编者	语种
《工业汉语——光伏发电系统电力维护（启航篇）》	2022年1月	许可、宫玉娟、朱宁坦	中英
《工业汉语——房屋建筑（启航篇）》	2022年1月	许可、安海宾、张艳	中英
《工业汉语——网络信息技术（启航篇）》	2022年1月	姬长美、宫玉娟	中英
《工业汉语——酒店服务用语（基础篇）》	2022年4月	田硕、马明文	中英
《工业汉语——环境工程技术（基础篇）》	2022年4月	王刚、陈丽姣	中英
《工业汉语——机电设备维修技术（基础篇）》	2022年4月	冯超、杨眉	中英
《工业汉语——建筑工程专业基础（基础篇）》	2022年5月	刘永娟、于莉	中英
《工业汉语——首饰制作工艺（基础篇）》	2022年5月	冯超、曹石慧	中英
《工业汉语——服装工业技术（基础篇）》	2022年5月	朱晓萌	中英
《工业汉语——建筑施工操作技术（基础篇）》	2022年7月	李晓琳、杜丽敏、曹洋	中英
《工业汉语——应用化工技术（基础篇）》	2022年9月	李玲	中英
《工业汉语——房屋建筑（基础篇）》	2022年10月	许可、安海宾、张艳	中英
《工业汉语——网络信息技术（基础篇）》	2022年10月	宫玉娟、冯知岭	中英
《工业汉语——化工单元操作技术（基础篇）》	2022年11月	许可、王刚、杨桂芝	中英

2. "新丝路"系列教材

南工职依托基地，致力于研发"新丝路"系列教材，为后续师资培训、资源库建设、联合实训室、智慧教室提供支撑。教材采取专项语言技能与职业技能训练相结合的编写模式，既适用于双零基础（零语言基础、零技能基础）的来华学习中文和中国先进技术的长期或短期进修生，也适用于"走出去"中资企业的本土员工培训。本系列计划出版《中文+物流管理》《中文+汽车服务工程技术》《中文+酒店管理》《中文+机电一体化》《中文+电子商务》和《中文+计算机网络技术》共18册教材，涉及6个专业，涵盖初、中、高3个级别，每册配有专业视频、视频脚本、课文音频等教学资源。（图6-2-2）

图6-2-2 "新丝路"系列教材

（二）数字教学资源

1. 中文联盟平台系列课程

中文联盟平台联合国内外职业院校，以海外需求为前提，以中文教学为基础，以技能教育为特色，依托视频技术、大数据和人工智能开发了"中文+职业技能"系列在线课程，统筹推进数字资源体系建设，推动国际中文教育和职业教育融合发展。2022年共推出5门涵盖商务、旅游、装饰、农业等领域的"中文+职业技能"教育在线课程。

"实用初级商务汉语"课程内容上注重语言水平和能力的提高，形式上以在线视频学习为主，课文会话模拟真实场景，采用直观生动的情景对话形式，易学易记。课程分为"迎接客人""价格谈判""签订合同"等10个章节，采用韩语讲解、韩语字幕的形式呈现。

"旅游礼仪"课程致力于打造有温度、有风度、有广度、有深度的"四度"旅游工作者，传承中华文化之美，弘扬文明礼仪之风，做到"礼仪提升服务价值"。课程包括8个章节，共78课时，采用中文讲解、中英字幕的形式呈现。

"装饰图案设计"课程从装饰的特征入手，分析中外装饰图案的产生与发展过程。通过分析装饰造型诸要素和形式美法则，使学生掌握装饰图案的基本造型手段和造型规律、美学原理、图案的构成形式及设计方法，提高艺术创造力和表现力，帮助学生在继承传统的基础上大胆创新，设计出具有本土文化特征与时代气息的装饰图案。课程包括 7 个章节，共 40 课时，采用中文讲解、中英字幕的形式呈现。

"走遍泰国"旅游中文系列课程与纸质教材《走遍泰国》（中泰双语版）相配套，中文讲解，每课 10—15 分钟，共 20 课，重点面向旅游相关行业的初级中文学习者，旨在提高学习者的旅游中文口语能力。内容按照口语课型的特点编排，以一对中国兄妹来泰国旅游、另一对泰国朋友陪同旅行为故事主线，穿插签证、接机、酒店、银行、问路、乘车、旅游、购物、节日、美食、习俗等旅游话题。

"农业专业汉语·基础汉语篇"是面向 HSK 三级农科类专业留学生的语言训练课程，以专业典型交际任务为主题，以提高交际水平为目的，辅以农业文化介绍和专业词汇积累。课程共 10 个单元，采用中文讲解、中英字幕的形式呈现。

2022 年度有代表性的"中文＋职业技能"在线课程见表 6-2-3：

表 6-2-3　中文联盟代表性"中文＋职业技能"在线课程

序号	名称	制作方	特色
1	实用初级商务汉语	韩国湖南大学孔子学院	韩语讲解，韩语字幕
2	旅游礼仪	陕西职业技术学院	中文讲解，中英字幕
3	装饰图案设计	陕西财经职业技术学院	中文讲解，中英字幕
4	走遍泰国	泰国宋卡王子大学普吉孔子学院	中泰双语
5	农业专业汉语·基础汉语篇	吉林农业大学	中文讲解，中英字幕

2.《工业汉语》一体化学习资源

《工业汉语》系列教材作为"中文＋职业技能"学习的重要载体，致力于打造包含"纸质教材＋数字教材＋网络课程＋数字应用（APP）＋微认证"在内的一体化教学资源项目，采用 ADDIE（Analysis, Design, Development, Implementation, Evaluation）课程开发理念，融合多种学习资源。其中，网络课程调用多媒体创设的职业技能用语的应用场景，提升技能学习体验；数字应用（APP）基于"知识"和"语义"的语言习得重点，开发"学习、练习、课程、搜索"等功能，将听说读写各类教学资源应用于不同模块中，为学习者打造资源丰富、便捷优质、互动性强的学习工具，提供"时时可学、处处能学、自主选择"的个性化学习资源。此外，利用大数据采集技术及区块链技术，设计相应学习路径，根据学习者的学习数据，为其颁发数字徽章与微证书，实现学习活动的有效记录。项目整体设计遵从语言习得、职业技能提升双重规律，最终形成智慧高效、互动互通的一体化教学资源。（图 6-2-3、表 6-2-4）

数字应用 APP

网络课程学习平台页面

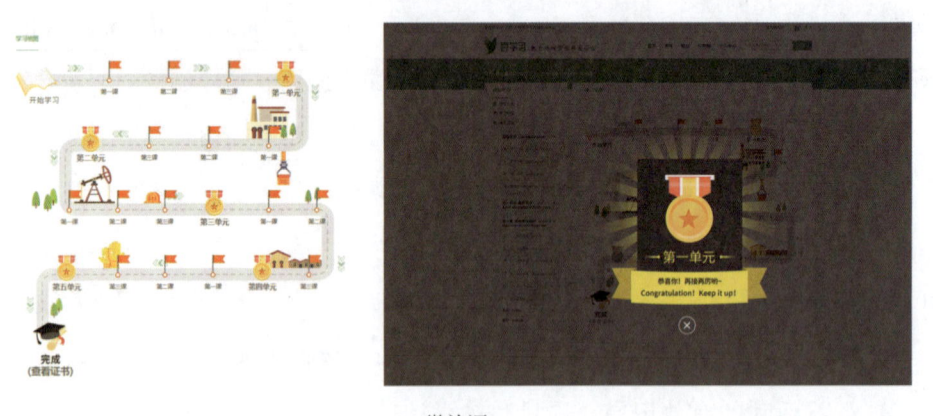

微认证

图 6-2-3 《工业汉语》一体化学习资源

表 6-2-4 《工业汉语》一体化学习资源信息

名称	制作方	参与院校/合作机构	课程特色
《工业汉语——机电设备维修技术（启航篇）》网络课	国开社	山东理工职业学院	（1）依据语言学习规律，划分专项学习模块（热身、学习情境、语法讲解、练习），并依据模块功能设计平台图标 （2）中英文与拼音同时呈现 （3）课程视频为工作场景实拍与动画特效演绎相结合 （4）练习形式丰富多样 （5）学习平台采用双语化呈现与转换方式
《工业汉语——焊接技术（启航篇）》网络课	国开社	国家开放大学	
"工业汉语"数字应用 APP	国开社	国家开放大学	（1）学练一体 （2）即听即读 （3）行业高频用语碎片化学习 （4）双语搜索 （5）课程资源有机融合

3. 电动汽车"中文＋职业技能"检测与诊断平台

面向"一带一路"国家，依托"中文＋职业技能"国际推广基地和"中文＋职业技能"汽车专业系列教材的资源，南工职与苏州衡鸿信息科技有限公司开展校企合作，开发了电动汽车"中文＋职业技能"检测与诊断平台（图 6-2-4）。该平台将汽车检测与诊断技术与数字技术融合创新，采用先进的虚拟仿真技术，模拟汽车电气系统的各种故障及故障诊断与排除的操作过程，具备实车检测与诊断的所有功能，解决了电动汽车理论、实训和实验课教学中的理论课课时过长、学生学习兴趣缺乏、抽象内容难解、实训条件不足、实训耗材过多等诸多问题。该平台将数字技术应用于汽车检测与诊断技术，可实现远程教学、远程检测与诊断，且能持续迭代升级，节省了教学成本，创新了"中文＋职业技能"教学方法。

图 6-2-4 电动汽车"中文＋职业技能"检测与诊断平台

三、主要特点

(一)《职业中文能力等级标准》建设助力完善顶层设计

《职业中文能力等级标准》(以下简称《标准》)的研发,旨在通过标准模型来统领不同职业行业的中文能力标准制定,解决当前面临的语言习得与职业技能同步提升的难题。2022 年《标准》研发实现重大突破,提出了基本框架,侧重的内容表达包括职业中文教育各阶段需要达到的中文水平,以及相应阶段应同步达到的职业能力。2023 年 12 月 8 日,《标准》正式发布。《标准》不仅为职业中文教学活动的有效实施提供了参考,而且为推进职业中文教学资源建设持续、有序、有效发展提供了重要依据。目前和未来职业中文教学需求及职业中文能力培养的关注重点,也就是职业中文资源建设的重点。[①]

(二)教学资源建设深入贯彻"高质量、立体化、数字化"理念

2022 年,语合中心继续强化政策支持,保障投入力度,基地充分发挥"领头羊"作用,《工业汉语》系列教材和"新丝路"系列教材有序推出,成效显著,社会影响力大,较好地满足了"走出去"海外中资企业对于"懂中文、精技术、知标准"的技术技能型人才培养的需求,为学习者实现"语言 + 技能"的共同提升创造了条件。2022 年,除了新形态教材研发,智慧高效型工业汉语一体化教学资源建设、"中文 + 职业技能"检测诊断平台研发等方面均取得了新的进展,科技赋能教学资源研发,营造出了良好的创新发展氛围;同时也体现出教学资源建设服务于"中文 + 职业技能"教学方法创新的趋势,实质性地推动了国际中文教育和职业教育的融合发展。

(三)"中文 + 职业技能"教学资源体系初步形成

2022 年度首批 57 个"中文 + 职业技能"教学资源建设项目的选题(图 6-2-5)与教育部《职业教育专业目录(2021 年)》中的高等职业教育专业大类、专业类、专业相对应,可操作性强,体现了"专业对接原则"。经过前期多轮海外企业调研,采矿、冶金、机械、建筑等"走出去"先行行业被选作教材首批重点建设领域,体现了"急需先选"原则。教材选题向海外中资企业、教育部职业教育教学指导委员会、国际中文教育领域与职业教育领域专家进行咨询,并达成共识,体现了"多方

[①] 宋继华,马箭飞,朱志平,等.职业中文能力等级标准的构建[J].语言文字应用,2022(2):2-14.

协作"原则。首次搭建的"中文＋职业技能"教学资源建设基础框架具有较强的灵活性和开放性，为未来"中文＋职业技能"教学资源的建设规划和有序推进留下了空间，体现了"灵活开放"的原则。

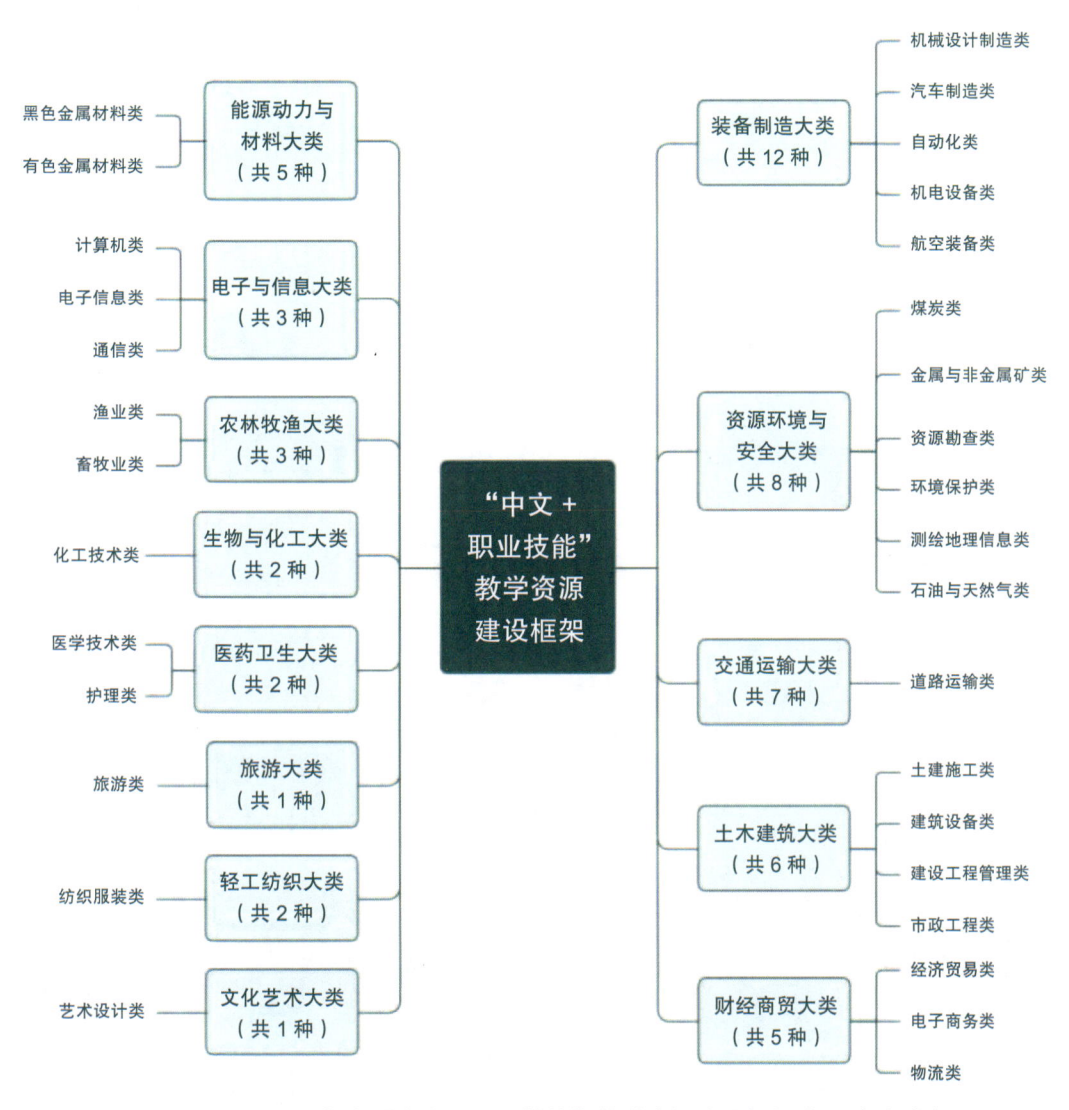

图 6-2-5　2022 年度"中文＋职业技能"教学资源建设框架（13 个大类）

（四）教研共同体促进"中文＋"教学资源建设高质量发展

2022 年围绕"中文＋职业技能"及教学资源建设举办的数场高端研讨会，凝聚了职业院校、国际中文教育领域、出版社、企业、行业协会的集体智慧和共识力量，互为依托，相互促进，形成了教研活动共同体。教研氛围和探索氛围浓厚，研讨围绕前期试点实践中具有典型性和普遍性的问题展开全面深入的探讨，充分发挥了研讨的实效性，对"中文+职业技能"教学资源建设的发展战略、方法措施及高质量发展产生了积极作用，将促进"中文+职业技能"教学资源建设走向可持续发展的科学高度。

作者：央青，中央民族大学；呼丽娟，中外语言交流合作中心；王龙雨，中央民族大学

第三节　华文教学资源信息化发展新格局[*]

华文教学资源是指以华侨华人为办学主体，以华裔学习者为主要教学对象，以中国语言文化及活动为核心内容的教学资源，包含内容资源与技术资源。

华文教学资源是国际中文教学资源的组成部分，是中文作为祖语[①]的教学资源，它并不完全等同于中文作为第二语言的教学资源。但在实际教学中，许多教学资源的使用对象既包括将中文作为第二语言的学习者，也包括将中文作为祖语的学习者，因此二者之间存在一定的交叉和共享。

近年来，华文教学资源的信息化发展呈现出三大变化：一是民间力量显著增强，市场机构表现突出，海外本土力量崛起，各方合力正在形成；二是网络化、多媒体、交互化的资源日益增多，教师发展资源、文化教学与文明交流资源持续丰富；三是华文教学信息化整体解决方案出现，语言智能属性明显，面向华人家庭、非华裔学习者和成人的资源不断涌现。

一、新的建设力量不断加入

近年来，随着中国国际地位的不断提升，中文的经济价值日益显现，海外华侨华人的中华文化自信不断增强，各方力量正在源源不断地主动加入华文教学资源建设。

---

* 本节内容为2021年度国家国家社会科学基金一般项目"代际对比视角下印尼华裔新生代祖语保持及中华文化认同研究"（21BYY170）阶段性成果。
① "祖语"（heritage language）是指"社会主体语言之外作为语言文化传承的祖辈语言"〔郭熙.论祖语与祖语传承[J].语言战略研究，2017（3）：10-19.〕。一般认为，中文为祖语的华裔学习者与非华裔学习者学习中文的规律有较大不同。

（一）从涉侨部门为主到各方主动参与，民间力量显著增强

教学资源建设需要大量资金投入，专业要求较高，因此以往主要由国内涉侨部门开展。近年来，除了国内各级侨务部门外，国内公益机构和商业机构、海外华文教育组织和海外商业机构等民间力量表现积极。截至 2022 年底，参与华文教学信息化建设的国内相关部门有各级政府侨务办公室、中华全国归国华侨联合会等；国内公益机构有中国华文教育基金会（https://www.clef.org.cn）等；涉侨院校有暨南大学、华侨大学、北京华文学院等；国内外商业机构有比邻中文（https://www.blingo.vip）、哈兔中文（https://www.ihatoo.com）、Lingo Bus（https://www.lingobus.com）等；海外华文教育组织遍布全球各地的华侨华人聚居区。

（二）从公益力量为主到商业力量强势进入，资源供给市场化表现突出

据统计，截至 2022 年底，已有至少 37 家国内外商业机构参与了华文教学信息化建设工作。这些市场机构可分为四类：一是国内大型教育培训机构新开的分支机构，如新东方旗下的"比邻中文"、VIPKID 旗下的"Lingo Bus"等；二是国内以中文教育为主要业务的机构，如哈兔中文等；三是依托海外华人社区成长起来并逐步走向全球的机构，如新加坡的 LingoAce（https://www.lingoace.com/zh）、新西兰的悟空中文（https://www.wukongsch.com/zh）、澳大利亚的龙凤在线汉语（https://www.lfkid.com）、日本的花漾汉语（http://youthchinese.shuoba.net.cn）、美国的考拉知道（https://www.koalaknow.com）等；四是国际综合语言培训机构开展的中文相关业务，如"多邻国"（https://www.duolingo.cn）和"Preply"（https://preply.com）提供数十种语言学习内容，italki 网站（https://www.italki.com/zh-cn）上有 150 多种语言学习内容，其中也包括中文。总之，华文教学资源信息化建设步伐大大加快，商业化的数字教材、配套数字资源均繁荣发展。

（三）从中国支持为主到当地力量日渐崛起，资源内容针对性不断增强

近年来，海外华侨华人商业教育力量崛起，开发了针对不同年龄段、不同语言水平的成体系的华文教学资源。海外华文教育组织与华文学校参与资源建设愈发频繁。如美国全美中文学校协会自主研发的"中文学习易趣系统"（http://www.edulines.org/chinese-school/），截至 2022 年底，已有来自世界各地 600 多所学校的 3000 多名用户注册使用。法国欧洲时报中文学校在新冠疫情期间将课程练习全部电子化，基

本建成了网络练习和在线考试资源库。

（四）从独立开发为主到各方力量协同研发，资源建设协作趋势明显

目前，发挥国内外各方优势，联合开发华文教学资源的情况日益增多，建设效果逐步显现。例如，中国华文教育基金会委托第三方开发了大量教学资源，广受欢迎；中国华文教育网 2022 年吸引 40 余家语言和文化教育机构入驻，提供的免费在线课程约有千节；上海睿泰教育集团与澳大利亚新金山中文学校联合推出的"爱中文"（http://aichinese-retech.com）在软硬件资源建设上优势明显；日本横滨山手中华学校"e 学中文"教学平台是中国科大讯飞、人民教育出版社等单位研发的"全球中文学习平台"（https://www.chinese-learning.cn/#/web）的海外版本之一，其中的资源注入和教学试用工作由横滨山手中华学校承担。

二、资源内容种类不断丰富

（一）资源存储从电子化到网络化

以往华文教学电子资源多为纸质教材的扫描版，近年来出现了很多专为互联网教学开发的、独立于已有纸质教材的教学资源，实现了从电子化教材到网络化教材的转变。这一工作主要是由商业机构进行的，比如，哈兔中文开发了 4 个体系的华文教学资源，并已成功获得中国版权保护中心的版权认证；TutorABC（https://www.tutorabc.com/site/en-us/chinese-course/ai-chinese）有一套动态课程生成系统（dynamic course generation system），能根据学习者水平和教学需要，导入图片、文字、动画等素材后，一键生成版式工整、内容准确、视觉美观的线上教材，供网络教学使用。

（二）资源特征从平面化到立体化

近年来，华文教学已经不再仅限于图片、文本等平面视觉资源，而是出现了众多动漫视频、小型游戏、实景浸润乃至多媒体感知资源。比如，中国华文教育基金会的"实景课堂"面向华裔学习者提供中国真实环境下的语言文化课程，截至 2022 年

底,该课堂共推出 100 个主题 300 节课程,共有 212 所华文学校加入课程,累计超过 613 万人次参与互动。① 2022 年,"实景课堂"在海南、广东等 13 个省市开展教学。该课堂挖掘各地资源,寻找"城市符号",解读"城市密码",如"文明古城"西安、"功夫之城"佛山、"美食之都"顺德、"熊猫之都"成都等。用城市文化讲述中国故事、侨乡故事,可以让学习者全面了解中国的城市发展,近距离感受中华优秀文化。

(三)资源属性从单向型到互动型

过去的教学资源以单向展示为主,即置于网上,供用户浏览和下载。近年来,依托电脑和手机软件,互动式的教学资源不断出现。如美国全美中文学校协会自主研发的"中文学习易趣系统",采用比赛和游戏的形式,在人与资源的交互中达成教学目标,现已推出"万能字卡""翻牌游戏""字词测验""在线语音比赛"等功能。教师可以根据需要选择字库,一键生成语音测试试卷(图 6-3-1),或者选择 HSK 考试、部编语文、美洲当地中文教材等字库,生成翻牌游戏(图 6-3-2)。该系统 2022 年新开发出了"分级打字"功能,即时互动,趣味性强。哈兔中文② 2022 年开启了国际中文元宇宙体验中心建设项目,在沉浸式、互动式的元宇宙中展示中华语言文化之美并进行教学。

图 6-3-1 自动语音试卷生成界面

---

① 该信息从中国华文教育基金会获得。
② 商业机构信息均来自各个官方网站,文中不再一一列举。

图 6-3-2　识字翻牌游戏字库选择界面和游戏界面

（四）资源功能从学生学习到教师发展

以往华文教学资源多面向学习者开发，是服务课堂教学的资源；近年来则出现了许多面向教师教学、服务教师发展的资源。这些资源可分为三类：第一类是直接服务语言教学的资源，如中国华文教育网（https://www.hwjyw.com）、云上华文（http://www.clefcloud.com）均有由中国华文教育基金会开发的《华文》《中文》两套教材的示范课，提供课件下载，供教师教学参考；第二类是聚焦教学能力提升的资源，如上述两网设有教学知识与技能栏目，供教师自学提升；第三类是提升华文教师综合素质的资源，如剪纸、古筝、中国结等中华才艺课程，不仅辅导教师学习这些才艺，而且还指导教师如何将这些才艺教授给学习者。

（五）资源内容从语言教学到文化传播

华文教学的对象主要是华裔青少年，华文资源建设从一开始就特别关注中华文化。比如，中国新闻社旗下的中国华文教育网2022年全新改版，文化教学资源体系更加完善，将《中国文化常识》《中国历史常识》《中国地理常识》等纸质资源电子化；增加了如二十四节气、四大名著、神话故事等配套资源；新增"综合素养"栏目，提供美术、编程、科学文化、华语电影介绍等学习资源。再如，锦灵中文教研团队潜心研发的"华根课程"（Hua-gen），同时着力于语言知识、文化常识和国学经典的教学，已有超过4000个具有版权的资源。

与此同时，作为中外文化交流的桥梁，华文教学还面向世界分享中国的文明智慧。比如，中国华文教育网的中华文化栏目提供了武当山、三星堆等与中华文明相关的教学资源；Lingo Bus开发了用英语介绍中华文化的教学资源，除了介绍汉服、唐装等中华文化符号外，还用对比的方式解读中西方文化中的龙、中国皇帝与西方国王的异同等。

三、事业发展呈现新面貌

（一）从语言教学资源到华文教学信息化整体解决方案

以往的华文教学资源主要是围绕课堂教学而建设的，近年来，业界在充实课堂教学内容资源的同时，开始向课堂教学的上游和下游拓展，延伸到程序软件和硬件设备等方面，出现了语言教学信息化整体解决方案。

1. 华文教学信息化整体解决方案

一是资源的原创性、体系性、趣味性和互动性明显增强，整体提升了华文教学的信息化水平。以往的资源建设大多简单地将《华文》《中文》等传统教材进行电子化，并非原创；而近期则涌现出一大批全新的原创教学资源，如新东方比邻中文、哈兔中文、Lingo Bus 等机构均推出了自有品牌教学资源。其中部分资源已经经过中国版权保护中心的认证，覆盖从幼儿到成人、从纯语言学习到职业华文的课程体系，设计了活泼的卡通人物和游戏活动，趣味性和互动性较强，整体上提升了华文教学的信息化水平。

二是教学与教务软件日趋成熟，自建网站和手机应用软件已经成为各华文教学机构的标配。利用软件，实现了教师备课、学生学习、教务管理工作的融合统一。如"爱中文"智慧云学习平台集学、练、玩、用于一体，能激发学生在线自主学习的动力；"梅兰书院"（https://meilan.coocedu.com/home）作为全球首个获得国际牌照的区块链华文教育平台，使用区块链加密技术，提供技术平台，各华文学校可以自行上传具有自主知识产权的教学资源，实现了"去中心化"的资源建设新突破。

三是教育硬件设备成为建设新方向。"爱中文"为智慧教学推出了 1∶1 真人大小的低延时屏幕（图 6-3-3），支持 4K（传统 1080p 电视 200 万像素点分辨率的 4 倍）的一体化智能移动终端、12 倍光学变焦摄像头和对网络带宽要求较低而通信质量稳定的音视频设备。这些教学机构比纯技术公司更了解一线教学需求，比传统学校更了解技术优势，因而能在"技术研发—教学试用"的循环调适中，快速实现硬件和教学模式的迭代升级。

图 6-3-3　直播间 1:1 还原真人教师授课情形[①]

2. 华文教学资源整体解决方案代表——"云上华文"平台

2022 年 8 月，中国华文教育基金会上线"云上华文"平台，初步整合各类华文教学资源，具有信息展示、资源下载、课程教学服务、教学信息管理和活动组织等功能，实现了资源的聚集化和信息化，是华文教学资源整体解决方案的最新代表。截至 2022 年 11 月 15 日，全球用户浏览量达到 38000 多人，注册教师 446 人，用户活跃度不断提高。"云上华文"的优势主要体现在以下五个方面：

一是汇聚信息资源。平台逐渐聚集起全球各地的华文教学信息。截至 2022 年 11 月 15 日，已有 113 所华校进驻平台，展示学校基本信息。

二是提供课程教学资源。"名师指导"栏目面向华文教师提供语言教学指导、文化素质提升在线课程。2020—2021 年度，已上线教学示范课 260 节，2022 年全年共完成 30 期 90 节直播互动课程；"短视频"以简短的视频、明快的节奏提供各种中华文化教学素材；"文化才艺"提供中华才艺系统教程；"动漫天地"以动漫形式开展中华语言文化教学。

三是提供教学管理服务。"云上华文"APP 全面支持在线备课、布置作业、设置游戏、批阅试题、生成个性化学情报告等功能。（图 6-3-4）教师在线布置课堂作业后，可以将链接快速分享到微信、钉钉、WhatsApp、LINE 四大常用社交软件上，

[①] 图片来源：睿泰爱中文公众号 2022 年 4 月 6 日文章《爱中文与暨南大学华文学院联合教学，开展双师直播课堂》。

学习者只需打开链接,即可在线完成答题,进行作业提交。

图 6-3-4 "云上华文"教学信息管理功能界面

四是提供教学资源下载。"云上华文"提供华文教材、多媒体影音资料、课程教学配套课件 PPT 等资源的下载。

五是提供活动技术支持。"云上华文"可以为朗诵比赛等各类语言文化活动提供宣传、报名、资料提交、直播、互动交流的全过程技术支持,实现了教学资源、活动资源和教师资源的整合。

(二)从语言教学到语言智能

以往的华文教学资源集中在语言教学本身,近年来,依托新科技手段,发展语言智能、走向教学产业越来越成为新潮流、新优势。

一是大数据优势。依托大数据挖掘技术,学习者的每一个学习动作数据都会被记录下来,建立学习者"个人画像""学习档案馆"之后,通过人工智能计算和匹配,可推荐符合学习者性格特征和语言水平的个性化教学资源。可以说,"因材施教"的教育理念在大数据驱动下有了更便捷的实现可能。

二是人工智能优势。在大数据的支持下,机器深度学习了师生的教学数据后,也将具备一定的教学能力。比如,一家由华人创办的主打人工智能促进中文学习的在线教育机构 Super Chinese(https://www.superchinese.com),已经在尝试"机器人 + 真人"协作的双师教学模式,即语言的知识学习和口语交际由机器人教师完成,而在口语练习、写作等环节则引入真人教学。再如,Preply 也利用机器学习来提高世界各地教师与学习者的配对效率。

三是多模态工具优势。综合使用视频、图形、语音、专用软件、机器辅助、语音识别等多媒体技术工具后，教学效率大大提高。如成立于新加坡，由中文专业教授与硅谷等地技术人员组成的中文教育公司"T-Lab"推出的产品"灵雀中文"（https://east.vc/portfolio/t-lab/）设计了一套学习管理系统，能帮助教师创建交互式课件，跟踪学习者的课程进度，大大提高了教学效率；"爱中文"则在2022年上线了"中文大声会"应用APP，综合使用文本、图像、音频和视频等形式，让学习者在互动社交中学习华文[①]。

（三）从华裔学生到华人家庭、非华裔学生和成人

以往的华文教学资源主要面向华裔青少年，近年来，华文教学资源建设开始关注非华裔学习者、华侨华人家长和成人等，并从课堂教学拓展到职业教育领域。

家庭是华裔学习者学习中文的重要场所，华文教学资源建设已经开始关注华侨华人家庭。比如，"爱中文"2023年1月推出《小黑奇遇记》等96个双语故事，可以满足华人家庭亲子阅读的需要；中国华文教育网、"云上华文"平台也配置了丰富的资源，帮助华人家长辅导子女学习，提升个人语言文化综合素养。

国内外商业机构最先嗅到了华文的经济价值，他们面向华裔学习者之外的群体开发各类教学资源。如哈兔中文的课程面向华侨华人青少儿、外国青少儿、外国成人这三类不同人群，开发出了"中文基础类""技能训练类""文化兴趣类"三大类共42门针对性较强的课程，涉及医疗、旅游等职业中文教育。

四、未来展望

（一）资源共建共享机制呼之欲出，全领域资源格局逐渐形成

当前，各方已经意识到教学资源的重要性，纷纷开启了资源建设之路，其中，部分商业机构受到市场利益驱动，协同多方合作共建。然而，整体来看，不同部门、

[①] 参见睿泰爱中文公众号文章《【中文大声会】APP正式上线，助力国际中文教育！》，2022年12月14日。

不同学校、不同公司和机构组织各自为政、低水平重复建设的情况比较明显。特别值得一提的是，主要面向华裔低龄学生（华文教学）和主要面向非华裔成人（国际中文教学）的教学资源具有高度互补性，二者联合后，可构成从低龄到成人、涵盖华裔非华裔、涉及从课堂学习到家庭教育再到职业中文教育的全领域资源格局。未来亟须建设高水平的资源共享平台，以实现资源的协同创新发展。

（二）教学软硬件蓬勃发展，充分释放资源利用价值

资源内容建设好后能否得到充分使用，资源的价值能否被充分释放，主要取决于是否有方便高效的软硬件工具。教学软硬件建设的发展方向有两个：一是可移动。方便、快捷地获取资源将提升人们使用资源的积极性和用户黏性。如今，人手一个平板电脑，连接云端资源用于课堂教学，在一些华校已经成为现实。二是可互动。静态平面的电子书，远不如动态的、能互动的多媒体资源有吸引力，现在的一些电子教材已经不是一页页的"书"，而是一个个可触、可点、可演的软件。

（三）高水平学习者资源建设有待开展，以资源助力中外文明交流互鉴

当前教学资源具有以下特点：主要面向中低水平的语言学习者，这是由庞大的学习群体决定的；主要是关于听说技能的，读写资源相对不足，这是由资源呈现方式决定的。然而，随着中低水平学习者的成长，加上中文国际地位的不断提升，未来高水平学习者的数量将会稳步攀升。更关注读写技能、语言难度更高、文化内涵更深、中外文明互鉴内容更多的资源，值得长期关注和投入。

作者：韦九报，北京华文学院

第七部分　参考篇

主持人：刘晶晶，天津师范大学

第一节　法语联盟教学资源发展与启示

　　法语联盟（Alliance Française）创立于1883年，是世界上最早成立的语言文化传播机构，总部设在巴黎。法语联盟在法国外交部的支持和资助下，致力于法语教学与法国文化传播，截至2022年，法语联盟已在135个国家和地区设立了829个分支机构，拥有教师8300名、行政管理人员4300名，其中277名管理人员来自法国外交部[1]。法语联盟采用基金会的运营模式，法语联盟基金会负责全球法语联盟的监管、推动与协调工作。

　　法语联盟每年学习者总数有40余万人，各类文化活动受众有320多万人。在法语培训课程之外，法语联盟还为学习者提供法语作为外语的法语初级文凭（DILF，Diplôme Initial de Langue Française）、法语学习文凭（DELF，Diplôme d'Études en Langue Française）、高级法语文凭（DALF，Diplôme Approfondi de Langue Française）、法语知识测试（TCF，Test de Connaissance du Français）、法语水平测试（TEF，Test d'Evaluation de Français）以及职业法语文凭（DFP，Diplôme de Français Professionnel）等考试服务。2022年，参加各类考试总人数达18万。

　　法语联盟在世界各地建有实体多媒体图书馆和数字图书馆（Culturethèque）[2]，为法语学习者和教师提供法语有声书籍、期刊、连载漫画、法语音乐、播客等可供在线阅读或下载的多种类法语资源。

---

[1] 本节数据如无特殊说明，均为《法语联盟年报（2021）》和《法语联盟年报（2022）》的公开数据。
[2] 法语联盟数字图书馆网址：https://www.culturetheque.com/en。

一、政策与发展方向

（一）加强政府引导，教学资源研发凸显法国特色

法国政府在法语联盟制订计划和实施项目的过程中发挥着主导作用。法国文化部在 2013 年发布的工作报告《新时代的文化部：文化与媒体 2020》(*Un Ministère Nouvelle Génération: Culture & Médias 2020*) 中指出，语言、文化遗产、旅游是扩大法国文化影响力的基石。① 法国总统马克龙于 2018 年提出法语与多语发展的"总统外交计划"，列举了用法语"学习""交流"和"创造"的 30 多项战略性举措，涵盖教育、传媒、艺术等多个领域，旨在从国家层面推动法语在世界各国的传播，其目标为 2050 年使法语成为全球第三大语言。在法国政府保护和扶持政策的指引下，法语教学资源建设发展方向更加明确，内容上更多呈现法国人的真实生活，展现当代法国形象，注重提升法语价值，使教学资源在促进法语学习和交流中发挥更大的作用。

（二）推动法国文化振兴，加大对图书领域的支持和关注

法国文化拥有悠久的历史和独特的风格，历届法国政府都非常重视法国文化事业的发展，并将出版、广播、传媒等视为关系到国家发展战略的重要文化领域。2005 年，联合国教科文组织在法国巴黎发布了《保护和促进文化表现形式多样性公约》（以下简称《公约》）②。《公约》确立了保持和维护世界文化多样性的国际规范，鼓励不同文化间的对话。2020 年 9 月，法国政府宣布投入 20 亿欧元用于"法国文化振兴"计划，对受疫情影响的图书、报刊、电影和视听领域给予 4.28 亿欧元的专门补助，将支持文化和创意产业投资等举措作为优先事项。法语图书、报刊、电影等是重要的法语教学资源，"法国文化振兴"计划中的各项举措对法语教学资源建设起到了巨大的推动作用，加快了法语教学资源的研发与推广。

（三）统筹推进数字建设，加快法语联盟数字化转型

法国政府重视对数字环境的整体布局。法国文化部与经济和财政部、外交部展开跨部门合作，在政府"未来投资计划"框架内投入 4 亿欧元，旨在加速法国文化

---

① 邓文君，李凤亮. 数字时代法国文化对外传播策略研究 [J]. 天津师范大学学报（社会科学版），2015（3）：43-47.
② 网址：https://www.mct.gov.cn/whzx/bnsj/zcfgs_bnsj/201111/t20111128_821522.html.

和创意产业的数字化转型。2019 年，法国文化部与外交部共同组织专家确定了实施《公约》的数字化发展行动路线，围绕文化创意产业中数字化发展等问题展开行动。在法国政府数字化政策的指引下，2020 年 9 月至 10 月，第一届法语联盟世界数字大会召开，414 个法语联盟的 1064 名代表参会，共同探讨法语联盟未来发展和新的合作方式，在创新在线工具、丰富在线内容、研发远程课程等方面积极谋划，希望推动法语联盟教学资源的数字化发展进程。

二、研发与出版情况

法语联盟教学资源主要来自迪迪埃（Didier）、阿歇特（Hachette Livre）、CLE 国际（CLE International）三大对外法语教育出版社，法语作为外语教学（FLE，Français Langue Étrangère）的教学资源一般依据学习者的年龄进行划分，分别面向儿童、青少年和成人这三类学习群体。

（一）纸质教学资源建设情况

1. 语言类教学资源[①]

近年来，法语联盟研发的语言类教材多达数十种，教材更新换代速度很快，各地法语联盟选择教材具有较大自主性。其中，面向成人的教材主要有《编辑》《连接》《新一代》《工作坊》《另一个自我》《图腾》《新出租车！》《世界公民》《趋势》等（表 7-1-1、图 7-1-1 至图 7-1-4）。

表 7-1-1　面向成人的部分语言类教材及配套资源

名称	等级	配套资源	出版社
《编辑》（*Édito*）	A1、A2、B1、B2	教学指南、活动手册、数字教学包、练习册、电子书、APP	迪迪埃出版社
《连接》（*Connexions*）	A1、A2	教学指南、电子书	
《新一代》（*Nouvelle Génération*）	A1、A2、B1	教学指南、练习册、电子书、数字教学包、APP	

---

① 本部分数据根据迪迪埃出版社、阿歇特出版社、CLE 国际出版社官网中公开的数据统计分析后得出。

续表

名称	等级	配套资源	出版社
《工作坊》《工作坊+》（L'atelier & L'atelier +）	A1、A2、B1、B2	练习册、教学指南、数字手册、电子书、数字教学包	迪迪埃出版社
《另一个自我》《另一个自我+》（Alter Ego & Alter Ego +）	A1、A2、B1、B2、C1/C2	学生用书、练习册、教师用书、音频	阿歇特出版社
《图腾》（Totem）	A1、A2、B1	学生用书、练习册、音频	
《新出租车！》（Le Nouveau Taxi!）	A1、A2、B1	教学指南、电子书、CD、在线视频和音频、带有音频的学习方法书	
《世界公民》（Cosmopolite）	A1、A2、B1、B2、C1/C2	练习册、教师用书、单词表、音频	
《趋势》（Tendances）	A1、A2、B1、B2、C1/C2	学生用书、电子书、教学指南、活动手册、数字活动手册、DVD	CLE 国际出版社

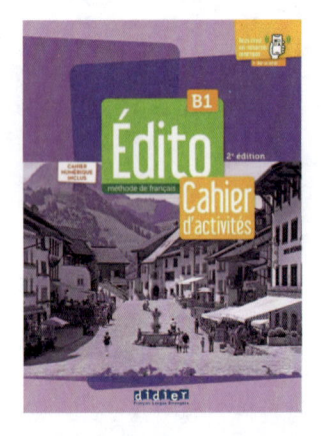

图 7-1-1　法语教材《编辑》（B1 级）

图 7-1-2　法语教材《新一代》（B1 级）

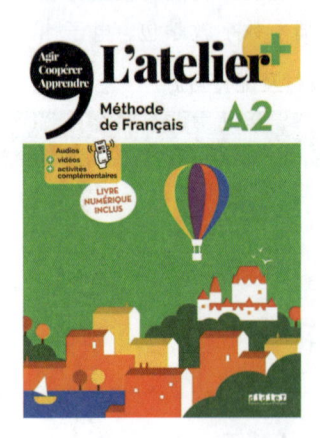

图 7-1-3　法语教材《工作坊》（A2 级）

图 7-1-4　法语教材《趋势》（A1 级）

语言类教学资源根据《欧洲语言共同参考框架》(*Common European Framework of Reference for Languages*，缩写为 CEFR，以下简称《欧框》)，分为 A1 至 C2 六个级别，部分教材只涵盖 A1 至 B2 四个级别。教材总体表现出三大特点：一是内容取材广泛且贴近法国人的实际生活，有助于引导学习者以法国人的视角和方式来看待世界。教材中很多内容为网络中的真实素材，话题新颖，主题合理，配有主题词汇表，以及针对法语考试的听说读写练习，实用性较强。二是不同教材的体量因学习者的需求差异而有所不同，如《另一个自我》(*Alter Ego*) 和修订版《另一个自我+》(*Alter Ego +*)，每本教材设置 12 个单元，语法系统，词汇量大，适合参加考试、旅行、留学、移民的学习者或国外工作人群;《新出租车!》(*Le Nouveau Taxi!*) 词汇量较少，拓展知识有限，更注重提升学习者的法语交际水平，不适合有应试需求的学习者。三是配套资源丰富，一般包括教学指南、学生活动手册、数字教学包、电子书、练习册和 APP 等，配套资源中电子影音类资源种类较多，具有较强的引导性和互动性。

面向青少年的法语教材，主要涵盖《欧框》A1 至 B1 三个级别，适合初级法语学习者，代表性教材有《想象》《谢谢》《我喜欢》《青少年狂爱》《青少年领域》等（表 7-1-2、图 7-1-5）。这些教材善于通过充满吸引力的方式帮助青少年学习者轻松记忆，采用交互式的配套资源鼓励学生进行创造性学习并加强合作，从而更好地掌握法语知识和技能。

表 7-1-2　面向青少年的部分语言类教材及配套资源

名称	等级	配套资源	出版社
《想象》(*Imagine*)	A1、A2、B1、B2	教学指南、活动手册、数字教学包、电子书、APP	迪迪埃出版社
《谢谢》(*Merci!*)	A1、A2	教学指南、活动手册、活动书、音频 CD、DVD、教学海报、用于视频投影的数字版本	CLE 国际出版社
《我喜欢》(*J'aime*)	A1、A2	教学指南、活动手册、电子书、互动游戏应用 APP、教学海报、音频 CD、DVD	
《青少年狂爱》(*Adomania*)	A1、A2、B1	教学指南、音频、练习册	阿歇特出版社
《青少年领域》(*Adosphère*)	A1、A2、B1	练习册、教学指南、课堂 CD	

图 7-1-5　法语教材《我喜欢》（A1 级）

面向低龄儿童的法语教材有《顶端》《通行证》《Z 字形 +》《小家伙们》等（表 7-1-3、图 7-1-6、图 7-1-7），覆盖《欧框》A1、A2 两个级别，并进一步细化为 A1.1、A1.2、A2.1 等多个学习层次。儿童法语教材注重培养学习者的跨文化和多语言意识，激发学习者的好奇心，引导学习者主动参与学习，配套资源有教学指南、活动手册、数字教学包、电子书、动画视频、音频以及可下载的教学海报，同时提供对标 DELF A1 和 A2 的评估测试练习等。

表 7-1-3　面向低龄儿童的部分语言类教材及配套资源

名称	等级	配套资源	出版社
《顶端》 （Tip Top!）	A1、A2	教学指南和课程资源、活动手册、数字教学包、练习册、电子书、APP、MP3 CD	迪迪埃出版社
《通行证》 （Passe-Passe）	A1、A2	教学指南、活动手册、数字教学包、电子书、动画视频 DVD、音频 MP3 CD、可下载的教学海报	迪迪埃出版社
《Z 字形 +》 （Zig Zag +）	A1、A2	教学指南、活动手册、读写手册、电子书、音频 CD、教师用评价手册、数字资源下载网址	CLE 国际出版社
《小小家伙们》[①] （Les Petits Loustics）	A1.1、A1.2	音频、教师用书	阿歇特出版社
《小家伙们》 （Les Loustics）	A1、A2	练习册、音频、儿歌、教师用书	阿歇特出版社

---

① 此教材未根据《欧框》划分等级，仅根据知识内容难易度区分为第 A1.1 和 A1.2 两册。

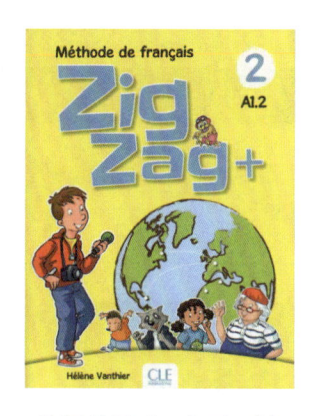

图 7-1-6　法语教材《Z 字形 +》(A1.2 级)　　　　图 7-1-7　法语教材《通行证》(A1.1 级)

2. 考试类教学资源

法语考试种类繁多，根据用途和需求大致可分为法语语言文凭 DILF、DELF、DALF，法语知识测试 TCF，法语水平测试 TEF，职业法语文凭 DFP 等。代表性教学资源有《100% 成功》《通过》《ABC》等（表 7-1-4、图 7-1-8 至图 7-1-11），根据不同年龄学习对象的差异，法国各出版机构开发了多种主要面向 DILF、DELF、DALF等考试，同时兼顾TCF、TEF、魁北克法语水平测试TEFAQ（Test d'Évaluation de Français adapté au Québec）的备考用书。

表 7-1-4　考试类教材及配套资源

教材名称	等级	配套资源	教学对象
《DELF 100% 成功》 (Le DELF 100% Réussite)	A1、A2、B1、B2	互动电子书、网络音频、网络测试 PDF、CD	成人、青少年
《DALF 100% 成功》 (Le DALF 100% Réussite)	C1/C2	互动电子书、网络音频、CD	成人、青少年
《通过 DELF》 (Réussir le DELF)	A1、A2、B1、B2	CD、可下载的数字资源	成人、青少年
《通过 DALF》 (Réussir le DALF)	C1/C2	电子书、CD	成人
《通过 DILF》 (Réussir le DILF)	A1.1	教学指南、CD、可下载的数字资源	成人
《ABC DILF》	A1.1	CD	成人
《ABC DELF》	A1、A2、B1、B2	电子书、活动手册、DVD、应用程序	成人、青少年、儿童
《ABC DALF》	C1/C2	CD、电子书	成人、青少年

续表

教材名称	等级	配套资源	教学对象
《ABC TCF》	A1、A2、B1、B2、C1、C2	CD、活动手册、电子书	成人、青少年
《ABC TEFAQ》	/	电子书、音频、活动手册	成人、青少年

图 7-1-8
备考教材《DELF 100% 成功》（B1 级）

图 7-1-9
备考教材《ABC DELF》（A2 级）

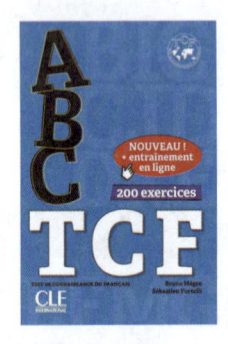

图 7-1-10
备考教材《ABC TCF 200 题》

图 7-1-11
备考教材《ABC DILF 200 题》（A1.1 级）

3. 教师教学类资源

教师教学类资源包括课堂教学技巧、实践类教学资源以及法语教学类专业期刊，其中前两者所占比重较大，涉及教学模式、课堂活动、教学技能以及分课型法语教学指导等内容，对法语教师教学实践具有较强的指导性。比如 CLE 国际出版社出版的《外语教学法》《数字课堂实践与项目》《语言课上的戏剧活动》《FLE 课堂上的文学》，以及迪迪埃出版社出版的《外语发音教学法：从纠正到调节》《在线口语教学》《教育方法的语言课堂差异性》《教学/学习语法 FLE》等法语教学方法类教学资源。（图 7-1-12 至图 7-1-14）

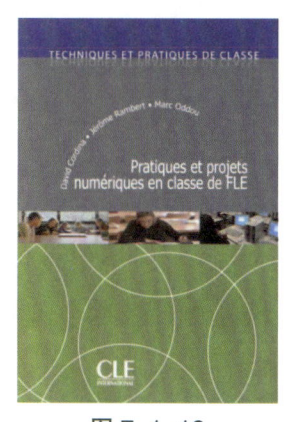

图 7-1-12
《数字课堂实践与项目》

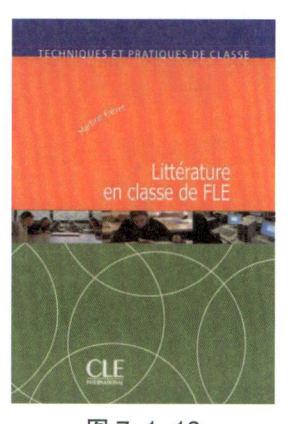

图 7-1-13
《FLE 课堂上的文学》

图 7-1-14
《外语教学法系列丛书·移民语言培训》

法语教学类专业期刊多为主题式汇编，期刊针对"教师""教育管理""教学语言""学校与文化多样性"等多种主题开展对法语教育问题的讨论与思考；此外还有一些法语研究与应用专业期刊，内容涉及"马格里布和中东的法语""法语作为外语和第二语言的异质性、差异化和语境化""当代流动性和教学媒介"等问题。

《世界法语》(*Le Français dans le monde*)（图 7-1-15）是国际法语教师联合会（FIPF, Fédération Internationale des Professeurs de Français）的官方杂志。该杂志创刊于 1961 年，是专门面向全世界法语教师的国际化刊物，内容囊括世界范围内的法语教育及文化前沿文章。《世界法语》还设有子刊，包括《世界法语国家及地区》（*Francophonies du monde*）与《研究与应用》(*Recherches et applications*) 等，其中《世界法语国家及地区》（图 7-1-16）内容涉及法语作为第二语言教学的问题、非洲大陆的教育新闻等，每年 3 期；《研究与应用》（图 7-1-17）则更专业化，每年 2 期，由来自世界各地的法语教师及研究人员就某一特定主题展开讨论。

图 7-1-15
《世界法语》

图 7-1-16
《世界法语》子刊
《世界法语国家及地区》

图 7-1-17
《世界法语》子刊
《研究与应用》

4. 文化读物类资源

文化读物的适用对象主要为初级、中级法语学习者，以面向儿童和青少年的读物居多。法语文化读物多为基于法国文学和国际文学作品的原创或改编，话题符合青少年兴趣。CLE 国际出版社文化读物类资源较有代表性，如"CLE 轻松法语阅读"（Lectures CLE en français facile）系列，"暂停 简单 阅读"（Pause Lecture Facile）系列、"种子阅读"系列（Graine de lecture）以及"探索阅读"系列（Lectures Découverte）等。（图 7-1-18 至图 7-1-20）

图 7-1-18 "暂停 简单 阅读"系列

图 7-1-19 "种子阅读"系列

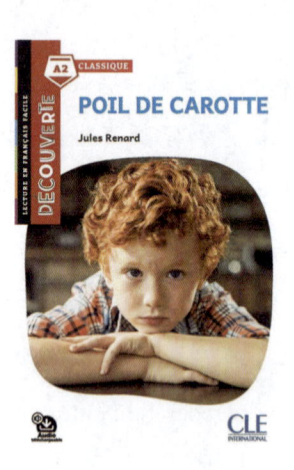

图 7-1-20 "探索阅读"系列

（二）数字教学资源与平台建设情况

2020 年以来，法语联盟积极推进数字化建设，数字技术在法语联盟中的地位越来越重要。截至 2022 年，全球共有 555 家法语联盟提供在线课程，有 306 门课程为完全或部分在线课程，参加网络课程学习者人数达 15.4 万，占法语学习者总数的 39%。

1. 在线课程

法语联盟在线课程具有国别化、本土化特点，课程内容包括法语课、专业人员培训课程、工作坊以及 TEF、DELF 和 DALF 等。各个国家和地区分支机构的在线课程相对独立且具有独创性和区域统一性。比如，2021 年日本法语联盟通过开展日法合作行动加强联合，共同实施数字化项目，从而使名古屋、札幌和仙台法语联盟之间建立起了共享的在线法语课程；印度法语联盟开展在线师资培训，内容涉及同步复合模式教学的预设和实施、虚拟课堂动画技能的强化、网络工具的创建、早期法语培训等，可以更好地满足不同类别受众群体的需求；马耳他法语联盟提供在线培训师课程，该课程几乎汇集了马耳他和戈佐所有从事对外法语教学的机构和人员，可直接在线注册并购买课程。

2. 数字平台

（1）"我的联盟"（Apolearn）在线学习平台

2016年，法语联盟启动数字化转型建设项目，与Apolearn公司合作推出"我的联盟"在线学习平台，作为法语联盟2020计划的一部分。该平台旨在搭建一个适用于各联盟的统一在线工具，以丰富数字课程内容，提供远程课程，促进法语学习者与教师团队之间的沟通。2018年，有800名法语联盟教师参加了强化培训，并全年使用该平台开展课堂教学活动，有1.5万名法语学习者在平台注册并进行学习。

（2）"线上课程指南"教学共享平台

法语联盟通过开展教师培训和创新项目加快数字化转型。"线上课程指南"是中国法语联盟与巴黎大区法语联盟开展合作，通过Genially应用程序编写而成的在线教学共享平台。该平台提供交互式的、可操作的文档，法语教师可通过在线编辑不断进行更新和扩充。

（3）"法语人词典"在线系统

2021年3月，法语联盟推出开放性在线协作词典"法语人词典"，该系统反映了法语地区法语口语表达的丰富性，法语联盟基金会在其社交网络中转发了该词典的发布信息。

3. 应用程序（APP）

2022年，中国多家法语联盟在Genially应用程序上联合研发，推出互动网络游戏"发现蓝色星球"。该款APP基于中法环境月"蓝色星球"主题，结合法国插画师Lucie Guyard创造的La Ptite Lu自传式漫画形象，为法语学习者提供从A1到B2不同水平的语言游戏模块和语言学习课程。

三、推广情况

（一）教学资源推广主体

法语联盟分支机构是法语教学资源推广的主要力量，其在各地创建的多媒体图书馆，是面向法语学习者和教师开展教学资源推介与借阅服务的重要场所。为加强全球法语联盟之间的沟通与合作，展示各分支机构的运营状况，法语联盟出版了刊物《联盟线》，每年3—4期，刊物中会编辑整理一系列与法语联盟、法语国家和地区以及文化外交有关的报刊文章，相关内容也会上传至法语联盟基金会网站，读者可通过所有社交网络访问查看。

（二）教学资源推广方式

1. 联合文化创意产业，推动教学资源多模态传播

法语联盟与法国文化创意产业建立联系，利用法国名著、电影的影响力提升法国文化的吸引力。其一，将法语电影作为法国文化传播载体，提供大量公开放映的电影资源以及"自助法语电影"流媒体服务，通过数字图书馆、青少年电影教育项目、法国电影平台带动法语电影的传播。2021年，已有431家法盟的674名用户在近年刚刚建设的法国电影平台上注册会员。其二，法语联盟创建的线上平台多维度展示文化活动和在线教学资源，让法语学习者可进行在线辩论、主题研讨、电影欣赏、书籍阅读、音乐下载等，实现多层次的交流与协作。

2. 重视图书馆建设，形成教学资源传播集群

法语联盟总部将"多媒体图书馆"建设作为各机构总体发展战略的重要组成部分之一，支持各地法语联盟实施多媒体图书馆现代化建设。目前，多媒体图书馆已成为法语学习者和教师交流、学习、进行思想创新的现代化多媒体空间，可与线上的数字图书馆实现良性互动，共同构建起法语教学资源传播集群。截至2022年，法语联盟已拥有446个多媒体图书馆，年借阅量达59万册次。

法语联盟的"数字图书馆"建设也在同步推进。截至2022年，世界各地法语联盟已创建444个数字图书馆，年度线上借阅人数达9.4万。数字图书馆为法语教师和学习者提供线上培训、教学资源推介等服务。2018年，马达加斯加29家法语联

盟中有 127 人利用数字图书馆进行了培训；2021 年，25 家法语联盟的 27 名多媒体图书管理员和动画师围绕数字图书馆的数字资源开展活动。

3. 实施特色项目，提升教学资源影响力

世界各地的法语联盟开展了多样化且富有创造力的特色项目，针对特定受众，举办语言文化竞赛活动，通过多种途径实施教学资源推广活动。在法国大使馆的支持下，法语联盟与玻利维亚的两所高中、圣安德烈亚斯高等大学以及当地协会合作，通过举办面向大众的文学讲座、学童写作班等方式促进交流，扩大教学资源的影响范围。法语联盟还与蒙特耶童书展合作举办"国际小金块童书奖"活动，每年为 3—16 岁儿童提供法语学习资料和工具，将对外法语学习和发掘儿童文学作品结合起来。中亚地区法语联盟在创新项目团结基金"振兴中亚法语"的区域框架内，联合开展了法语教师认证培训、地区奥运会、国际法语教师日等活动。

4. 利用社交媒体网络，扩大教学资源传播渠道

社交媒体网络为法语传播开辟了多种渠道，促进了世界各地法语联盟之间的沟通与了解。脸书（Facebook）是法语联盟使用人数最多的社交网络，2022 年，法语联盟在脸书上拥有粉丝 490 万；优兔（YouTube）浏览量持续增长，订阅用户达 370 万；照片墙（Instagram）是法语联盟使用的第三大社交媒体网络，订阅用户达 130 万，其中近一半用户来自拉丁美洲；X（原 Twitter）订阅用户 34 万；微信（WeChat）用户总数达 25.1 万人，中国法语联盟微信公众号也于 2021 年 12 月正式启动。

四、发展启示

（一）注重文化价值观的自然融入与互动

法语教学资源的研发立足于法国及法语区文化，以传递法国文化价值观为核心，兼顾人类文化的共通性。这些教学资源善于营造真实的交际场景，以幽默的方式传播思想信息，图文并茂，互动性强，展现出法国社会及法国人日常生活的方方面面，帮助学生在生活化的交际场景中自觉进入故事情节，自然地体悟法国文化，从而强化法国文化的向心力，推动法国文化价值观的传播。

（二）重视法语关键地缘政治区域的教学资源建设

话语社团的规模与关涉范围决定了话语权的影响力。从法语国际传播效果来看，最有潜力的法语话语社团是人口增长迅速且对法国文化较为熟悉的非洲，非洲法语教学也是法国总统外交计划的重点目标之一。因此，法语联盟将非洲作为法语传播的关键地缘政治区域，在非洲建立了众多合作伙伴关系，实施国际合作项目，如加强联盟 3.0 项目合作，开展教师语言强化合作，以及联合创建"数字图书馆"等。

（三）加大对数字化转型的支持力度

数字技术在推进教育服务方面发挥了关键作用。法国外交部与巴黎法国文化中心共同发起了数字化转型支持计划，实施"多语言数字化工厂"，让数字技术赋能法语学习。法国外交部拨款 2 万欧元用于法语教学团队培训，以便更好地开展在线课程。法国外交部、法国研究所和法语联盟基金会代表组成联合委员会，提供 6.6 万欧元支持在非洲南部实施"数字教学胶囊"（Capsules pédagogiques numériques）项目。阿布扎比和迪拜两家法语联盟也通过实施创新举措，特别是多模态教学来支持数字化转型。2017 年以来，法国文化中心和法语文化对外传播网络在全球范围内举办"数字十一月"国际数字文化节活动，以展示数字化创作的丰富性和多样性。2021 年，世界各地近 30 家法语联盟参加了该活动，由法语联盟牵头的 8 个项目在专项征集范围内获得了直接支持。

作者：刘晶晶、梁毅，天津师范大学；张俏然，中国医科大学

第二节　塞万提斯学院教学资源发展与启示

塞万提斯学院（Instituto Cervantes）成立于1991年，是在全球范围内推动西班牙语教学、研究和使用，促进泛西班牙语文化对外推广的机构。塞万提斯学院总部共有两处，分别位于首都马德里和塞万提斯的故乡阿尔卡拉·德·埃纳雷斯，同时在境外48个国家设立了93个分支机构[①]。塞万提斯学院面向境内外西班牙语教学机构开展资格认证，目前已有22个国家的38所境外西班牙语教学机构获得该认证[②]。（表7-2-1、图7-2-1）

表7-2-1　境外塞万提斯学院分支机构和认证机构（单位：个）

洲别	分支机构	认证机构
欧洲	38	3
非洲	21	0
亚洲	17	5
美洲	16	30
大洋洲	1	0
总计	93	38

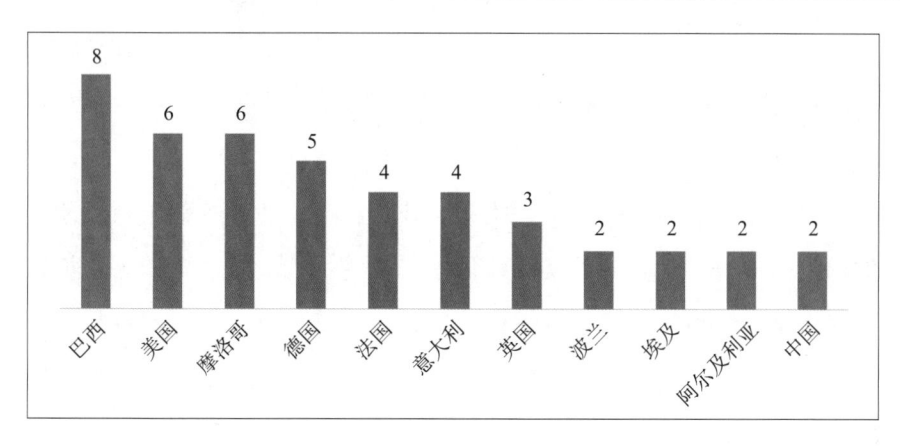

图7-2-1　设立分支机构数量排名前11位的国家（单位：个）

巴西8、美国6、摩洛哥6、德国5、法国4、意大利4、英国3、波兰2、埃及2、阿尔及利亚2、中国2

---

① 本节数据如无特殊说明，均为《塞万提斯学院年度报告（2021—2022）》的公开数据。
② 数据来自塞万提斯学院官方网站，网址：https://acreditacion.cervantes.es/centros_mundo.htm。

2021—2022学年，塞万提斯学院注册学员总数近12万人，开设西班牙语课程和师资培训课程等共计1.4万节，组织各类文化活动6700余场，受众达97万人。塞万提斯学院定期组织对外西班牙语水平证书考试（DELE，Diplomas de Español como Lengua Extranjera），考生人数达13.6万；在91个国家设立1667个西班牙语国际评估测试（SIELE，Servicio Internacional de Evaluación de la Lengua Española）中心，全年考生人数为1.7万。此外，塞万提斯学院负责组织西班牙入籍测试，即西班牙宪法和社会文化知识测试（CCSE，Prueba de Conocimientos constitucionales y socioculturales de España），全年共有10余万名考生参加了这一测试。

一、政策与发展方向

（一）以"泛西班牙语"理念引导教学资源研发

近年来，西班牙政府积极推动"泛西班牙语"理念，以加强西班牙语国家和地区之间的联系，提高西班牙语的国际影响力和竞争力。2018年，时任西班牙首相拉霍伊（Mariano Rajoy Brey）提出"让西班牙语成为国际化语言"计划（El español, lengua global）[1]；2021年，西班牙现任首相桑切斯（Pedro Sánchez）宣布实施西班牙语战略项目"语言谷"（Valle de la Lengua）[2]。这些政策均强调西班牙语的全球性和经济价值，是西班牙政府推行"泛西班牙语"理念的具体实践。

塞万提斯学院在"泛西班牙语"战略指导下积极发展西班牙语教学资源。一是教学资源研发全面考虑全球西班牙语现象，广泛吸纳各国专家意见，突出地区特色，形成更具包容性的、更加多样化的资源体系。二是重视学科领域的广泛融合，在一般性西班牙语教学资源建设基础上，推动法律、科技、商务等领域西班牙语工具书和教材的研发，提升教学资源的实用价值。三是着力打造教学资源平台枢纽。一方面，在全球范围内铺设塞万提斯图书馆网络，提供纸质书刊、音像资料等实体教学资源；另一方面，大力建设在线教学平台、在线图书馆等虚拟教学资源，提高师生资源取用便捷性，扩大教学资源影响力。

---

[1] 网址：https://www.cultura.gob.es/en/actualidad/2018/01/20180124-espanol.html。
[2] 网址：https://www.lamoncloa.gob.es/presidente/actividades/Paginas/2021/011021-sanchez-la_toja.aspx。

（二）利用"数字化转型"推动教学资源升级

近年来，西班牙在欧盟数字化议程框架指导下，先后制定了《数字西班牙2025》（*España Digital 2025*）、《数字西班牙2026》（*España Digital 2026*）等数字化发展战略。在语言推广领域，2022年底，西班牙政府通过了"新语言经济"战略，以提高西班牙语在数字化转型中的价值，提升西班牙的国际影响力。塞万提斯学院也紧随数字化潮流，加快数字资源建设步伐。一方面，将原有实体教学资源转换为数字化资源，挖掘原有资源的数字潜力；另一方面，积极开发数字形式的新资源，保证资源的持续更新，满足语言学习新需求。与此同时，塞万提斯学院高度重视数字化平台建设，以门户网站矩阵统摄在线课程平台、教学服务平台、电子图书馆网络等数字资源平台，实现了数字教学资源的顺畅流通，促进了教学形态的转型升级。

二、研发与出版情况

塞万提斯学院以《欧框》为依据，召集西班牙语语言专家制定塞万提斯学院教学标准；同时，对各类教材进行标准化认证，通过认证的教材可获得塞万提斯学院认证标志。

（一）纸质教学资源建设情况

1. 标准类教学资源

2006年，塞万提斯学院公布了新版教学大纲，即《塞万提斯学院课程计划》（PCIC，*Plan curricular del Instituto Cervantes*），其中包含《西班牙语水平参考》（NRE，*Niveles de referencia para el español*）（图7-2-2）。大纲纸质版由西班牙Edelsa出版社出版，分为三卷，其电子版可在塞万提斯学院官网查阅[①]。该大纲严格对标《欧框》，对西班牙语从A1至C2六个级别的教学目标和内容进行了详细描写，提供了系统化的教学指南和规范，但未对教学方法和评估标准做出进一步说明。各个教学团队需要根据所在国家和地区的学习需求继续完善，这样既可以保证教学有

---

① 网址：https://cvc.cervantes.es/ensenanza/biblioteca_ele/plan_curricular/default.htm。

度，又强调了教无定法，使语言教学的标准性和个性化得到了有机结合。另外，该大纲坚持人本主义教育范式，将学习者置于教学决策的中心，立足学生本位，提供教学支撑。大纲充分考虑了学习者的交际情境，提出了三份总目标清单，分别从社会行为者、跨文化交际者和自主学习者三种身份视角对学习者进行分析。针对六个等级，大纲列出了一系列材料清单，详细描述所涵盖的每个领域的语言现象。除此之外，还从语法、语音、语用、词汇概念等方面进行了更详细的阐述。

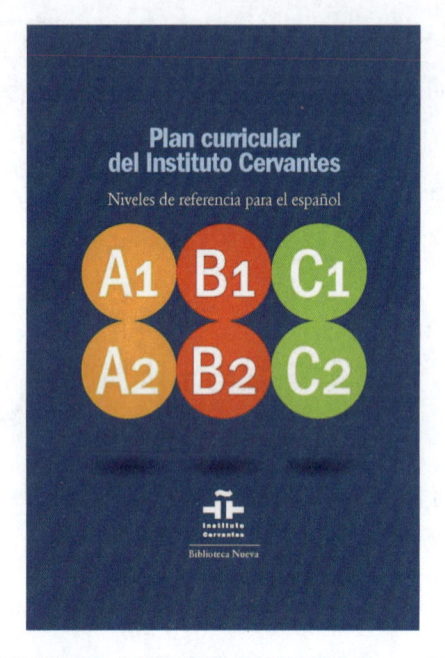

图 7-2-2　标准类教学资源《塞万提斯学院课程计划——西班牙语水平参考》

2. 语言类教学资源

塞万提斯学院支持研发出版对外西班牙语教学资源。为保证教学资源符合塞万提斯学院课程计划的总体宗旨和质量目标，塞万提斯学院邀请外审专家进行评估并制定了一系列评价指标，获得评审认定的教学资源才允许使用塞万提斯学院的认证标识。目前，已有 7 家出版社的 15 套教材获得了认证[①]。（表 7-2-2）

[①] 网址：https://www.cervantes.es/imagenes/File/lengua/metodos-materiales.pdf。

表 7-2-2　获得塞万提斯学院认证的语言类教学资源[1]

名称	等级	配套资源	出版社
《走遍西班牙》(Sueña)	A1—C1	学生用书、练习册、教师用书、CD、磁带	Anaya ELE 出版社
《新视线西班牙语教程》(Así me gusta)	A1—B1		剑桥大学出版社（Cambridge University Press）[2]
《联系》(Conexión)	B1—B2		
《前进》(¡Adelante!)	全 1 册	学生用书、练习册、教师用书	Edinumen 出版社
《团队在线》(En equipo.es)	初级、中级	学生用书、教师用书、CD	
《棱镜》(Prisma)	A1—C1		
《进程与资源》(Procesos y recursos)	高级	学生用书、教师用书、参考答案与录音原文、磁带	
《阶段》(Etapas)	A1—B2	学生用书、教师用书	
《阶段+》(Etapas Plus)	A1—B1	学生用书、练习册、教师用书	
《这是西班牙语》(Es español)	初级、中级、高级	学生用书、练习册、教师用书、教学指导、网络资源、CD	Espasa-Calpe 出版社
《西语最高峰》(Método Everest de Español para Extranjeros)	初级、中级、高级	学生用书、练习册、教师用书、磁带	Everest 出版社
《我们讲西班牙语》(Hablamos español)	A1—C2	教材、练习册、CD	
《西班牙语先生》(Señor Español)	基础级	教材、CD、DVD	Séneca 出版社
《新对外西班牙语》(Nuevo Ele)	初级1、初级2、中级	学生用书、练习册、CD、磁带	SM 出版社
《联网》(Redes)	1级	学生用书、练习册、CD、磁带	

在语言类教学资源中，《走遍西班牙》(Sueña)[3]（图 7-2-3）和《新视线西班牙语教程》(Así me gusta)[4]（图 7-2-4）具有代表性，影响较为广泛。这些教材多以交际

---

[1] 表中所列大部分西班牙语图书没有中文译名，本表采用直译，以便于指称。下同。
[2] 现由 enClave-ELE 出版社出版。
[3] 外语教学与研究出版社引进该教材后，中文译名为《走遍西班牙》。
[4] 北京语言大学出版社引进该教材后，中文译名为《新视线西班牙语教程》。

教学法为导向，以"听说、交际、文化"为中心，突出情境之间的相互关系，教学活动丰富，注重互动交流，旨在帮助学生准确地表达真实鲜活的语言。此外，《联系》（*Conexión*）（图 7-2-5）是一部商务西班牙语教材，主要面向巴西等国学习者，是具有代表性的本土化教学资源。《进程与资源》（*Procesos y recursos*）（图 7-2-6）更强调西班牙语学习的自主性，通过完整的文本和系统的话题，改善学习和交流策略，引导学生对语言学习进行反思，以自我评估来控制学习过程。

图 7-2-3　西班牙语教材《走遍西班牙》　　　图 7-2-4　西班牙语教材《新视线西班牙语教程》

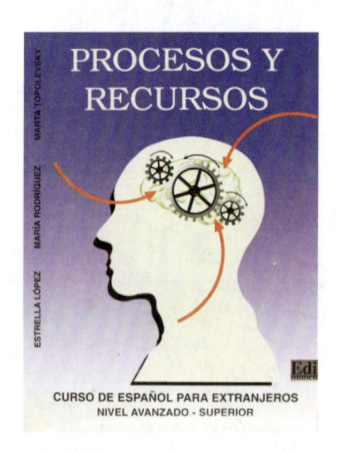

图 7-2-5　西班牙语教材《联系》　　　图 7-2-6　西班牙语教材《进程与资源》

3. 考试类教学资源

塞万提斯学院经过评估，向考生推荐了 7 家出版社的 9 种图书作为 DELE 考试类教学资源[①]。（表 7-2-3）

[①] 网址：https://examenes.cervantes.es/es/dele/cursos-y-recursos/publicaciones。

表 7-2-3　塞万提斯学院认证考试类教学资源

DELE 应试图书	DELE 级别	出版社
《DELE 备考与练习》（*Prepara y practica el DELE*）	A1—B2	Octaedro 出版社
《DELE A2 写作预备》 （*La preparación de la expresión escrita del DELE A2*）	A2	
《西班牙语 DELE 考试高分突破》 （*Preparación al Diploma de Español*）	A1—C2	Edelsa 出版社
《新 DELE 考试要点》（*Las claves del nuevo DELE*）	A1—C1	Difusión 出版社
《计时器》（*El Cronómetro*）	A1—C2	Edinumen 出版社
《DELE 考试通关》（*Aprueba el DELE*）	A1、A2	SM 出版社
《DELE 助考》（*¡Dale al DELE!*）	A1—C1	enClave ELE 出版社
《欧洲语言框架活动：DELE A2 备考》 （*Actividades para el Marco común europeo: preparación al DELE A2*）[①]	A2[②]	
《新 DELE 目标》（*Objetivo DELE Nueva edición*）	A1—C1	SGEL 出版社

考试类教学资源注重对应试方法的指导，旨在指导学生了解考试形式，介绍答题技巧，做好考试准备，减少语言以外因素对考生的影响。相比之下，与考试相关的词汇手册、语法手册等语言知识类图书却相对较少。具有代表性的考试类教学资源有《计时器》（*El Cronómetro*）（图 7-2-7）、《西班牙语 DELE 考试高分突破》（*Preparación al Diploma de Español*）（图 7-2-8）等。

图 7-2-7　考试类教学资源《计时器》

图 7-2-8　考试类教学资源《西班牙语 DELE 考试高分突破》

[①] 网站中显示为 Edinumen 出版社，实际为 enClave ELE 出版社。
[②] 该书共有 A1、A2、B1、B2、C1、C2 六个级别，但仅有 A2 级别图书获得塞万提斯学院推荐。

4. 其他教学资源

塞万提斯学院还研发出版了移民紧急课程指南《西班牙语作为一种新的语言》（*Español como nueva lengua*）（图 7-2-9）。该指南是为教授移民西班牙语的教师提供的速成手册，由 9 个公共和专业情境内容组成，并附有教学建议和方法指南。指南的纸质版由西班牙桑蒂亚纳出版集团（Santillana）出版，电子版可在塞万提斯学院官网查阅[①]。

图 7-2-9　课程指南《西班牙语作为一种新的语言》

（二）数字教学资源与平台建设情况

1. 在线课程平台

西班牙语虚拟课堂（AVE，Aula Virtual de Español），又称 AVE 全球课程（AVE Global），是塞万提斯学院研发的一套在线西班牙语课程，提供与之配套的一整套数字平台。课程平台提供了两种教学模式：一种是全自学模式，学习时间较为灵活，学习者可随时随地使用电脑或其他移动设备完成学习；另一种是有教师参与的教学模式，平台提供全线上、全线下、线上线下相结合三种学习方式，学习者可根据自身情况做出选择。该课程平台还提供在线西班牙语水平测试，以帮助学习者确定适合自己语言水平的课程等级；平台中内嵌的论坛、博客、电子邮件等交流工具可帮助学习者与其他学生或课程导师进行交流。

---

① 网址：https://cvc.cervantes.es/ensenanza/biblioteca_ele/inmigracion/orientaciones/default.htm。

虚拟课堂的课程内容覆盖 A1 至 C1 级别，包括一般课程和主题课程两大类：一般课程共 16 门，每门时长 30 小时，辅以教学材料、视频和互动练习；主题课程共 48 个单元，主要面向学习时间有限且学习目标更加明确的学习者，每个主题单元时长 10 小时，课程 3 个月内有效，完成度达到 65% 以上的学习者可获得塞万提斯学院颁发的学习证明。

此外，部分地区的分支机构还会根据当地情况选用其他平台，研发国别性或地区性的在线课程，如北京塞万提斯学院采用瞩目视频通信平台，通过视频会议的模式开展线上西班牙语教学。

2. 数字门户网站

塞万提斯学院各个分支机构均设有专门网站，目前全球已经建成 68 个门户网站，与总部网站共同形成互联互通的网络矩阵。各网站总体框架相似，主要功能为推介课程和文化活动，接受课程及考试报名，提供数字图书馆、在线学习平台、师资培训等重要平台接入口。这些数字门户网站强化了总部官网的统筹协调地位，统一网站架构，轻量内容设置，大幅降低了网站的建设和维护成本；各网站信息资源集中，便于查询，有效避免了重复建设造成的浪费；所有网站服务器均设在西班牙境内，降低了网络安全风险和内容审核风险，既便于监管，也能保证跨国访问相对顺畅。但同时，各分支机构的门户网站也存在内容单薄、版式单调、吸引力不足等问题，且总部网站不仅下设各分院子网站，而且集成了教学服务数字平台、考试服务平台、数字图书馆等多个重要网络平台，数字化资源规模庞大，运营压力较大。

3. 教学服务数字平台

塞万提斯学院于 1997 年创建了塞万提斯网络中心（CVC，Centro Virtual Cervantes），该中心是塞万提斯学院网络平台体系的重要支撑，包含数千个西班牙语言文化相关页面，容纳海量西班牙语言文化资源，涵盖语言、教学、文学、艺术和科学共五个部分。塞万提斯学院出版的电子图书、期刊、影像资料等数字资源均通过该平台发布。2022 年，网络中心还新增电影鉴赏单元，推出西班牙语电影影评和精彩片段赏析。塞万提斯学院借助网络中心举办主题丰富的线上展览会，如 2022 年举办了"西班牙的中国梦，1845—1945"（El sueño español de China, 1845-1945），以庆祝中国和西班牙建交 50 周年。

网络中心也收录重要会议记录、年度报告等电子文献，如《对外西班牙语教育协会研讨会会议纪要》《欧洲西班牙语教师协会年度研讨会纪要》等。此外，网络中心设有论坛和讨论区，用于解答学习者疑问，2015—2016学年浏览量和参与量共计超过27万次[①]。

三、推广情况

（一）教学资源推广主体

塞万提斯学院总部与各分支机构通过多层面、多渠道、多媒介研发和推广教学资源，支持并协调教学资源的产出和推广。比如，塞万提斯学院总部与西甲联赛（La Liga）、北京塞万提斯学院、东京塞万提斯学院、印度尼西亚塞万提斯课堂、开罗塞万提斯学院等合作，共同编写了《西班牙语足球词典》[②]，以电子书的形式在塞万提斯学院官网公开发布；荷兰乌特勒支塞万提斯学院与环西班牙自行车大赛（La Vuelta）共同出版了数字版和纸质版的《自行车运动词典》(*Diccionario de Ciclismo*)[③]。

西班牙出版业积极参与教学资源的研发与推广，专门面向对外西班牙语领域的出版社数量众多，且研发水平总体较高。塞万提斯学院以《欧框》和学院教学大纲为标准，制定教材认证指标，对各出版社出版的教材进行专业认证，引导出版市场良性竞争。此外，萨拉曼卡大学、阿尔卡拉大学等以语言研究闻名的学府为教学资源研发提供了重要的智力支持。

可见，塞万提斯学院在资源推广上既是标准的制定者，又是市场的重要参与者和引领者，以有限投入撬动优质资源，有效提高了教学资源的数量和质量。

（二）教学资源推广方式

1. 充分利用自有平台开展教学

塞万提斯学院的门户网站遍布全球，受众较多，是其最重要的教学资源推广平

[①] 本部分数据为《塞万提斯学院年度报告（2015—2016）》的公开数据。
[②] 网址：https://cervantes.org/es/sobre-nosotros/publicaciones?field_publicacion_year_value=&combine=futbol&edit-submit-publicacion=Buscar。
[③] 网址：https://utrecht.cervantes.es/imagenes/file/diccionario_ciclismo_espanol_neerlandes_instituto_cervantes.pdf。

台。2021—2022学年，68个门户网站可下载文件共有6000万份，其中，各类无偿及付费资源网站文件量占69%（4200万份），各分支机构门户网站文件量占22%（1300万份），中心网站文件量占9%（500万份）。

2. 重视图书馆建设

塞万提斯学院在境外共建有图书馆60个（图7-2-10），馆藏图书、期刊、影像制品等约141万册，其中约114万册为图书和期刊，其余馆藏为有声文档、电子资源、视频、DVD和其他媒体资源等，是全球最大的西班牙语图书馆网络。

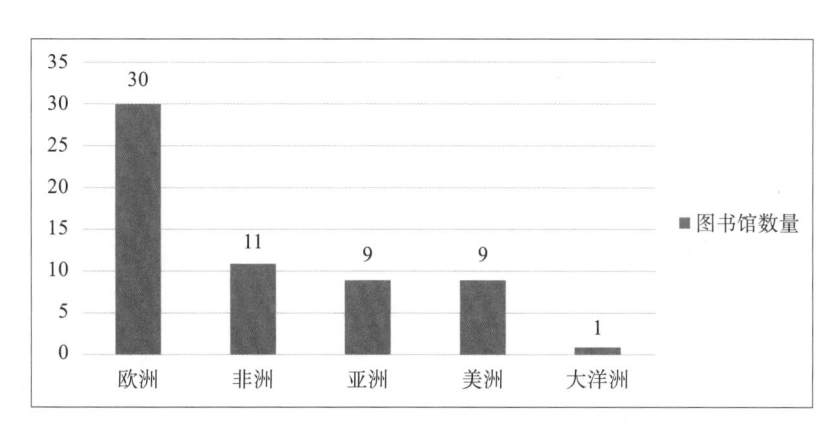

图 7-2-10　塞万提斯学院图书馆分布情况（单位：个）

数字图书馆是塞万提斯学院提供在线教学资源的重要场所，目前已收录近8000部电子书和700多部有声读物。数字图书馆的电子书资源来自全球200多家出版商和塞万提斯学院及其合作伙伴，如西班牙大学联合出版社（UNE）、墨西哥国立自治大学（UNAM）等，内容涉及语言学、对外西班牙语教学、文学作品等。有声读物收录了西班牙经典作品、当代小说、儿童和青少年文学等，由专业播音员朗读，帮助学习者学习发音、训练听力，尤其是可为视觉障碍人士提供欣赏西班牙语文学作品的机会。在线访问者可以通过语言数据库收听和浏览各类电子资源，所有有声读物均采用MP3格式，便于下载和播放。

3. 重视发挥社交媒体的传播效应

2021—2022年度，共有177万人通过各大社交媒体关注塞万提斯学院的各项活动，其中脸书（Facebook）是其最重要的社交媒体传播渠道，目前共开设了78个主页，订阅者总数超过100万，与上一年相比增长5.8%。塞万提斯学院在X（原Twitter）上共开设了53个官方账户，关注人数超过45万。在照片墙（Instagram）

上，已有 13 万名用户通过 50 个官方主页关注塞万提斯学院的各类活动，年增幅高达 26.9%。与上述传播媒介相比，优兔（YouTube）表现稍弱，在 50 个官方频道上，关注者仅有近 7 万名。

四、发展启示

（一）加强标准体系建设，增强教学资源统合能力

塞万提斯学院高度重视教学资源研发的规范性和有效性。首先，严格对标《欧框》，编写新版教学大纲《塞万提斯学院课程计划——西班牙语水平参考》，引领教学资源的编写、运用和评估等环节。其次，科学制定教学资源评价指标，广泛开展认证，吸引多层次、多渠道研发主体开展教学资源研发。《走遍西班牙》等优秀教学资源经塞万提斯学院认证后进一步发挥出引领和示范作用，促进了对外西班牙语教学资源的良性发展。此外，塞万提斯学院还设有图书馆与文献事务处，专门负责教学资源的统一管理和开发，保证政策的制定和执行紧密衔接。

（二）立足本国优势领域，提高教学资源实用价值

塞万提斯学院依靠本国具有国际影响力的优势领域，深入挖掘教学资源开发潜力。根据所在国民众的学习需求，推动商务、体育、艺术等本国优势领域的西班牙语教学资源研发，在中国、荷兰等国推出了与足球、自行车等体育项目相关的西班牙语专业用语词典。同时积极举办各类艺术展览，并将展览作品结集成册出版，作为学习者语言学习的辅助资源，如塞万提斯学院与俄罗斯当地剧院合作翻译了卡尔德隆的戏剧作品《人生如梦》（*La vida es sueño*）等，出版了《歌曲中比比皆是的谚语》（*Allende y aquende refranes en canciones siempre*），将音乐与谚语相结合，并给出教学建议。

（三）加快数字资源研发，提高语言数字化战略认识

近年来，塞万提斯学院获得了来自欧盟和西班牙政府的大力支持，数字资源研发数量和质量均有大幅提高。2022 年底，西班牙政府推出"新语言经济"战略，期

望通过该战略加强西班牙语的国际传播力，提高西班牙的国际影响力。塞万提斯学院的数字化建设已被纳入该战略，截至目前，已经启动近20个项目，拨款超过2400万欧元[①]。塞万提斯学院的教师进阶培训课程中也已设立数字教学资源设计模块，通过3周10小时的培训提高教师数字教学资源的制作和分析能力。

作者：曲福治，东北财经大学、华东师范大学

[①] 本部分数据来自塞万提斯学院官方网站，网址：https://cervantes.org/es/sobre-nosotros/institucion/plan-digitalizacion-instituto-cervantes。

附 录
2022年度国际中文教育教学资源发展大事记

【1月】

- 1月,《国际中文教育中文水平等级标准》(韩文版)在韩国正式出版发行。
- 1月,《国际中文教育中文水平等级标准·语法学习手册(初等)》(北京语言大学刘英林教授担任顾问)由北京语言大学出版社正式出版。
- 1月,《国际中文学习词典(初阶)》由人民教育出版社正式出版。
- 1月8日—9日,"《国际中文教育中文水平等级标准》学术研讨会"顺利召开。
- 1月14日,由中外语言交流合作中心(以下简称"语合中心")和人民教育出版社正式合作开发并出版的《冬奥中文100句》新书发布会在北京冬奥村举行。

【2月】

- 2月,《中国概况》(第5版)(王顺洪编著)由北京大学出版社正式出版。
- 2月,《国际中文教育中文水平等级标准》(日文版)在日本正式出版发行。
- 2月1日,北京冬奥会开幕前夕,语合中心制作并推出以冬奥为主题的系列中文学习短视频《五色冬奥进行曲》。
- 2月18日,俄罗斯青少年中文空中课堂项目在线举行启动仪式。

【3月】

- 3月,语合中心为"HSK标准会话教程"系列电子书教材及"YCT标准课程"在线课程的打造提供技术支持,同时支持开发"贪吃龙、击鼓辨字、钓鱼组词"等3款以中文学习为主题的互动游戏,帮助各国中文学习者提高学习效率和学习兴趣。
- 3月3日,中文联盟推出"中文乐园"(英、西、法、俄语)系列原创微课。
- 3月10日,由语合中心、新航道国际教育集团和华语教学出版社联合打造的中英双语剧本《戏剧里的中国故事》正式出版。
- 3月16日,巴西帕拉伊巴联邦大学网络中文课堂开班仪式在线举行。

【4月】

- 4月,中文联盟陆续推出"HSK标准课程"和"HSK标准会话教程"等精品在线课程,助力学习者全方位提高中文综合运用能力。

- 4月9日，国际中文教育工具、资源与新技术应用展开幕式在法国诺欧商务孔子学院举行。
- 4月15日，汉考国际与宁夏智慧宫教育集团确定合作出版《国际中文教育中文水平等级标准》(阿文版)。
- 4月20日，俄罗斯首都莫斯科举办庆祝联合国中文日暨俄文版《中国剪纸的魔力》《汉字的智慧》新书发布会活动。
- 4月23日—28日，语合中心与世界汉语教学学会联合举办"2022年首期国际中文教育教学资源建设专题培训班暨世汉学会高级研习班"。

【5月】

- 5月28日，由北京语言大学汉语国际教育学部和北京语言大学出版社主办、汉考国际教育科技（北京）有限公司和世界汉语教学学会标准与认证工作委员会协办的"《国际中文教育中文水平等级标准》的深度解读与研究路向"公益讲座在线上举行。6月—7月又陆续举办三场公益讲座。

【6月】

- 6月18日，北京语言大学面向全球正式发布"国际中文智慧教育工程"核心成果"国际中文智慧教学系统1.0版"。

【7月】

- 7月1日，中国驻基里巴斯大使唐松根代表中华人民共和国教育部与基里巴斯共和国教育部部长蒂博（Teabo）共同签署《关于合作开展基里巴斯中文教育项目的谅解备忘录》。

【8月】

- 8月，《国际中文教育中文水平等级标准》(西文版)在西班牙正式出版发行。
- 8月26日，《国际中文教师专业能力标准》（T/ISCLT 001—2022）由世界汉语教学学会发布，自发布之日起正式实施。

【9月】

- 9月29日，中文智慧教室在印度尼西亚共和国驻中国大使馆正式揭牌。

【10月】

- 10月8日，阿联酋中文教学"百校项目"教师工作坊在阿布扎比成功举办。此次工作坊紧扣阿联酋中文教学实际，对于创新教学方法、提升教材使用效果、精进教学技能大有裨益。

- 10月10日，汉考国际与新加坡科思达孔子课堂共同发起，并联合海内外《国际中文教师证书》考点携手举办"第二届国际中文课堂教学短视频大赛"。
- 10月27日，HSK Mock平台正式上线，这是唯一获得汉考国际（CTI）官方认可的HSK和YCT模拟考试平台。

【11月】

- 11月9日，中国与柬埔寨签署《关于合作开展柬埔寨中学中文教育项目的谅解备忘录》，中文正式纳入柬埔寨国民教育体系。

【12月】

- 12月，《国际中文教育中文水平等级标准》（法文版）在法国正式出版发行。
- 12月8日，国内首例国际中文教育元宇宙在国际中文教育大会展出。
- 12月8日，中国与沙特签署《中文教育合作谅解备忘录》。
- 12月9日，全球首家中文教育测试创新基地成立。
- 12月13日，意大利龙甲教育与语合中心合作设立的全球首家"中文太极教室"举行揭牌仪式。

整理人：徐胜男，中外语言交流合作中心；和蓝静，北京语言大学